テキストライブラリ 心理学のポテンシャル 5

ポテンシャル
学習心理学

眞邉 一近 著

psychologia potentia est

サイエンス社

監修のことば

　21世紀の心理学は前世期後半の認知革命以来の大きな変換期を迎えている。その特徴は現実社会への接近および周辺の他領域との融合であろう。

　インターネットの急速な発展により，居ながらにして世界中の情報を手にすることができる現代においては，リアリティをいかに維持するかが大きな課題である。その一方で身近には未曾有な大災害が起こり，人間の手ではコントロールが困難な不測の事態に備える必要が生じてきている。インターネットは人々に全能感を与え，大災害は人々に慢性的な不安を喚起する。このような現代に生きる者には，心についての深い理解は緊急の課題といえよう。

　こうした課題の解決に心理学は大きく貢献することができる。実験心理学は，情報の獲得，処理，そして行動に至る広範な知識を提供することで，生活のリアリティについての基盤を与え，その経験の原理を理解させる。臨床心理学的知見は慢性的な不安をはじめとする，現代の心の危機についての多様な，そして精緻な対処法を教える。

　本ライブラリは，急速に変化しつつある現代社会に即応した心理学の現状を，わかりやすく大学生に伝えるための教科書が必要とされている，という思いから構想されたものである。

　本ライブラリの特長は以下のようにまとめられる。①半期の授業を意識し，コンパクトに最新の知見を含む内容をわかりやすくまとめている。②読者として初学者を想定し，初歩から専門的な内容までを示すことで，この本だけで内容が理解できるようになっている。③情報を羅列した参考書ではなく，読むことで内容が理解できる独習書になっている。④多様な心理学の領域が示す「人間観」を知ることで，実社会における人間理解も深くなるように構成されている。つまり，社会に出てからも役に立つことを意識している。

　本ライブラリが心理学教育に少しでも貢献できることを願っている。

監修者　厳島行雄
　　　　横田正夫
　　　　羽生和紀

はしがき

　われわれヒトは，自然環境や社会的環境の中で生活している。自然環境は恒久的に同じというわけではなく，四季や乾期・雨期といった季節の変化に加え，長期にわたる気候の変化や海流の変化も生じる。その結果，食物として入手可能な動植物も変化する。ヒトは，このような自然環境の変化に対応して，その気候風土に適応した農耕や牧畜，漁業の方法を開発してきた。このようなヒトの柔軟な対応とは異なり，特定の食物に対する採餌行動を特異的に進化させた動物は，環境変化により特定の食物が不足すると，絶滅の危機に瀕することがある。ヒトは，異なる環境に対応して採餌行動を柔軟に変化させることができたために，地球上のいたるところに生活域を広げることができたといえる。また，大きな気候変動に対しても柔軟に対応できたことが，地球上で繁栄している一つの理由であろう。

　個人を取り巻く社会的環境も，出生直後は，母親などの育児に関わる数少ない他者との関わりのみであるが，成長するに従って家族を越えて集団内での他者との関わりが増加し，また，自身が関わる集団のメンバーも就学先や勤務先，あるいは婚姻などの変化に伴って入れ替わっていく。これらの変化する社会的環境の中で，個々人は，社会の中の成員として適応的に生きていくための他者との関わり方を身につける。特定の限られた社会的環境の中でのみ育った場合は，社会的環境が変化すると，他者への適切な対応が困難であったり，新たな環境下で社会的不適応を起こしたりすることがある。しかし，その後適切な他者との相互作用を経験することにより，適応的な関わり方を身につけることができるようになる。

　このように，われわれヒトは，さまざまな環境変化へ柔軟に対応することができる。変化する環境へ柔軟に対応するためには，環境の変化を知覚し，環境にはたらきかけ，その結果を知覚し，上手くいかないようなら振る舞い方を変えるという一連の環境との相互作用が必要である。われわれヒトは，自覚・無自覚にかかわらず，このような環境との相互作用を日常生活の中で行いながら

自身の振る舞い方を柔軟に修正・変更している。ここでいう環境との積極的な相互作用の積み重ねは，いわゆる「経験」のことである。「経験」を積むことにより，われわれは自身の振る舞い方を適応的に変化させている。

　日常生活では，環境との積極的な相互作用だけではなく，受動的な経験もある。たとえば，引っ越した直後は，新たな住居の環境音が気になり，いちいち音源に対して視線を向けるが，しばらく滞在するうちにいちいち音源に視線を向けることはしなくなる。これは，受動的に環境音を受け続ける「経験」であり，その経験をとおして，いちいち反応しなくなるという新たな環境への適応である。

　本書では，「学習」について解説を行っていくが，心理学でいうところの「学習」とは，上述したような環境との相互作用である「経験」をとおして，振る舞い方である行動が比較的長期にわたって変化する現象を指す。経験には，本人が実際に環境と相互作用する実体験による経験と，他者が環境と相互作用している行動を観察するという経験，さらには，他者からの指示や教示を受けるという経験がある。これらの経験を経ることにより，われわれの行動は変容する。すなわち「学習」する。ヒトは，この学習能力が優れていることにより，現在の繁栄を享受できていると考えられる。日常用語での「学習」は，教室での勉強や自宅での自習などを指すことが多いが，心理学における「学習」は上述したように，一般の用語法より広義の意味をもつ。

　学習によって，環境へ適応できるようになる場合が多いが，逆に不適応を引き起こすこともある。過去の経験によって変容した行動が，その時点では適応的であっても，その後の変化した環境では不適応的である場合がある。また，誤った言語的教示や，経験によって形成された誤った「思い込み」により，不適応行動を行うことがある。現実と乖離した否定的な思考（言語）にとらわれ，うつ病を発症し，社会的不適応を起こすのがその例である。学習心理学は，これらの不適応行動の解決も研究対象となる。

　学習はヒトにのみ特有な現象ではなく，ヒト以外の動物も経験をとおして行動を変容することが可能である。本書では，ヒト以外の動物でも生じる単純な学習から始まり，ヒトに特有な言語による学習についてまで，順次解説を行っ

ていく．その中で，基礎研究で得られた知見に加えて，学習心理学以外の領域や臨床場面での応用事例を紹介している．本書を通読することにより，われわれの行動の基本である学習の基礎原理とその応用についての理解が深まれば幸いである．

なお，本書で使用されている用語は，2019年刊行予定の日本行動分析学会編『行動分析学事典』に準拠しており，一部のオペラント条件づけの用語で，旧来の用語法とは異なる新たに提案された用語が使用されている．新たな用語が定着するまでには，旧用語との併用が予想される．第4章（表4.1）に新旧用語間の対照表を掲載しているので，参照していただきたい．

最後に，本書をまとめるにあたり，多くの方々のご協力をいただいたことに謝辞を述べさせていただきたい．全ての原稿に目をとおしていただき，長期にわたってコメントをいただいた河嶋孝先生，時間のかかるイラストや作図のお手伝いをいただいた石津希代子さん，文章を丁寧に校正していただいた岩田二美代さん，お一人おひとりのお名前は省略させていただくが，逐次貴重なコメントをいただいた日本大学大学院総合社会情報研究科眞邉ゼミの修了生の皆様にお礼を申し上げます．

2019年1月

眞 邉 一 近

目　次

はしがき ……………………………………………………………… i

第1章　学習心理学とは　1
- **1.1** 生得的行動 ……………………………………………… 2
- **1.2** 習得的行動 ……………………………………………… 9
- 練習問題 …………………………………………………………12
- 参考図書 …………………………………………………………12

第2章　非連合学習　13
- **2.1** 馴化と鋭敏化 …………………………………………14
- **2.2** 般化と脱馴化 …………………………………………15
- **2.3** 自発的回復 ……………………………………………18
- **2.4** 刺激頻度の効果 ………………………………………20
- **2.5** 刺激強度の効果 ………………………………………21
- **2.6** 刺激強度の変化の効果 ………………………………23
- **2.7** 刺激間間隔の効果（短期馴化と長期馴化） ………23
- **2.8** 新奇食物嫌悪への馴化 ………………………………24
- **2.9** 二重過程説 ……………………………………………25
- **2.10** 馴化の生理過程 ……………………………………26
- **2.11** 馴化現象の応用 ……………………………………27
- 練習問題 …………………………………………………………31
- 参考図書 …………………………………………………………31

第3章　連合学習（1）――レスポンデント条件づけ　33
- **3.1** 形成過程 ………………………………………………34

- **3.2** 条件刺激と無条件刺激提示のタイミングの効果 …………… 35
- **3.3** 刺激強度の効果 …………………………………………… 38
- **3.4** 試行間間隔の効果 ………………………………………… 39
- **3.5** 消去と自発的回復と更新と復位 ………………………… 40
- **3.6** 般化と分化条件づけ ……………………………………… 42
- **3.7** 部分強化効果 ……………………………………………… 45
- **3.8** 外制止と脱制止 …………………………………………… 46
- **3.9** 隠蔽と阻止，レスコーラ・ワグナーモデル ………… 46
- **3.10** 高次条件づけ …………………………………………… 46
- **3.11** 感性予備条件づけと潜在抑制 ………………………… 48
- **3.12** 拮抗条件づけ …………………………………………… 50
- **3.13** 現実場面におけるレスポンデント条件づけ ………… 51
- **3.14** レスポンデント条件づけの応用 ……………………… 58
- 練習問題 …………………………………………………………… 67
- 参考図書 …………………………………………………………… 67

第4章 連合学習（2）──オペラント条件づけ　69

- **4.1** 三項随伴性 ………………………………………………… 70
- **4.2** 反応の結果 ………………………………………………… 72
- **4.3** 「オペラント」の意味と関数分析 ……………………… 84
- **4.4** 強化子の種類 ……………………………………………… 86
- **4.5** オペラント実験箱（スキナーボックス） …………… 96
- **4.6** 反応形成 …………………………………………………… 98
- **4.7** 強化スケジュール ………………………………………… 100
- **4.8** 刺激性制御 ………………………………………………… 111
- **4.9** 動機づけ操作 ……………………………………………… 141
- **4.10** 言語条件づけ …………………………………………… 142
- **4.11** 嫌悪性制御 ……………………………………………… 145

4.12 選 択 行 動 ………………………………………………… 158
4.13 オペラント条件づけに内在する
　　　 レスポンデント条件づけ ……………………………… 166
4.14 オペラント条件づけの応用 …………………………… 167
練 習 問 題 ……………………………………………………… 176
参 考 図 書 ……………………………………………………… 177

第5章　連合学習（3）──感覚運動学習　179

5.1 練習方法の効果 …………………………………………… 180
5.2 技能の保持 ………………………………………………… 184
5.3 運動技能学習の転移 ……………………………………… 186
5.4 フィードバックの効果 …………………………………… 186
練 習 問 題 ……………………………………………………… 189
参 考 図 書 ……………………………………………………… 189

第6章　社会的学習　191

6.1 ヒト以外の動物の社会的学習 …………………………… 192
6.2 ヒトの模倣学習 …………………………………………… 199
6.3 社会的学習の応用 ………………………………………… 202
練 習 問 題 ……………………………………………………… 206
参 考 図 書 ……………………………………………………… 206

第7章　ルール支配行動　207

7.1 ルール支配行動の種類 …………………………………… 208
7.2 ルール支配行動と随伴性形成行動 ……………………… 210
7.3 他者教示と自己教示 ……………………………………… 216
7.4 日常生活におけるルール支配行動のネガティブな側面 … 223
7.5 教育現場や臨床現場におけるルール支配行動 ………… 224

練習問題 ………………………………………… 231
　　　参考図書 ………………………………………… 231

引用文献 ……………………………………………… 233
人名索引 ……………………………………………… 245
事項索引 ……………………………………………… 249
著者紹介 ……………………………………………… 255

学習心理学とは

　心理学では,「学習」は,「経験により行動が変化し,その変化が比較的長期にわたる現象」を指す。本章では,学習によらない行動と学習によって変容する行動を概観し,行動の変容を引き起こす「経験」にはどのようなものがあるかを概説する。

1.1 生得的行動

経験の有無にかかわらず，生起する一連の行動がある。これらは，生まれつき備わっている行動で，**生得的行動**（innate behavior）とよばれる。もっとも単純な行動は，特定の刺激に体を方向づける**走性**（taxis），特定の刺激に対して生じる**反射**（reflex），そして，より複雑な反応が生起する**本能行動**（instinctive behavior）があげられる。これらに加えて，初期の比較的限られた時期にのみ行動が獲得される**刻印づけ**（imprinting）が知られている。刻印づけは，遺伝的に組み込まれているが，どの刺激に刻印づけられるかは，経験によって変容するという学習の特性をもつことから初期学習ともよばれる。

1.1.1 走性と動性

走性（taxis）は，特定の刺激に体を方向づける生得的行動である。ミドリムシは，光の提示されている方向に向かう走光性がある。一方，ミミズは光を避け，暗い方向に向かう逆の走光性がある。刺激に向かう走性を正の走性（上述の例では正の走光性），逆に向かう走性を負の走性（負の走光性）とよぶ。これら以外に，ゾウリムシの走電性，線虫がより高い温度の場所へ移動する走熱性，ゴキブリが体と物理的に接触する部屋の隅を移動する走触性，カタツムリが重力とは逆向きに壁を登る走地性，メダカが水流にさからって泳ぐ走流性，昆虫がフェロモンなど特定の化学物質に向かう走化性などが知られている。

図 1.1 は，小型の魚類が孵化直後の微小な稚魚のとき，初期飼料として与えられるゾウリムシの採集装置の模式図である。ゾウリムシには，マイナスの電極に集まる走電性と，明るいところに集まる正の走光性，磁場の方向とは逆に移動する負の走地性がある。これらを利用してメスシリンダーの上部に効率よく集めることができる。また，広津他（Hirotsu, T. et al., 2015）は，線虫（*Caenorhabditis elegans*）の走性を利用して，がんの早期発見が可能であるということを報告している。この線虫はがん細胞から発生する匂い（化学物質）へ向かう走化性があり，がん患者の尿とアジ化ナトリウム溶液をシャーレの左右に点滴し，その中央に線虫を 100 匹ほど置くと，がん患者の尿側に多数

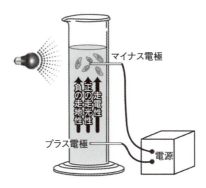

図 1.1　ゾウリムシ採集装置
メスシリンダーの上部にはマイナス電極と光源が設置されている。

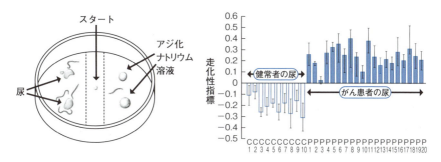

図 1.2　線虫のがん患者の尿への走化性（Hirotsu et al., 2015 の図 1 から作成）
走化性指標は，(ターゲット側に集まった匹数－反対側の匹数) ／総匹数。線虫が全てターゲット側（尿）に集まった場合は，指標は＋1.0 になり，差がなければ 0.0，反対側（アジ化ナトリウム溶液側）に全て集まれば－1.0 になる。図の結果は，健常者の尿への走化性指標はマイナス，がん患者の尿の指標はプラスであり，がん患者の尿へ集まっていることを示している。

の線虫が集まってくる（図 1.2）。健常者の尿を使用した場合は，多数が集まってくるということはないので，がんの発見が可能である。さらに，たとえば大腸がんのような特定のがんのみへの走化性をなくした変異種が存在するので，通常の線虫は集まるが，変異種では集まらないということが見出されれば，大腸がんの可能性があるということがわかり，がんの特定も可能である。

　走性に類似した行動に**動性**（kinesis）がある。走性には特定の刺激に対して向かっていく，あるいは離れていく定位があるが，動性には定位はなく，ラ

ンダムな動きである。ワラジムシの移動方向はランダムであるにもかかわらず，ワラジムシは乾燥を避け，湿った場所に集まる。これは，乾いた場所では素早く動き，湿った場所ではゆっくり動くかあるいは止まるというきわめて単純なメカニズムによっている。つまり，ランダムな動きではあっても，乾燥から逃れられる湿った場所に留まるチャンスを増加させることによってそれを達成している。このような動性は，水分のように，パッチ状に点在していて定位が不可能な場合に適応的な行動である。

1.1.2 反　　射

空気をまぶたに吹きかけるとまばたきが生じ，口の中に酸っぱいものを入れると唾液が自動的に吐出される。これは，特定の刺激が提示されると特定の反応が生じる反射（reflex）とよばれる。反射を引き起こす刺激を誘発刺激（あるいは無条件刺激）とよぶ。この誘発刺激（無条件刺激）とそれによって誘発される反射（無条件反射）との対応関係は，経験によって形成されたのではなく，遺伝的に備わっているので学習ではない。誘発刺激とそれによって誘発される反射の関係を表 1.1 に示す。反射には，外部からは直接見ることができない体内の唾液腺などの分泌腺や胃などの平滑筋，および血管の反射と，外部から観察可能な腕や足の横紋筋の反射がある。

足を組んだ状態で，上側に乗せた足の膝のやや下部をゴム製のハンマーな

表 1.1　誘発刺激（無条件刺激）と反射（無条件反射）の対応関係

[無条件刺激]		[腺・平滑筋・血管の反射]
食物や酸	→	唾液反射
明るさの変化	→	対光（瞳孔）反射
温度の変化	→	血管運動反射
摂水	→	排尿反射
[無条件刺激]		[横紋筋の反射]
膝蓋のタッピング	→	膝蓋腱反射
空気の吹きつけ	→	瞬目反射
侵害刺激	→	屈曲反射
体幹の傾き	→	姿勢反射

どで軽く叩くと，その足が跳ね上がる膝蓋腱反射が生じる。この膝蓋腱反射は，ビタミン B_1 が不足して生じる「脚気」やギラン・バレー症候群では消失し，脳神経系の麻痺では逆に亢進が生じることから，病気の診断に利用されている。

また，反射には生涯にわたって生じる反射と，特定の時期にのみ生じる反射がある。新生児期や乳幼児期にのみ生じ，成長すると消失する**原始反射**（primitive reflex）として，足の裏の外側を撫でると足の指を広げるような動作が生じるバビンスキー反射や，手のひらに指などを乗せるとつかむ動作が生じる掌握反射，指などを唇に付けると，吸う動作が生じる吸啜反射などが知られている。これらは，乳幼児の発達検査に取り入れられている。

1.1.3 本能行動

特定の刺激により誘発されるが，単純な反射より相対的に複雑な一連の反応連鎖は，**本能行動**（instinctive behavior）とよばれている。本能行動は，以下の特徴をもっている。

1. その動物種に特有であり，遺伝的に決定されている。たとえば，クモ目は，緻密な網を枝の間や軒先に張って獲物を捕える種が多いが，アミナゲグモ（*Menneus capensis*）は，四角い網を作製し，前足で掲げた網を獲物にかぶせて捕獲する「投網」をつくる。また，ナゲナワグモ（*Mastophora*）の成体のメスは，先端に粘着質のボールが付いている1本の糸をぐるぐる回し，近寄ってきたオスのガを糸にくっつけて捕獲する「投げ縄」をつくる。これらの網は，その種のみが作製し，種ごとに異なる。

2. クモが網を作製するスキルは，成長とともに上達するというものではなく，網を張り始めたときからその種に特有な網を完全に張ることができる。このように，はじめて現れるときから完全であり，学習の必要がない。

3. クモは，毎回同じ網をつくることができる。行動が生じるたびに常に同じであるのも特徴の一つである。

4. 本能的行動は，ある特定の刺激によって始められるという特徴があげられる。ティンバーゲン（Tinbergen, N., 1948）がトゲウオ（*Gasterosteidae*）で

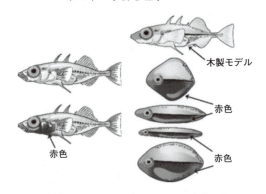

図 1.3　発情期におけるトゲウオのオスの攻撃行動
(Tinbergen, 1951 の 28 ページ図 20 から作成)
左の挿絵は，上が通常のトゲウオのオス，下は婚姻期のオスであり，婚姻期にはオスは腹部が赤くなる。右側の 5 種は実験に使用した木製のモデルである。一番上の実際のトゲウオに最も近い木製のモデルにはほとんど攻撃行動は生じないが，下の 4 種の腹部が赤い木製のモデルには攻撃行動が生じる。

行った一連の実験が有名である。発情期で腹部が赤くなったトゲウオのオスは縄張りをつくり，他のオスが近づいてくると攻撃行動を起こす。この攻撃行動を引き起こしている刺激を特定するため，ティンバーゲンは，図 1.3 のような魚のモデルを作製し，攻撃行動を誘発する刺激の特定を行った。トゲウオに体型は近いが，腹部が赤くないモデルには攻撃反応は生じないが，体型にかかわらず腹部が赤いモデルに対しては攻撃行動が生起した。すなわち，発情したトゲウオのオスの攻撃行動を誘発していた刺激は，下部に彩色された赤色刺激であった。このように，特定の行動を誘発する刺激を**解発子**（releaser）とよぶ。一方，おなかの大きなメスが近づいてくると，オスはジグザグな遊泳を始める。メスのおなかが小さいとこのようなダンスは生じない。メスのおなかが大きいという特徴が，オスのジグザグ遊泳の解発子である。もし，メスが産卵する条件が整っている場合，メスはオスの後ろについていく。そうするとオスはこの追従反応に反応して，メスを巣の入り口に誘う。これに反応してメスは巣に入り，そのメスの反応に反応してオスは体を震わせる。この振動に誘発されてメスは産卵する。メスが産卵するとオスは放精する。これらの一連の反応は，一方の反応が解発子となり，他方の反応を引き起こし，その引き起こされた反

図 1.4　ハイイロガンの卵転がし行動（定型化運動）

応が他方への解発子となる反応の連鎖であり，途中でメスを取り除くと，反応の連鎖はそこで止まる。

5. 一旦始まってしまうと解発子が途中でなくなっても最後まで続く本能行動があり，**定型化運動**（fixed action pattern）とよばれる。たとえば，ハイイロガンは，巣の外に卵があると，その卵をくちばしの裏側で自分がいる巣のほうへ頸を手前に曲げながら転がして，巣に入れる。このやり方は固定的である。転がしている最中に卵を取り上げても，途中で止めることはなく，一旦始めると一連の転がす動作を最後まで続ける（図 1.4）。

1.1.4　刻印づけ

発達過程の早期にのみ行われる学習がある。ただし，この学習は遺伝的に学習可能な時期がある程度決まっていて，種によって異なることから，ここでは生得的行動に分類する。

カモ類の幼鳥は，孵化後の一定期間に目にした動く対象に対して追従するようになる。学習可能な時期は，ある程度幅があることが知られており，**感受期**（**敏感期**）（sensitive period）とよばれる。自然環境下では，目の前で動く対象は母鳥であるので，学習後は母鳥の後を追従するようになる。これは**刻印づけ**（imprinting）とよばれる。人工的に孵化させ，感受期に母鳥ではなく動くもの（たとえば，おもちゃのロボットや車）を提示すると，その動くものを追従するようになる（図 1.5）。

発達過程の早期に聞いた鳴き声に刷り込まれる種がいる。スズメの仲間であるゼブラフィンチは，感受期に聞いた鳴き声を学習し，その後一生その鳴き方を続ける。これに対して，セキセイインコやオウムなどは，生涯音声の学習が可能である。特定の時期にのみ学習を行う種はクローズドエンド学習者，生涯

図1.5 カモの刻印づけ（おもちゃのロボットに刷り込まれ，ロボットの後を追従するヒナ）

学習可能な種はオープンエンド学習者とよばれる。ヒトは，生涯学習可能であるためオープンエンド学習者である。また，カナリヤは，春から秋にかけて歌を学習し，冬季に歌を記憶した脳の領域が脱落し，次の春から再度歌の学習を始めるというように季節変動を示す種もいる。オーストラリアに生息するモモイロインコ（*Galah cacatua roseicapilla*）は，クルマサカオウム（*Lophocroa leadbeateri*）に育てられると，餌をねだる鳴き方は種本来の鳴き方をするが，お互いに鳴き交わすコンタクトコールは，クルマサカオウムの鳴き方になる（Rowley, I., & Chapman, G., 1986）。遺伝的に決まっている鳴き声と，学習性の鳴き声があることがわかる。

配偶相手の選択事態で，孵化後の初期に接した成体の特徴をもつ相手を選択するようになる性的刻印づけも報告されている。ワリナー他（Warriner, C. C. et al., 1963）は，改良品種である白いキングバトと黒いキングバトの子をそれぞれ入れ替えて育てさせ，成熟してからどちらの色のキングバトをつがいの相手として選択するか調べ，オスは育てられた親の色と同じ色の相手を統計的に有意に選択することを確かめた。

視覚刺激や音声刺激以外にも，食物などへの刻印づけがあることも報告されている。ポンゾ（Punzo, F., 2002）は，孵化してから7日間，ササグモの一種（*Oxyopes salticus*）にケラとコナジラミとキリギリスの幼生のいずれかを餌として与え，その2日後にどの餌を食べるか選択させると，それまで食べていた餌を選択的に食べることを確認した。選択テストの後7日間，最初の7日間与えられていた餌とは異なる餌を与え続けても，最初の7日間に与えられた餌への選好は変化しなかった。孵化直後に摂取した餌への刻印づけが生じている。

サケは生まれた川に戻って産卵することが知られているが，これは孵化後に嗅いだ川の匂いへの刻印づけが行われているためと考えられている。

1.2 習得的行動

遺伝によって決まっていて，変容しない生得的行動とは異なり，**習得的行動**（acquired behavior）は，経験によって獲得，維持，変容可能な行動である。経験にはさまざまなものがあるが，①本人が実体験する場合，②他者の実体験を観察する場合，③言語的に指示・教示される場合，の3種の経験に分類される。以下にそれぞれの経験によって変容する習得的行動について解説する（図1.6 参照）。

1.2.1　実体験による学習（非連合学習・連合学習）

本人が実体験することによって行動が形成・変容する基礎的な学習として，非連合学習と連合学習がある。慣れない新たな環境に移動した場合，はじめは音などさまざまな環境刺激に反応してしまうが，同じ環境刺激下にしばらく滞在すると，それらの環境刺激には反応しなくなる。逆に，強い地震などを経験すると，地震が起きるたびに恐怖反応の強度が強くなることがある。これらは，同じ刺激の繰り返し提示を経験するということで生じる行動の変化であり，感覚順応や筋肉疲労とは区別される学習の最も単純な過程である。刺激の繰り返し提示で反応強度や頻度などが減少する現象は**馴化**（habituation），増加が生じる現象は**鋭敏化**（sensitization）とよばれる。刺激と刺激の対提示による連合や，反応と刺激の関係などの連合の学習ではなく，同一の刺激を単純に提示し続けることにより生じる学習であることから**非連合学習**（non-associative learning）とよばれる。

連合学習は，①刺激―刺激の対提示によって形成されるレスポンデント条件づけと，②刺激（場面）―反応―結果の行動随伴性によって形成されるオペラント条件づけの2種の条件づけがある。空気をまぶたに吹きかけると反射としてまばたきが生じる。しかし，ベルを鳴らしてまばたきが生じることはない。ところが，ベルを鳴らした直後に空気を吹きかけるということを繰り返すと，ベルが鳴っただけでまばたきをするようになる。ベルの音と空気の吹きつけの対提示を受けるという経験を繰り返し経験することにより，本来まばたきを誘

発することがなかったベルの音が，まばたき反応を誘発するようになる。このような，刺激と刺激の対提示によって形成される条件づけを**レスポンデント条件づけ**（respondent conditioning）とよぶ。一方，母親が食事の片付けをしていたときに，自ら手伝いをしたら，とても喜ばれて，褒められたという経験をすると，次回も進んで手伝いをするようになる。これは，食事の後という場面で，手伝うという反応を行うと，褒められるという結果によって，手伝うという反応が形成・維持される**オペラント条件づけ**（operant conditioning）の例である。スポーツの技能やピアノや書道などの運動学習もオペラント条件づけに含まれる。これらの条件づけは，刺激と刺激，刺激と反応，反応と反応結果などの連合が形成されるため，**連合学習**（associative learning）とよばれる。

1.2.2 社会的学習（観察による学習）

非連合学習や連合学習では，直接経験を必要とする。しかし，他者が前述のような実体験をしているのを観察することにより，本人は実体験しなくても行動が変容する場合がある。たとえば，授業中に指名されて，はきはき答えて先生に褒められている生徒を見て，他の生徒もはきはき答えるようになったり，授業中に話をしていて先生にしかられているのを見て，ひそひそ話をしていた他の生徒も話を止めるなど，直接自身は褒められたりしかられたりしなくても，他者の行動を見るという経験を経ることにより行動が変容する。他者の行動の観察により自身の行動が変容する学習は**社会的学習**（social learning）とよばれ，他者が特定の場所や刺激に対して反応し，強化されている状況の観察によってその場所や刺激への学習が促進される**局所強調**（local enhancement）や**刺激強調**（stimulus enhancement），他者が特定の刺激に対して条件反応である恐怖反応などを示している様子を観察することにより，観察者も同じ刺激に対して同様な反応が生じるようになる**観察条件づけ**（observational conditioning）がある。また，他者の行動を真似て実際に行うようになる学習は，**模倣学習**（imitative learning）や**観察学習**（observational learning）とよばれる。他者の行動を模倣すると上手くいくということによって行動が形成される模倣学習を続けると，そのうち，それまでやったことがない行動でも，すぐに他者の行動

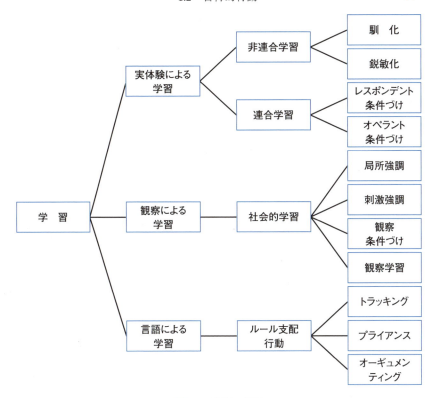

図 1.6 学習の種類

を真似るようになる。これは，**般化模倣**（generalized imitation）とよばれる。

1.2.3 言語による学習（ルール支配行動）

非連合学習，連合学習，および模倣学習とは異なり，言語による学習はヒトに特有である。ヒトは，このようなときにこんなことをすると，上手くいくとか，あるいは逆に失敗するということを言語的に教わることにより，新たな行動を獲得することが可能である。たとえば，「誤入力をしたら，元に戻るボタンをクリックすると元に戻せる」というように，いつどんなときに，何をしたら，どうなるかという関係（行動随伴性とよぶ）の言語的表現であるルールを提示されると，実際にあれこれやっていたら元に戻るボタンを押してしまい，

結果的に元に戻せたという実体験や，他者が戻るボタンで，入力を元に戻しているのを見て学習する観察学習をしなくても，誤入力したら戻るボタンを押すということが可能である。このように，言語的に提示された行動随伴性に従う行動を**ルール支配行動**（rule-governed behavior）とよぶ。ルール支配行動の典型例には，問題行動への罰則などの結果を記述した刑法がある。言語ルールに従うと，そのルールに従って利益を得たり，不利益を避けられることにより形成・維持されるルール支配行動は**トラッキング**（tracking），従うと他者から褒められるなど社会的に強化されることにより形成・維持されるルール支配行動は**プライアンス**（pliance）とよぶ。これに加え，たとえば，「最近，潤っていますか？」というナレーションを聞くと，化粧水やクリームの購買行動が増加するケースのように，直接指示や行動随伴性に基づいたルールは提示しないが，何らかの言語的提示を行うことにより反応の生起頻度や強化子・弱化子の効力を変化させることを**オーギュメンティング**（augmenting）とよぶ（図1.6）。

●練習問題

1. 生得的行動にはどのようなものがあるかまとめてみよう。
2. 実体験の学習と観察による学習と言語による学習の3種の学習について具体例を考えてみよう。
3. レスポンデント条件づけとオペラント条件づけの日常生活での具体例を考えてみよう。
4. トラッキングとプライアンスとオーギュメンティングの日常生活での具体例を考えてみよう。

●参考図書

ローレンツ，K.（1988）．ソロモンの指環──動物行動学入門── ハヤカワ文庫NF

実森正子・中島定彦（2019）．学習の心理［第2版］──行動のメカニズムを探る── サイエンス社

トールネケ，N. 山本淳一（監修）武藤 崇・熊野宏昭（訳）（2013）．関係フレーム理論（RFT）を学ぶ──言語行動理論・ACT入門── 星和書店

非連合学習

　同一の刺激や環境に長期間さらされると，その刺激や環境に対する反応の強度や頻度が変化する。たとえば，急に近くで音が生じるとびっくりするが，何度も同じ音が生じるとそのうちびっくりしなくなる。逆に，大きな地震を体験すると，その後の揺れにより敏感に反応するようになることもある。このように，単一刺激の繰り返し提示によって，その刺激や環境に対する反応が変化する学習を非連合学習とよぶ。本章では，非連合学習について概説する。

2.1 馴化と鋭敏化

特定の刺激によって誘発される反射（表 1.1 参照）は生得的反応であり，学習ではない。ところが，反射を誘発する誘発刺激を繰り返し提示すると，誘発された反応の頻度や強度や持続時間に変化が生じる。繰り返し同じ刺激が提示されるとその刺激への反応の頻度や強度や持続時間が低下する馴化（habituation）や，逆に増加する鋭敏化（sensitization）とよばれる現象がある（1.2.1 参照）。この反応の頻度や強度や持続時間の変化は，刺激の繰り返し提示という経験によって生じている学習の単純な過程である。

馴化や鋭敏化以外で，同一の刺激や運動が繰り返されることによって反応の頻度や強度が変化する現象としては，暗所にしばらく滞在すると周りの状況が視認できるようになる暗順応などの感覚順応や，繰り返し運動を行うことによって筋力低下を生じる疲労がある。特定の感覚が順応した場合，同じ感覚への別の刺激の提示で反応が復活することはない。また，疲労した場合も，反応が即時に復活することはない。しかし，馴化や鋭敏化は繰り返し提示されている刺激にのみ生じ，別の刺激を提示すると反応強度が即時に復活することから，暗順応などの感覚順応や筋肉疲労による反応の低下とは区別される。誘発刺激の繰り返し提示によって反応の強度が減少する場合を馴化，逆に増加する場合を鋭敏化とよぶ。ヒトの乳児の吸啜反応の馴化と鋭敏化が図 2.1 に示されてい

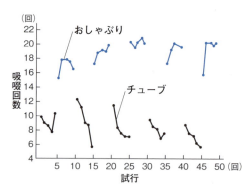

図 2.1　馴化と鋭敏化（乳児の吸啜反応）（Lipsitt & Kaye, 1965 の図 1 から作成）

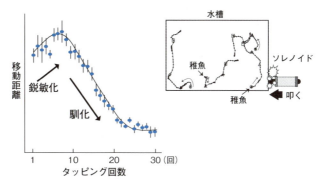

図 2.2 鋭敏化と馴化（ゼブラフィッシュの逃避反応）
（Michael et al., 2004 の図 5 から作成）

る。乳児は唇に何らかの物体が触れると反射として吸啜反射が生じる。おしゃぶりとゴム製のチューブを交互に繰り返し唇に当てたところ，おしゃぶりに対しては吸啜反応が増加する鋭敏化が生じ，ゴム製のチューブに対しては反応が低下する馴化が生じている（Lipsitt, L. P. et al., 1965）。

繰り返し刺激を提示した場合，初期には鋭敏化が生じ，その後，馴化が生じることがある。ゼブラフィッシュ（*Danio rerio*）の稚魚は，振動などの刺激を与えると，急激にランダムな遊泳を行う。この移動距離と驚愕の程度は比例していると考えられる。図 2.2 は，ゼブラフィッシュの稚魚の入った水槽にソレノイド（電磁石）で機械的な振動（タッピング）を繰り返し与えたときの稚魚の逃避（移動）距離の変化を示した図である。叩き始めた実験の開始初期は，距離が増大する鋭敏化が生じているが，その後，距離が減少する馴化が生じている（Michael, B. et al., 2004）。

2.2 般化と脱馴化

特定の刺激に馴化させた後，同じ感覚様相（モダリティ）内の別の刺激を提示したときに，馴化した反応のレベルに比べて反応が復活する場合と，反応の復活が生じない場合がある。反応の復活が生じず，馴化した反応のレベルが維持される場合は，その新しい刺激へ般化（generalization）したという。一方，

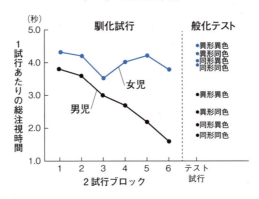

図 2.3　馴化の般化（乳児の注視時間）（Cohen et al., 1971 の図 2 を修正）

反応が復活した場合は，馴化が，馴化した刺激に対して**刺激特定性**（stimulus specificity）があったといわれる。

　乳児の視覚刺激に対する馴化後の般化の結果が図 2.3 に示されている。コーエン他（Cohen, L. B. et al., 1971）は，2 種の色次元と形次元からなる 4 種の視覚刺激（赤い○，赤い△，緑の○，緑の△）のいずれかを約 18 週齢の乳児に提示し，提示された刺激への注視時間を測定した。女児に比べ，男児は提示された視覚刺激に対する明確な馴化を示し，同一の刺激が提示され続けると注視時間が徐々に低下した。12 回の馴化試行の後，それまで提示していた刺激を含む 4 種の刺激をランダムに提示したところ，色も形も異なる刺激に対する注視時間が最も長く，同じ刺激への反応が最も短く，形と色のいずれかが異なる刺激がそれらの中間であった。刺激特性が異なるほど注視時間が長く，同じであるほど短くなっている。具体的には，赤い○に馴化した乳児は，緑の△，赤の△，緑の○，赤の○の順に注視時間が長かった。これは，類似した刺激に対して馴化が般化する実験結果である。

　馴化が生じた刺激とは異なる刺激を提示すると，馴化した刺激に対する反応強度が再度増加することがある。この現象を**脱馴化**（dishabituation）とよぶ。この脱馴化は，馴化した刺激に対する反応の復活を指し，新たな刺激への反応が馴化した反応に比較して増大する図 2.3 の現象とは異なる。図 2.4 は，音へ馴化した後に，14 試行と 15 試行の間に閃光を提示したとき（破線）と，しな

2.2 般化と脱馴化

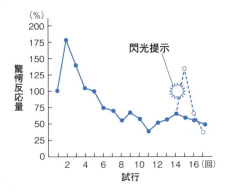

図 2.4　音へ馴化した後の閃光提示による脱馴化（ラットの驚愕反応）
（Groves & Thompson, 1970 の図 3 から作成）

いときの同一の音刺激への反応の強度（実線）を示している。閃光を提示すると馴化により減少していた音への驚愕反応が一時的に増大する脱馴化がみられる。

　脱馴化により復活した反応は，脱馴化を生じさせた異なる刺激を繰り返し提示すると，脱馴化の程度が減少する。たとえば，音刺激に馴化した後，光刺激を提示するとその光刺激提示後の音刺激への反応が復活する脱馴化が生じる。再度，光刺激を提示した後に音刺激を提示すると，最初の光刺激を提示して生じた音刺激への反応の復活の程度に比べて，2度めの光刺激提示後の音刺激への脱馴化の程度は小さくなる。これは，脱馴化の馴化とよばれる。

　脱馴化は，必ずしも刺激強度の強い刺激を使用することによってより生起しやすくなるというわけではない。マルカス他（Marcus, E. A. et al., 1988）は，弱い刺激のほうが脱馴化の度合いが高い場合があることを報告している。彼らは，アメフラシ（*Aplysia*）に対して，30秒間隔で20秒間水流を与えることにより，水管引っ込め反応の馴化を形成した。その90秒後に，尾部への接触刺激，弱い電撃，中程度の電撃，強い電撃，および4回連続した電撃のいずれかを与えたところ，水流への水管引っ込め反応の時間が延びる脱馴化の程度が大きかったのは，強い刺激ではなく，弱い刺激であった（図 2.5）。

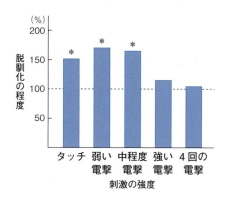

図 2.5　刺激強度と脱馴化の程度（アメフラシの水管引っ込め反応）
(Marcus et al., 1988 の図 1 から作成)
＊は，タッチ，弱い電撃，中程度の電撃が，馴化したレベルに比べて統計的に有意（5％水準）に増加していることを示している。

2.3　自発的回復

　馴化が生じた後，しばらく馴化した刺激の提示を保留した後，再度その刺激を提示すると，反応強度が最後に馴化したレベルより高くなる（回復する）ことがある。これを自発的回復（spontaneous recovery）とよぶ。図 2.6 に医用チスイビル（*Hirudo medicinalis*）の馴化と自発的回復が示されている。遊泳反応が抑制されないように神経系を遮断したヒルに弱い電撃パルスを与えると，遊泳反応が生じる。電撃パルスを与え続けると，遊泳反応が生じるまでの反応潜時が徐々に長くなるという電撃への馴化が生じる。図の縦軸は，馴化試行開始時の潜時の逆数を 100％とし，その潜時の逆数の何パーセントに低下したかを示している。1 分ごとに電撃パルスを与え続ける馴化試行を 15 試行まで行い，その後，5 分後に電撃を与えると 15 試行で 30％までに馴化したレベルから 45％程度まで回復している。その後，5 分ごとに電撃を与えると徐々に最初のレベルまで回復する自発的回復が生じている（Zaccardi, M. L. et al., 2001）。

　繰り返し馴化と自発的回復を繰り返すと，徐々に馴化がより早くより明白になる馴化の増強（potentiation of habituation）が生じる。アメフラシに触れる

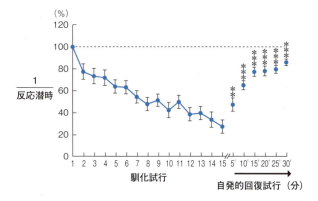

図 2.6　馴化と自発的回復（医用チスイビルの遊泳反応）
（Zaccardi et al., 2001 の図 4 から作成）

＊は，馴化した最後の 15 試行の反応レベルに比べて統計的に有意に増加していることを示している（＊＊1％水準，＊＊＊0.1％水準）。

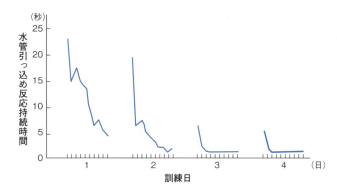

図 2.7　馴化と自発的回復の繰り返し（アメフラシの水管引っ込め反応）
（Carew et al., 1972 の図 1 から作成）

と水管を引っ込める防御反応が生じる。アメフラシは触れられるとしばらく水管を引っ込めるが，しばらくすると水管を伸ばす。何度も触ると水管を引っ込める時間が徐々に短くなるという馴化が生じる。図 2.7 は，アメフラシの水管引っ込め反応の馴化を 1 日に 10 試行実施した結果が示されている。毎日馴化試行を繰り返すと，翌日の馴化のスピードが速くなっている。

2.4 刺激頻度の効果

　馴化中の刺激提示頻度が多ければ多いほど，馴化は早く生じ，より反応が低下する。また，自発的回復も早い。

　グローブス他（Groves, P. M. et al., 1969）は，脊椎分離手術を行ったネコに1秒間に0.5回から16回までの頻度で電撃を後肢の皮膚の末梢部あるいは腓骨神経に直接与え，後肢の前脛骨筋の収縮の程度をひずみ計で測定した。刺激提示頻度が増加するのに従って，反応の減少（馴化）が早くなることを示した（図2.8）。

　高頻度の刺激提示は，低頻度の刺激での馴化後に比べて速く回復する。ランキンとブロスター（Rankin, C. H., & Broster, B. S., 1992）は，直径5cmのシャーレに入れられた線虫に振動を与え，線虫の後方への移動軌跡の変化を記録した。すると，振動間隔が短いほど移動軌跡が小さくなる馴化が生じた。これ以上低下しない漸近値まで到達した30秒後，10分後，20分後，30分後に，再度振動を与えて自発的回復の程度を測定したところ，馴化中の刺激の提示間隔が短いほど自発的回復が速くなることを見出した（図2.9）。

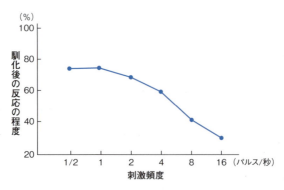

図2.8　刺激提示頻度と馴化の程度（ネコの屈曲反応）（Groves et al., 1969の図3から作成）
6種の刺激頻度で馴化試行を実施した最終10試行の反応の開始時の反応に対するパーセントが示されている。

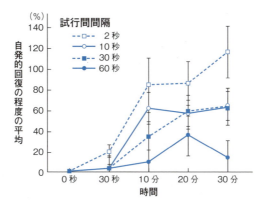

図 2.9　馴化中の刺激頻度と自発的回復率（線虫の移動反応）
(Rankin & Broster, 1992 の図 4 から作成)

2.5　刺激強度の効果

　馴化刺激は強度が小さいほうが，馴化がより速く，より強く生じる。刺激が強すぎると馴化が生じない場合がある。グローブス他（Groves et al., 1969）は，脊椎分離手術を行ったネコに，5〜70V まで 7 種の強度の電撃を後肢の皮膚の末梢部あるいは腓骨神経に直接与え，後肢の前脛骨筋の収縮の程度をひずみ計で測定した。すると，最も刺激強度が弱い 5V での反応の減少（馴化）の度合いが最も大きく，刺激強度が高まるに従って馴化の程度が小さくなっているのがわかる（図 2.10）。

　デイビス（Davis, M., 1974）は，背景に白色雑音を流しながら音を繰り返し提示し，驚愕反応の程度を測定した。暗騒音（背景音）の音圧が相対的に小さい 60dB の条件では，驚愕反応の程度が低下する馴化が生じるが，暗騒音のレベルが相対的に大きい 80db の条件では音が提示されると驚愕反応の程度が増加する鋭敏化が生じた（図 2.11）。

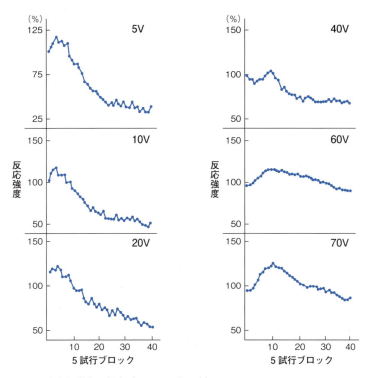

図 2.10　刺激強度と馴化の程度（ネコの屈曲反応）（Groves et al., 1969 の図 4 から作成）
左側および右側，それぞれ上から下の順に，電撃の強度が強くなっている。

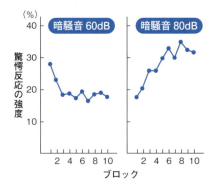

図 2.11　暗騒音下での驚愕反応の馴化と鋭敏化（ラットの驚愕反応）
（Davis, 1974 の図 1 から作成）

2.6 刺激強度の変化の効果

デイビスとワグナー（Davis, M., & Wagner, A., 1969）は，ラットを以下の3群，① 120dBの音圧の音を750回提示する群，② 83〜118dBまでの2.5dBステップの音圧の音をランダムに計750回提示する群，さらに③ 83〜118dBまで2.5dBステップで750種の音圧を上昇系列で提示する群，に分け，それぞれ750回の提示後，全ての群に対して120dBの音圧の音を提示したときの驚愕反応の程度を測定した。すると，徐々に音圧を上げていった群のラットの驚愕量が，120dBを提示し続けた群や，ランダムに音圧を変化させた群に比べて最も低くなった（図2.12）。もし，反応の減少が感覚疲労や感覚器官への何らかのダメージによって生じているなら，120dBを提示し続けた群の反応が最も低いはずであるが，そのようになっていないことから，馴化は，感覚疲労や何らかの感覚器官へのダメージによっては生じていないことがわかる。

2.7 刺激間間隔の効果（短期馴化と長期馴化）

馴化には，刺激を短期間のうちに繰り返し提示して生じる**短期馴化**（short-

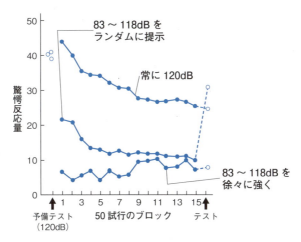

図2.12　強度が徐々に上昇する刺激への馴化（ラットの驚愕反応）
（Davis & Wagner, 1969の図2から作成）

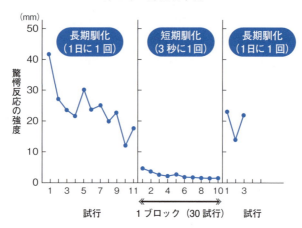

図 2.13　長期馴化と短期馴化（ラットの驚愕反応）(Leaton, 1976 の図 3 から作成)

term habituation) と，たとえば 1 日に 1 回のように時間を空けて提示して生じる長期馴化（long-term habituation）がある．同一の刺激を用いて，短期馴化と長期馴化が生じることを示した実験が図 2.13 に示されている．リートン（Leaton, R. N., 1976）は，11 日にわたって 1 日に 1 回純音を提示し，そのときの驚愕反応の程度を測定した．毎日 1 回の提示でも，徐々に反応が低下する長期馴化がみられる．また，12 日めに，3 秒ごとに 300 回純音を提示すると，急激な反応の低下（短期馴化）がみられる．さらに次の日から 3 日間，1 日に 1 回の提示に復帰すると，短期馴化が生じた前日の長期馴化のレベルに戻っている．これは，短期馴化と長期馴化が独立に生じていることを示唆している．

2.8　新奇食物嫌悪への馴化

新奇食物嫌悪（ingestional neophobia）とは，新奇な食物，新奇な入れ物に入った食物，新規な場所の食物を忌避することであるが，ラットなどに新奇な食物などを何度も提示し続けると，そのうち摂取するようになる．ドムヤン（Domjan, M., 1976）は，実験群のラットに対して，それまで摂取した経験のないサッカリン水溶液を毎日 30 分提示した後，水を 30 分提示するということを繰り返した．当初，実験群のラットのサッカリン摂取量は少なかったが，

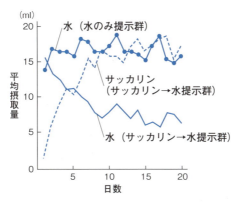

図 2.14　新奇食物嫌悪の馴化（ラットのサッカリン摂取反応）
(Domjan, 1976 の図 1 から作成)

徐々に増加し，最終的には水のみを提示された群のラットの水の摂取量とほぼ同じになった（図 2.14）。これも馴化の例である。

2.9　二重過程説

　乳児の吸啜反射では，唇につける物体がおしゃぶりの場合は反応が増加し，ゴムチューブの場合は反応が減少する（図 2.1 参照）。また，初期には反応の増加が生じ，その後減少に転じる現象も見出されている（図 2.2 参照）。このように，刺激の繰り返し提示によって，反応が減少したり，逆に増加したりというように，全く逆の現象が生じる。これら馴化と鋭敏化の両方を説明する理論として**二重過程説**（dual-process theory）がある（図 2.15）。この理論では，誘発刺激が繰り返し提示されると，興奮と抑制が同時に生じると仮定する。興奮はプラス，抑制はマイナスの方向にはたらき，その和が正の値をとると反応の増加である鋭敏化，負の値をとると反応の減少である馴化が生じると説明している。強度が大きい刺激の場合は，興奮の程度が相対的に大きく，その結果反応強度が増加する鋭敏化が生じ，刺激強度が小さい場合は，抑制の程度が大きく，反応強度が減少する馴化が生じると予測する。興奮と抑制が同時に生じるという説は，次に述べる神経系の研究で確認されている。

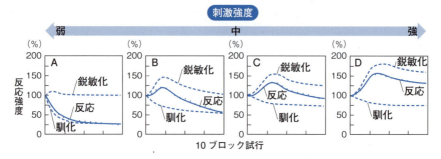

図 2.15 二重過程説（Groves & Thompson, 1970 の図 1 から作成）
鋭敏化から馴化を引いた値が反応の増分になる。この値がマイナスの場合は反応が減少する馴化が生じ，プラスの場合は反応が増加する鋭敏化が生じる。刺激開始時点での反応を 100％ としているので，刺激の繰り返し提示で生じる反応の推移は，以下の式で得られる。

$$反応 =（鋭敏化 - 馴化）+ 100$$

2.10 馴化の生理過程

　神経系で生じている馴化のメカニズムは，比較的単純な神経系をもつアメフラシなどを利用して研究されてきた。神経系には，二重過程説で仮定している興奮性ニューロンと抑制性ニューロンが存在する（図 2.16）。カンデル（Kandel, E., 2000）等の研究により，刺激が繰り返されると，感覚―運動シナプス間の神経伝達物質の分泌と介在ニューロンと運動ニューロン間のシナプス

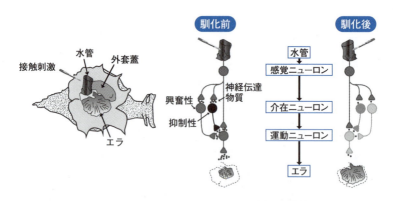

図 2.16　アメフラシの神経経路（エラ引っ込め反射）
（Kandel, 2000 の図 63-1 から作成）

の神経伝達物質の分泌が抑制され，反応強度が小さくなる馴化がシナプス間で生じていることが明らかになった．カンデルは，アメフラシの馴化の神経伝達研究から始まった神経系における情報伝達の研究で，2000 年にノーベル生理学・医学賞を受賞している．

2.11 馴化現象の応用

2.11.1 精神疾患と馴化

通常，誘発刺激を繰り返し提示すると馴化が生じるが，統合失調症患者では，この馴化が生じにくいことが報告されている．ボリノ他（Bolino, F. et al., 1994）は，統合失調症患者と健常者の2グループの左側の顔の眼窩上の三叉神経の枝に微弱な電撃を与え続け，眼瞼反射の馴化の度合いを測定した．健常者に比べ，統合失調症患者の馴化の度合いは低かった（図 2.17）．

馴化に類似した現象としては，事前に弱い刺激を提示した後に，強い刺激を提示する場合と，同じ強度の強い刺激を単独で提示した場合の，強い刺激への反応強度を比較すると，事前に弱い刺激を提示した場合のほうが反応が弱くなる．これは，プレパルス抑制（prepulse inhibition）とよばれる．統合失調症患者やアルツハイマー患者では，このプレパルス抑制が生じないことがあると

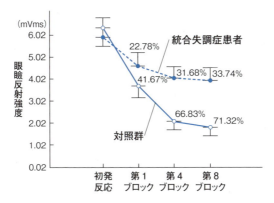

図 2.17　統合失調症患者と健常者の馴化（眼瞼反射）
（Bolino et al., 1994 の図 4 から作成）

いう報告があり，神経疾患の遺伝子発現の神経系の研究および診断に応用されている。

2.11.2 馴化現象の知覚・感覚研究への応用

特定の刺激に対して反応が低下する馴化が形成された後でも，異なる刺激を提示するとその異なる刺激に対しては，刺激特定性のために馴化した刺激への反応よりも反応強度が高くなる場合がある（2.2参照）。このような反応の増大が生じるためには，反応の主体（ヒトやヒト以外の動物）が2つの刺激を弁別可能であることが必要である。したがって，新たに提示された刺激への反応が，馴化した刺激への反応より大きければ，2つの刺激を弁別していることになる。この現象を利用して，言語による教示の理解が可能ではないヒトの乳児やヒト以外の動物の弁別能力を探る研究が行われている。この方法は伝統的に，発達心理学分野では馴化─脱馴化法とよばれている。しかし，これは馴化の刺激特定性を利用した方法で，馴化した刺激への反応が復活する脱馴化ではない。したがって，脱馴化という用語は誤用であり，般化テスト法とよばれるべきであるということが指摘されている（Rankin, C. H. et al., 2009）。

図2.18は，おしゃぶりを一定の基準以上の強さで吸うと音声が提示される装置を用いて，乳児が音声（/a/ と /i/）を弁別できるかどうかを検証する仮説的実験である。この仮説的実験では，最初は吸うと /a/ が提示される。一旦反応が増加した後，そのまま /a/ を提示し続けると反応数が低下する（馴化：

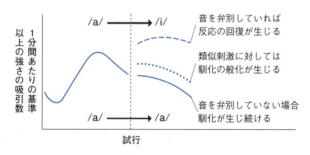

図2.18 乳児の音声弁別（仮説的データ）

図中の実線)。/a/ とは異なる /i/ を提示すると，刺激特定性のために，異なる刺激に対しては馴化した刺激に比べて増大した反応が生じる（点線）。このように，反応の増大が生じれば，その乳児は /a/ と /i/ の相違を弁別していることがわかる。この方法を用いて，生後数カ月の乳児でも，成人と同様な音声知覚が可能であることが確かめられている。

　馴化に対する刺激特定性（あるいは般化現象；2.2 参照）を利用して，乳児の物体の統一性の知覚を検討した一連の実験がある。ジョンソンとノンイェス (Johnson, S. P., & Náñez, Sr., J., 1995) は，黒い背景に規則的に白いドットが配置されたモニター画面上に，図 2.19 に示されているような青く四角い長方形の箱の背後の上下に 35°左に傾いた棒が表示される画像を，生後 4 カ月児に提示した。実験群の実験参加児には，背後の棒は上下に突き出た部分が左右に同期して動いている画像を提示し，対照群の実験参加児には，背後にある棒の上

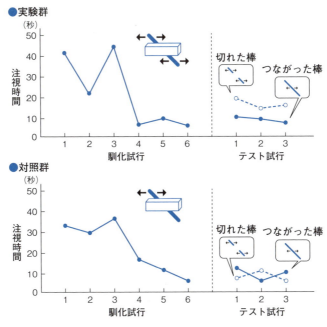

図 2.19　乳児の物体の統一性の知覚実験（乳児の注視時間）
(Johnson & Náñez, 1995 の図 1 から作成)

部のみが左右に動いている画像を提示した．大人は上下に突き出た棒が同期して左右に動く場合は，箱の背後に1本の棒があると知覚し，上部だけ動く場合は，2本の棒が存在すると知覚する．実験参加児がその刺激を注視している時間を測定し，目をそらした場合は，一旦消去し，再度2秒後に提示することを繰り返す馴化試行の後，テスト試行では，左右に動いている1本の棒と2本に分かれた棒の2種の画像を提示し，注視時間を測定した．上下に突き出た棒が同時に左右に動く映像に馴化した実験群の実験参加児は，2本に分かれた棒に対する注視時間が，1本の棒に対する注視時間に対して長くなったのに対し，対照群の実験参加児ではこのような傾向はみられなかった．この結果は，実験群の実験参加児は，1本の棒に対して反応が増加しない般化が生じたことを示している．すなわち，四角い箱の上下に突き出た棒と，1本の棒が類似したものと知覚されていることを示している．実際の3次元の物体を用いた実験でも同様な効果が示されており，TVモニターのような2次元でも同様な知覚が生じることが確かめられた．これは2カ月児では生じないことから，4カ月児以降では，大人と同じような知覚が生じていることが推定される．このように，馴化と般化現象を利用した手続きが，発達研究で有効に利用されている．

　馴化の刺激特定性に加えて，脱馴化現象も，ヒトの乳幼児と同様に言語的教示が不可能な動物の知覚・認知研究にも利用されている．コオロギ (*Teleogryllus oceanicus*) に20kHzの超音波パルスを提示すると逃避反応が生じる．ウィッテンバッハ他（Wyttenbach, R. A. et al., 1996）は，逃避行動が生じる足は自由に動かせるようにしてコオロギの体幹部分のみを固定し，スピーカーから音を提示して逃避反応の馴化と脱馴化の有無を調べた．20kHzの超音波パルスを提示し，足の動きが低下した（馴化した）時点でテスト刺激である5〜40kHzの音パルスを提示し，再度，20kHzの超音波パルスを提示したときの反応を測定した．もし，テスト刺激が馴化刺激である20kHzの音と異なるように知覚されれば，そのテスト刺激の後に提示される20kHzの超音波パルスに対する反応が復活する脱馴化が生じ，同様な刺激と知覚されれば脱馴化は生じないことが予測される．テスト刺激が16kHz以下の音の場合は脱馴化が生じたが，16kHzを超える音の場合は脱馴化は生じなかった（図2.20）．こ

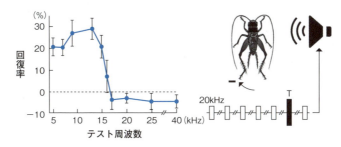

図 2.20 音への脱馴化（コオロギの逃避反応）
(Wyttenbach et al., 1996 の図 1 から作成)
図中の T はテスト音を示している。回避反応は，足の動きで検出できる。

の結果は，コオロギは 16kHz を境界として，馴化刺激である 20kHz の音を含む 16kHz を超える音と，16kHz 以下の音の少なくとも 2 種のカテゴリー知覚を行っていることを示唆している。

● **練 習 問 題**
1. 馴化と鋭敏化の違いについて説明してみよう。
2. 馴化-脱馴化法について説明してみよう。
3. 馴化の般化の具体例をあげてみよう。
4. 長期馴化と短期馴化の違いについて説明してみよう。
5. 馴化における刺激特定性の具体例をあげてみよう。

● **参 考 図 書**

実森正子・中島定彦（2019）．学習の心理［第 2 版］——行動のメカニズムを探る —— サイエンス社

メイザー，J. E.　磯　博行・坂上貴之・川合伸幸（訳）（2008）．メイザーの学習と行動［日本語版　第 3 版］　二瓶社

連合学習（1）
——レスポンデント条件づけ

　連合学習では，一方の刺激に別の刺激が時間的に接近して提示されるという経験を経たり，反応を行うとその反応に対して何らかの結果が生じる行動随伴性とよばれる経験を体験すると，反応の強度や頻度や潜時が変化する。前者がロシアの生理学者のパブロフ（Pavlov, I.）によって体系づけられたレスポンデント条件づけ，後者がアメリカの心理学者のスキナー（Skinner, B. F.）によって体系づけられたオペラント条件づけである。

　レスポンデント条件づけは，古典的条件づけ（classical conditioning）ともよばれるパブロフにより体系づけられた条件づけである。

3.1 形成過程

図 3.1 に，眼瞼反射条件づけの形成過程が示されている。図の上部が条件づけが形成される前，図の中央が形成中，図の下部が形成された後である。まぶたに空気を吹きつけるとまばたきが生じる（図中の四角で囲まれた箇所）。これは，空気の吹きつけという誘発刺激によってまばたきが誘発される反射である。この反射は，第1章でみたように，経験の有無にかかわらず生じ，遺伝的に決定されているため学習ではない。一方，ブザーの音を提示してもまばたきは生じない。このように，その反射を引き起こさない刺激（ブザー）を**中性刺激**（neutral stimulus；NS）とよぶ。反射を引き起こす誘発刺激（空気の吹きつけ）を**無条件刺激**（unconditioned stimulus；US），無条件刺激によって引き起こされた反応（まばたき）を**無条件反応**（uconditioned response；UR）とよぶ。

ここで，中性刺激であるブザーの音を提示し，それに随伴して無条件刺激で

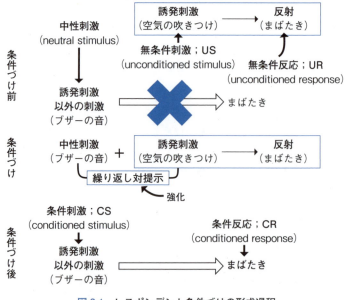

図 3.1　レスポンデント条件づけの形成過程

ある空気の吹きつけを行うと，無条件反応であるまばたきが生じる。この対提示を開始した時点では，ブザーの音を単独で提示してもまばたきは生じない。その後，中性刺激（ブザーの音）と無条件刺激の対提示を繰り返すと，中性刺激であったブザーの音の提示のみでもまばたきが生じるようになる。この時点で，レスポンデント条件づけが形成されたという。中性刺激と無条件刺激を対提示することを**強化**（reinforcement）とよび，まばたきを生じるようになったブザーの音を**条件刺激**（conditioned stimulus；CS），条件刺激の提示で生じるようになったまばたき反応を**条件反応**（conditioned response；CR）とよぶ。

3.2 条件刺激と無条件刺激提示のタイミングの効果

条件刺激（CS）の提示と無条件刺激（US）の提示の典型的なタイミングが図 3.2 に示されている。条件刺激の開始に遅れて無条件刺激の提示が行われ，条件刺激の提示と無条件刺激の提示が重なるか，あるいは条件刺激の終了と同時に無条件刺激が提示される手続きを①**延滞条件づけ**（delay conditioning），条件刺激の終了から一定の時間間隔をおいて無条件刺激の提示が開始される手続きを②**痕跡条件づけ**（trace conditioning），条件刺激の開始時と同時に無条件刺激を提示する手続きを③**同時条件づけ**（simultaneous conditioning）とよ

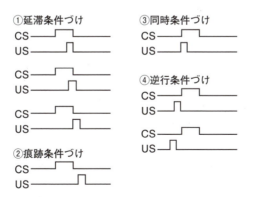

図 3.2 条件刺激（CS）と無条件刺激（US）提示のタイミング
①→②→③→④の順で条件づけが形成されやすい。

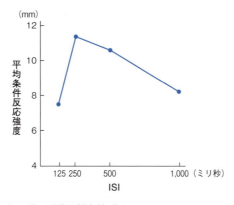

図3.3　ウサギの瞬膜反射条件づけ（Smith, 1968の図2から作成）

ぶ。また，無条件刺激を先に提示し，その後で条件刺激を提示する手続きを④**逆行条件づけ**（backward conditioning）とよぶ。これら以外に，一定時間ごとに無条件刺激のみを提示する**時間条件づけ**（temporal conditioning）とよばれる手続きがある。条件づけは①→②→③→④の順で形成されやすく，④の逆行条件づけは形成がきわめて困難である。

　最も条件づけの形成が容易である延滞条件づけでは，条件刺激の提示に遅れて無条件刺激の提示が開始される。この遅延時間をさまざまに変化させてウサギの瞬膜反射条件づけを行った結果が図3.3に示されている。条件刺激は音圧が92dB，長さが50ミリ秒の1,000Hzの音であり，無条件刺激は50ミリ秒の60Hzの電撃であった。図3.3は，電流が4mA条件の条件づけ開始後5日間の平均を示している。音の提示から電撃の提示までの刺激-刺激間隔（ISI）がきわめて短い250ミリ秒の条件が最も条件づけ量が大きいことがわかる。しかし，ISIがこのように短い間隔でないと条件づけが必ずしも成立しないというわけではない。3.13で述べる味覚嫌悪条件づけでは，数十分の間隔であっても条件づけが成立する。

　条件づけは，毎回条件刺激に無条件刺激を対提示しなくても部分的に対提示することで形成可能である。条件刺激と無条件刺激の対提示を必ず行う条件づけを**連続強化**（continuous reinforcement），2回に1回や3回に1回のように部分的に対提示する条件づけを**部分強化**（partial reinforcement）とよぶ（図

3.2 条件刺激と無条件刺激提示のタイミングの効果 37

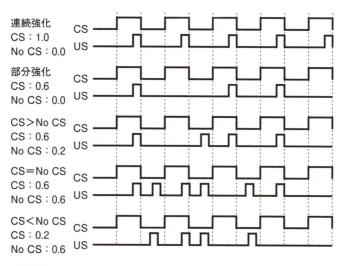

図 3.4 条件刺激（CS）に対する無条件刺激（US）の対提示確率（p(US | CS)）と，条件刺激非提示中の無条件刺激の提示確率（p(US | No CS)）

3.4)。条件づけの形成は部分強化に比べて連続強化のほうが早い。連続強化も部分強化も，条件刺激提示以外のタイミングで無条件刺激が提示される確率は 0.0 である。これに対して，条件刺激提示以外のタイミングで無条件刺激を同確率で提示した場合（図 3.4 の CS = No CS 条件），条件づけは形成されない。一方，条件刺激に対する無条件刺激の提示確率が，条件刺激非提示中の無条件刺激提示確率よりも高い場合（図 3.4 の CS > No CS 条件）は，条件づけが形成される。

レスコーラ（Rescorla, R. A., 1968）は，条件抑制手続き（3.14.3 参照）において条件刺激の提示中に無条件刺激が提示される確率と，条件刺激が提示されていないときに無条件刺激が提示される確率をさまざまに変化させ，条件刺激提示中の提示確率が相対的に大きい場合は，条件づけが成立し（図 3.5 に○で示されている），確率が同じ場合（それぞれの確率が 0.0, 0.1, 0.2, 0.4）は，条件づけが成立しないことを示した（図 3.5 の対角線上に×で示されている）。

この事実は，条件刺激に無条件刺激が接近して提示されても，条件刺激の非提示中に無条件刺激が提示される確率が高いと条件づけは成立しないことを示

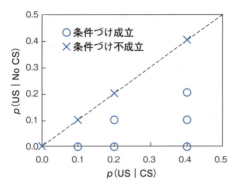

図 3.5 条件刺激提示中と非提示中の無条件刺激提示確率と条件づけ形成の有無
(Rescorla, 1968 から作成)

している。条件刺激が無条件刺激の到来を予告する情報量が相対的により大きい場合に条件づけが形成されることから，条件づけが形成されるためには，条件刺激と無条件刺激の時間的接近が十分条件というわけではなく，無条件刺激の到来を予告する情報量が大きいことが条件づけの形成に必要な要因である。

3.3 刺激強度の効果

　条件刺激（CS）や無条件刺激（US）の強度が，条件づけ形成の速さに影響を与えることが知られている。たとえば，無条件刺激の強度を一定にした場合，ブザーなどの条件刺激の強度を増大すると条件づけが速くなり，また，条件刺激の強度を一定にした場合，電撃などの無条件刺激の強度を増大すると条件づけは速くなる。

　スカーブィオとゴーメザーノ（Scavio, M. J., & Gormezano, I., 1974）は，ウサギを用いて，60dB の白色雑音が流れる中で，550 ミリ秒の 1,000Hz の純音を条件刺激として提示し，条件刺激提示開始から 500 ミリ秒後に 50 ミリ秒，3mA の電撃を無条件刺激としてまぶたに提示する眼瞼反射条件づけを行った。条件刺激の純音の音圧が 65dB と 86dB の比較を行うと，音圧の高い 86dB の純音のほうが条件反応の出現率が高かった（図 3.6）。

　土江他（Doe, N. et al., 2004）は，のどの渇いているラットに対して条件刺

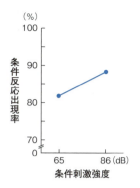

図 3.6　条件刺激（CS）の強度の効果（Scavio & Gormezano, 1974 の図 1 から作成）

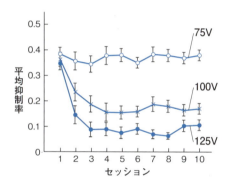

図 3.7　無条件刺激（US）の強度の効果（Doe et al., 2004 の図 1 から作成）

激として 1,000Hz の 85dB の純音あるいは 110 ルクスの光を 10 秒間提示し，その直後に電圧の異なる電撃を無条件刺激として提示する恐怖条件づけを行った。のどの渇いているラットは通常は水をなめるが，恐怖条件づけが進むと，条件刺激が提示されている最中の水なめ反応は抑制されるようになる。電撃の電圧が高い場合と低い場合の水なめ反応の条件刺激による抑制率を比較したところ，電撃の強度が高いほどより水なめ反応を抑制した。すなわち，無条件刺激の強度が高いほど，より条件づけが速く進行した（図 3.7）。

3.4　試行間間隔の効果

条件刺激と無条件刺激の対提示を行う試行と試行の間隔（ITI）が長いほど，

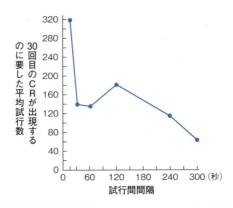

図 3.8　試行間間隔の効果（Frey & Misfeldt, 1967 の図 1 から作成）

より少ない試行で条件づけが形成されることが知られている。フレイとミスフェルト（Frey, P., & Misfeldt, T., 1967）は、ウサギの眼瞼反射条件づけにおいて ITI が 15 秒，30 秒，60 秒，120 秒，240 秒，300 秒の 6 条件で条件づけを行った。図 3.8 は、条件反応（CR）の生起回数が 30 回に達するのに要した試行数を示している。条件反応が規定の回数に到達するのに要した試行数が最も少なかった ITI は、最も長い 300 秒であり、最も試行数を要した ITI は最も短い 15 秒であった。

3.5　消去と自発的回復と更新と復位

一度レスポンデント条件づけが形成された後、条件刺激のみを提示し続けると、条件反応が消失あるいは低下する。これを消去（extinction）とよぶ。条件づけ後に消去した場合と、条件づけ後に何もしないで消去に要した時間と同じ時間後に条件刺激を提示した場合を比べてみると、消去後のほうが明らかに反応の出現強度が低い（図 3.9 の A）。これは、消去は単なる忘却ではないことを示している。消去時において、反応が速く消去される場合と、なかなか消去されない場合があり、消去のされにくさのことを消去抵抗（resistance to extinction）とよぶ。

3.5 消去と自発的回復と更新と復位

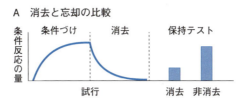

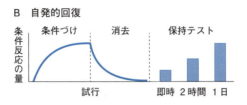

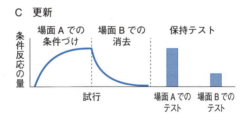

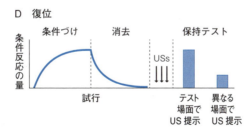

図 3.9 消去と自発的回復と更新と復位の関係（Myers & Davis, 2002 の図 1 から作成）

　消去後に，時間をおいてから条件刺激を再度提示すると，消去された最終の条件反応のレベルよりもやや回復することがある。この回復のことを**自発的回復**（spontaneous recovery）とよぶ。自発的回復の程度は，消去から時間が経

過するほど大きくなる（図 3.9 の B）。

　条件づけを場面 A で行い，条件刺激のみを提示する消去を場面 B で行った後，それぞれの場面（A と B）で条件刺激を提示すると，消去を行った場面 B での反応は少ないが，条件づけを行った場面 A での反応は低下しない。異なる場面で消去を行っても，条件づけが行われた場面に戻すと反応が回復する現象を**更新**（renewal）とよぶ（図 3.9 の C）。

　また，テスト場面とは異なる場面で無条件刺激を繰り返し提示し，テスト場面で条件刺激を提示してもそれほど条件反応は生起しないが，テスト場面で無条件刺激を繰り返し提示した後，条件刺激を提示すると条件反応が回復する（図 3.9 の D）。この現象は**復位**（reinstatement）とよばれる。

　更新や復位は，消去が文脈（場面）依存であることを示している。臨床場面では恐怖反応を治療（3.14.1 参照）により消去しても，更新や復位によってフラッシュバックが起きることがある。

3.6　般化と分化条件づけ

　特定の条件刺激（たとえば，赤色）で条件づけた後，その条件刺激に物理的に類似した刺激（たとえば，だいだい色）を提示すると，条件刺激に条件づけられた条件反応が生じることがある。これを**般化**（generalization）とよぶ。図 3.10 は，ウサギに特定の周波数の純音（図中の矢印で示されている）を提示し，その直後に頬に微弱な電撃を与える眼瞼反射条件づけを行った後，テスト試行でさまざまな周波数の純音を提示したときの条件反応の生起率（％）を示している。条件づけで用いられた純音に近い純音に対してはある程度反応が生じているが，周波数が離れるに従って反応強度が低下する**般化勾配**（generalization gradient）がみられる（Siegel, S. et al., 1968）。

　強化が般化すると同様に，消去も般化する。バスとハル（Bass, M. J., & Hull, C. L., 1934）は，裸で寝そべった男性実験参加者の左肩，左側背中，左もも，左ふくらはぎにほぼ等間隔になるように，電磁石でつくられた振動装置を貼り付け（図 3.11），その振動を条件刺激，右手への電撃を無条件刺激，左手

3.6 般化と分化条件づけ

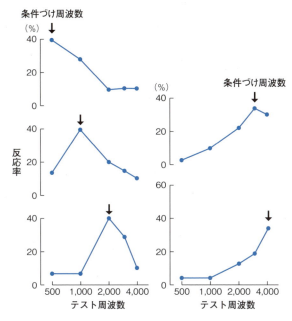

図 3.10 ウサギの眼瞼反射条件づけ後の般化勾配 (Siegel et al., 1968 の図から作成)

首に取り付けられた電極から得られる皮膚電気反射（GRS）を条件反応とするレスポンデント条件づけを行った。実験参加者の半数は左肩への振動を条件刺激，残りの半数は左ふくらはぎへの振動を条件刺激（刺激位置番号 0）として，条件づけを行った後，全ての部位への振動に対する条件反応の反応強度を測定した。条件づけられた部位から離れるに従って，反応強度が低下する強化の般化勾配がみられる（図 3.11 右の色丸）。次に，全ての部位への刺激をそれぞれ電撃で条件づけた後，実験参加者の半数は左肩への振動のみを提示し電撃を提示しない消去を行い，残りの半数は左ふくらはぎへの振動刺激の消去を行った。その後，全ての部位への振動に対する条件反応の強度を測定したところ，消去された部位（刺激位置番号 0）で最も反応強度が小さく，部位の距離が近い場合は反応強度が低下するが，距離が離れるに従って反応強度が大きくなる消去勾配がみられた（図 3.11 右の白丸）。

特定の刺激を強化し，類似した異なる刺激は消去することを行うと，特定の

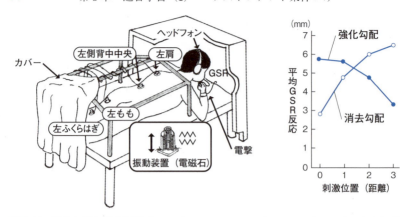

図 3.11　強化勾配と消去勾配（Bass & Hull, 1934 の図1, 図2, 図4, 図5から作成）縦軸は，GSR 反応の振れ幅の平均（mm）である。0 で示される部位は，半数の実験参加者は左肩，残りの半数は左ふくらはぎであり，数字が大きくなるに従って距離が離れた部位を示している。

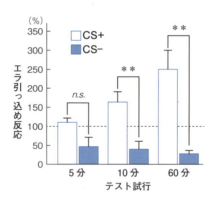

図 3.12　分化条件づけ（Jami et al., 2007 の図2から作成）
n.s. 有意差なし，＊＊ $p < .01$。

刺激にのみ条件反応が増大し，他方の刺激への反応は減少するようになる。この手続きを**分化条件づけ**（differential conditioning）とよぶ。ジャミ他（Jami, S. A. et al., 2007）は，アメフラシの水管の両側に取り付けた 2 つの電極からの微弱な電気刺激を条件刺激，尾への強い電撃を無条件刺激，エラ引っ込め反応を条件反応とするレスポンデント条件づけを行った。水管の片側への電気刺激

(CS+) には無条件刺激を対提示し，反対側への電気刺激（CS-）へは対提示しない分化条件づけを行ったところ，条件づけが進行すると，CS+への条件反応の強度（エラを引っ込める強度）が増大する一方，CS-への反応は減少した（図 3.12）。

3.7　部分強化効果

3.2 で述べたように，条件づけの形成は連続強化が早い。しかし，条件刺激のみを提示する消去では，連続強化された条件反応のほうが部分強化で形成された条件反応に比べて早期に消失する。常識的には，連続強化のほうが強固に連合が形成され，その結果，連続強化のほうが消去されにくいと考えられるが，実際にはその逆になる。部分強化のほうが消去抵抗が高いこの現象を**部分強化効果**（partial reinforcement effect），あるいは最も初期に部分強化効果を発見したハンフレイズ（Humphreys, L. G.）の名前にちなんで**ハンフレイズ効果**とよぶ（図 3.13）。

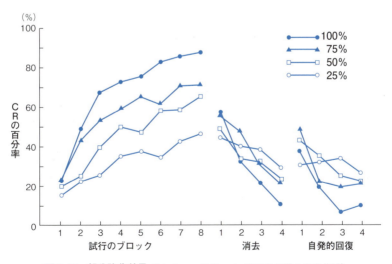

図 3.13　**部分強化効果**（Hartman & Grant, 1960 の図 1 から作成）

3.8 外制止と脱制止

条件づけ形成中に，条件刺激の直前に別の刺激を提示すると，条件刺激への条件反応が一時的に抑制される。この現象のことを**外制止**とよぶ。一方，消去時に条件刺激の直前に別の刺激を提示すると，条件刺激への反応が一時的に復活する。この現象を**脱制止**とよぶ。

3.9 隠蔽と阻止，レスコーラ・ワグナーモデル

同時に2種の中性刺激（たとえば，光と音）を提示し，その直後に電撃などの無条件刺激を提示する条件づけを行うと，一方の中性刺激のほう（たとえば光）がより条件づけられ，他方（たとえば音）への条件づけはあまり生じないという現象がある。これは，一方の刺激への条件づけが他方の条件づけを覆い隠したという意味で**隠蔽**（overshadowing）とよばれる。また，先に一方の中性刺激（たとえば光）への条件づけを十分行い，条件反応が形成された後，別の中性刺激を同時に提示し（たとえば光と音），その直後に電撃を与えても，後から追加した刺激（音）への条件づけはほとんど形成されない。最初に行った光への条件づけが，後から追加した音への条件づけを阻害したという意味で**阻止**（blocking）とよばれる。これらの現象や他のレスポンデント条件づけの現象を予測する数理モデルとして**レスコーラ・ワグナーモデル**（Rescorla, R. A., & Wagner, A. R., 1972）が有名である（図3.14）。

3.10 高次条件づけ

ある条件刺激Aが条件反応を誘発するようになった後，別の新たな刺激Bに無条件刺激を対提示する代わりに，条件刺激Aを対提示することを繰り返すと，新たな刺激Bが条件刺激Aが誘発するようになっていた条件反応を誘発するようになる。このような条件づけを**2次条件づけ**（second order conditioning）とよぶ。さらに，2次条件づけで条件反応を誘発するようになっ

3.10 高次条件づけ

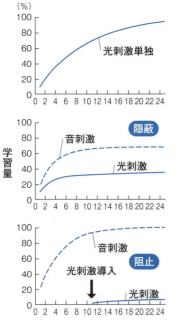

光刺激	学習量	現象名
単独で提示	最大	
音刺激と同時提示	単独に比べ減少	隠蔽
音刺激に十分条件づけが形成されてから導入	ほとんど生じない	阻止

レスコーラ・ワグナーモデル
$$\Delta V_i = \alpha_i \beta (\lambda - \Sigma V)$$

ΔV：1回の試行でのCSの条件づけの変化量
α：CSの明瞭度　β：USの強度
λ：強化の場合は1，非強化の場合は0
ΣV：それまでに全てのCSに条件づけられた条件づけの総和

例　$\alpha_{光} = 0.1$　$\alpha_{音} = 0.2$　$\beta_{電撃} = 1$

試行	光単独		光+音				音→音+光			
	光刺激		光刺激		音刺激		光刺激		音刺激	
	ΣV	$\Delta V_{光}$	ΣV	$\Delta V_{光}$	ΣV	$\Delta V_{音}$	ΣV	$\Delta V_{光}$	ΣV	$\Delta V_{音}$
1	0.100	0.100	0.200	0.100	0.200	0.200			0.200	0.200
2	0.190	0.090	0.340	0.070	0.340	0.140			0.360	0.160
3	0.271	0.081	0.438	0.049	0.438	0.098			0.488	0.128
4	0.344	0.073	0.507	0.034	0.507	0.069			0.590	0.102
5	0.410	0.066	0.555	0.024	0.555	0.048			0.672	0.082
6	0.469	0.059	0.588	0.017	0.588	0.034			0.738	0.066
7	0.522	0.053	0.612	0.012	0.612	0.024			0.790	0.052
8	0.570	0.048	0.628	0.008	0.628	0.016			0.832	0.042
9	0.613	0.043	0.640	0.006	0.640	0.012			0.866	0.034
10	0.651	0.039	0.648	0.004	0.648	0.008			0.893	0.027
11	0.686	0.035	0.653	0.003	0.653	0.006	0.925	0.011	0.925	0.021
12	0.718	0.031	0.657	0.002	0.657	0.004	0.947	0.008	0.947	0.015
13	0.746	0.028	0.660	0.001	0.660	0.003	0.963	0.005	0.963	0.011
14	0.771	0.025	0.662	0.001	0.662	0.002	0.974	0.004	0.974	0.007
15	0.794	0.023	0.664	0.001	0.664	0.001	0.982	0.003	0.982	0.005

図 3.14　隠蔽と阻止（レスコーラ・ワグナーモデル）

た2次条件刺激Bを新たな刺激Cと対提示することにより，2次条件刺激が誘発していた条件反応を新たな刺激Cが誘発するように条件づける条件づけを **3次条件づけ**（third order conditioning）とよぶ。このような2次条件づけや3次条件づけを総称して**高次条件づけ**（higher order conditioning）とよぶ。次元が高くなるに従って条件づけは困難になる。

3.11 感性予備条件づけと潜在抑制

　条件づけ前に，条件刺激として使用される刺激Aと，別の刺激Bを対提示した後，条件刺激Aに対して無条件刺激を対提示するレスポンデント条件づけを行うと，無条件刺激とは一度も対提示されたことのない刺激Bに対しても条件反応が生じることがある。このような条件づけを**感性予備条件づけ**（sensory preconditioning）とよぶ。

　ブローデン（Brogden, W. J., 1939）は，イヌに対してベルと光の対提示を繰り返した後，ベルあるいは光のどちらかと前足への電撃の対提示を行い，屈曲反応を条件づけた。その後，条件づけを行っていない一方の刺激を提示すると，8頭中6頭で屈曲反応が生じた（図3.15左）。一方，ベルと光の対提示なしに，一方の刺激のみを条件づけた群では，条件づけを行っていない刺激に対してはほとんど屈曲反応は生じなかった（図3.15右）。レスポンデント条件づけでは，

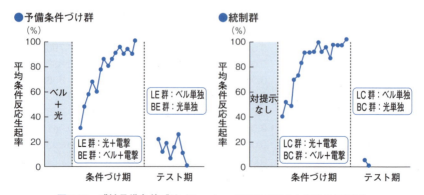

図3.15　感性予備条件づけ（Brogden, 1939の表1と表2から作図）

条件刺激→無条件刺激→無条件反応という条件づけ過程で，条件刺激と無条件反応の連合が形成されるとする刺激-反応説と，条件刺激と無条件刺激の連合が形成されるとする刺激-刺激説がある。感性予備条件づけでは，無条件刺激と一度も対提示されたことがない，すなわち無条件反応との連合の形成が不可能な刺激に対して条件反応が生じることから，刺激と刺激の連合が学習されるという説を支持するものである。

事前に条件刺激として使用される刺激を条件づけ前に繰り返し提示すると，その条件刺激への条件づけが遅くなる，あるいは抑制される潜在抑制（latent inhibition）という現象が知られている。シュナーとルボー（Schnur, P., & Lubow, R. E., 1976）はラットを用いて，バー押し反応に対して平均するとほぼ2分に1回餌を提示することにより，ラットがバーを一定の割合で反応するようになった後，5分間隔で2分間の1,000Hzの純音を1日24回，4日間提示した。この間も，ラットはバーを押すと餌を得ることができた。純音の音圧は，0dB（音の提示なし），71dB，91dBの3群に分けられた。この後，レバー押し反応は餌で維持しながら，それぞれの群の半数のラットは，71dBの2分間の1,000Hzの純音が条件刺激として提示され，その直後に1秒間2mAの電撃が提示される恐怖条件づけが実施された（71dB条件づけ群）。別の半数のラットは，91dBの条件刺激が用いられた。71dB条件づけ群では，事前に71dBの

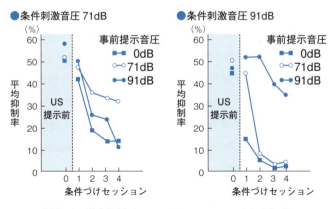

図3.16　潜在抑制（Schnur & Lubow, 1976から作成）

純音が提示された群のラットは他の 0dB および 91dB 群に比べて 71dB の条件刺激提示中の反応の抑制率の減少が小さく，また，91dB 条件づけ群では，事前に 91dB の純音が提示された群の抑制率が他の群に対して減少が小さくなっている（図 3.16）。つまり，事前に同じ音圧の刺激を提示することが，その後の同じ音圧の条件刺激を用いた条件づけを抑制している。

3.12　拮抗条件づけ

　消去は，条件づけが形成された後，条件刺激のみを提示することにより，条件反応の生起頻度や強度を低下させる（3.5 参照）。条件づけが成立した条件刺激に，条件づけで使用された無条件刺激（たとえば電撃）とは反対の効果をもつ無条件刺激（たとえば餌）を対提示することにより，消去より早く条件反応を消失させることができる。このように，条件づけに用いられた無条件刺激とは反対の効果をもつ無条件刺激を同じ条件刺激に条件づけることにより，条件反応を消失させる条件づけを**拮抗条件づけ**（counter conditioning）とよぶ。この条件づけは，恐怖反応などを低減する治療に応用されている（3.14 参照）。

　また，条件づけの前に，無条件反応に対して反対の効果をもつ無条件刺激同士を対提示することにより，無条件刺激の効力を低下させる手続きも拮抗条件づけとよばれる。

　ダーリングとディッキンソン（Dearing, M. F., & Dickinson, A., 1979）は，10 日間にわたって 1 日 45 分間のセッションの間に平均 3 分間隔で 15 回の 700 ミリ秒の 6mA の電撃と 1.5 秒間で 2ml の水を対提示する群と，電撃と水を独立に提示する 2 群のウサギを用いた。その後，レバーを押すと平均 60 秒に 1 回水が提示される条件でレバー押し反応を形成した。さらに，7 分間に 1 回 70 秒間 2,000Hz の純音を条件刺激として提示し，その提示中は反応すると 15 秒に 1 回無条件刺激として電撃が提示される条件抑制課題を行った。この手続きでは，訓練が進むに従って条件刺激である音が提示されると，レバー押し反応が抑制されるようになる。条件づけ前に，電撃と水を対提示した群のウサギ（図 3.17 の色丸）は，対提示しなかった群（白丸）に比べて，反応が抑制され

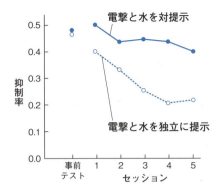

図 3.17 相反する無条件刺激の対提示による拮抗条件づけ
（Dearing & Dickinson, 1979 の図 4 から作成）

る程度が減少した。すなわち，事前に水と対提示することにより，電撃の効力が減じられている。

3.13 現実場面におけるレスポンデント条件づけ

梅干しを食べるときは，赤くて丸いという色や形を見てから口に入れると，酸っぱくて唾液が出る。あるいは黄色いレモンを見て，口に入れると酸っぱくて唾液が出る。このように，ある刺激に特定の反応を引き起こす無条件刺激が後続するレスポンデント条件づけは，日常的に生じている。この節では，日常生活で生じるレスポンデント条件づけの例を紹介する。

3.13.1 味覚嫌悪条件づけ

過去に牡蠣を食べて中毒を起こしたため，それ以降牡蠣が食べられなくなったという人が多くいる。これは，牡蠣の味を味わった後，牡蠣毒により吐き気が引き起こされることにより，味覚と毒性の条件づけが生じたことによる。たとえば，ラットに甘いサッカリンをなめさせた後，エックス線の照射や毒物の投与を行い，気分を悪くするという条件づけを行うと，サッカリンを避けるようになる。これは，特定の味を忌避するように条件づける**味覚嫌悪条件づ**

け(taste-aversion conditioning)とよばれる。眼瞼反射条件づけなどの条件づけでは，中性刺激と無条件刺激の提示間隔が長くなると条件づけの形成は困難であるが（3.2参照），味覚嫌悪条件づけは，条件刺激である味を味わった後，毒物によって生じる無条件反応である吐き気が数時間後に生じても条件づけが成立する。また，通常のレスポンデント条件づけでは，中性刺激と無条件刺激の多数回の対提示が必要であるが，味覚嫌悪条件づけでは，少数回の対提示で形成可能である。ガルシアとケリング（Garcia, J., & Koelling, R. A., 1966）は，5群のラットにサッカリンを摂取させた30分，45分，75分，120分，210分の後，気分が不快になるアポモルフィネの注射を3日ごとに計5回実施した。サッカリンのみを摂取した統制群に比べて，30分，45分，75分の3群のラットはサッカリンの摂取量が減少するようになることを確認した。通常のレスポンデント条件づけとは異なり，1時間以上の間隔が空いても味覚嫌悪条件づけは生じ，また，わずか数回の対提示でも条件づけが生じた。これらの効果は，発見者の名前にちなんで**ガルシア効果**（Garcia effect）とよばれている。図3.18は，サッカリン摂取の後にX線照射を受けることにより不快になる味

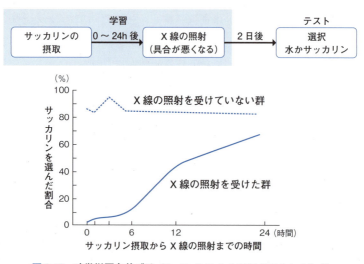

図3.18 味覚嫌悪条件づけ（Smith & Roll, 1967の図1から作成）

覚嫌悪条件づけを行った場合の結果を示している。サッカリン摂取から6時間後にX線照射を行った場合でも，X線照射を受けないラットに比べて有意にサッカリンを避けるようになっている。

　味覚と毒物などによる不快感はよく条件づけられるが，視覚刺激や音刺激と不快感の条件づけは難しく，また，味覚と電撃の条件づけは難しい。ガルシア他（Garcia et al., 1966）は，甘み（サッカリン）が添加された水を摂取中にX線が照射された群と，味の付いていない水をなめると光が点灯しクリック音がする状況で，水を摂取中にX線が照射された群，の2群のラットの条件づけ後の水の摂取量の変化を測定した。甘い水をなめた後に，X線によって気分が悪くなったラットの甘い水の摂取量は，条件づけ前に比べて有意に少なくなった。一方，なめると光と音が提示され，水を飲んだ後に気分が悪くなったラットは，条件づける前の，なめると光と音が提示される水の摂取量に比べて摂取量が少なくなるということはなかった。すなわち，気分を不快にする無条件刺激（X線照射）に対して味覚は条件刺激として機能するが，視聴覚刺激は，気分を不快にする無条件刺激に対して条件刺激として機能しない。一方，無条件刺激として電撃が与えられる場合には，甘い水をなめたときに電撃が与えられても甘い水の摂取量は条件づけ前に比べて減少しないが，水をなめると光と音が提示される条件下で電撃を与えられたラットは，条件づけ後，光と音が提示される水の摂取量が減少した。電撃が無条件刺激の場合は，味覚刺激は条件刺激として機能しないが，視聴覚刺激は条件刺激として機能することが確かめられた。このように，条件刺激と無条件刺激の組合せで条件づけの成立の有無が異なる現象を**連合選択性**（selective associability）とよぶ（表3.1）。

　また，種によって手がかりとする刺激様相が異なることが知られている。ウィルコクソン他（Wilcoxon, H. C. et al., 1971）は，ウズラ（*Collinus virginianus*）とラットに暗い青色の水，酸っぱい水，あるいは青くて酸っぱい水を摂取させた1時間半後に，気分が悪くなる免疫抑制剤として知られるシクロフォスファミド（cyclophosphamide）を注射し，その3日後にテストを行った。酸っぱい味の付いた水で条件づけた被験体には酸っぱい味の付いた水，青色の付いた水で条件づけた被験体には青色の付いた水，青い酸っぱい味の水

表 3.1 レスポンデント条件づけにおける連合選択性 (Garcia & Koelling, 1966 から作成)

		無条件刺激（US）	
		X 線・毒物 (気分不快)	電撃
中性刺激 →条件刺激？	味覚	条件づけられる	×
	視覚・聴覚	×	条件づけられる

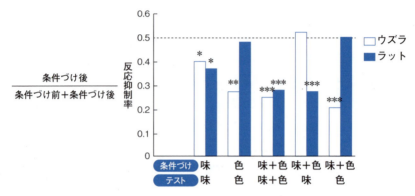

図 3.19 味と色を用いたウズラとラットの嫌悪条件づけ
(Wilcoxon et al., 1971 の表 1 から作成)
$*p < .05$　$**p < .01$　$***p < .001$

で条件づけた個体には，青い酸っぱい味の水，酸っぱい味の付いた水，あるいは青色の付いた水のいずれかを提示し，摂取量を測定した。酸っぱい味で条件づけた場合は，ウズラもラットも条件づけ後の酸っぱい水の摂取量が減少し，味に条件づけられることが示された。色で条件づけた場合は，ウズラは水の摂取量が減少し条件づけられるが，ラットは条件づけられなかった。味と色の付いた水で条件づけた場合，味と色の付いた水の摂取量は減少し，味のみが付いた水の場合は，ラットの摂取量は減少するが，ウズラは減少せず，一方，色のみが付いた水ではウズラの摂取量は減少するが，ラットは減少しなかった（図3.19）。これらの結果は，ラットは味には条件づけられるが，色には条件づけられない連合選択性を示している。さらに，ウズラは，色と味を単独に使用した場合は両方に条件づけられるが，色と味を同時に提示した場合は，色のみに

3.13 現実場面におけるレスポンデント条件づけ

条件づけられ，色が味を隠蔽する（3.9参照）ことを示している。

味覚嫌悪条件づけと同様に，食物性無条件刺激と電撃を用いた条件づけでも，条件刺激と無条件刺激の組合せによって条件づけの形成が容易な場合と，難しい場合があることが知られている。シャピロ他（Shapiro, K. L. et al., 1980）は，デンショバトに，赤色の天井光と440Hzの純音を条件刺激として同時に提示し，その直後に無条件刺激として電撃を与える群と，穀物を提示する群の比較を行った。この結果，無条件刺激が電撃の場合は音に条件づけられるが，穀物の場合は赤色の天井光に条件づけられることを報告している。

日常生活における吐き気は，中毒だけでなく，乗り物酔いによっても引き起こされる。アルワス他（Arwas, S. et al., 1989）は，飲み慣れた飲み物（コカコーラかペプシ），あるいは飲み慣れない飲み物（トニックあるいはジンジャーエール）を飲んだ後，乗り物酔いを起こすように，回転するいすの上で数字をみつけだす作業を実験参加者に要請した。その後，実験参加者に事前に飲んだ飲み物を飲んでもらい，摂取量を測定した。飲み慣れない飲み物を飲んだ後に十分に乗り物酔いを経験した実験参加者は，乗り物酔いを経験しなかった統制群の実験参加者に比べて有意に摂取量が少なくなる味覚嫌悪条件づけが生じたが，飲み慣れた飲み物を摂取した群では，そのような差はみられなかった（図3.20）。飲み慣れた飲み物は，条件づけの前に何度も飲んでいることから，条件づけの前に条件刺激として使用される刺激を何度も提示したことにより，条件づけが抑制される潜在抑制（図3.16参照）が生じたと考えられる。

がん治療で用いられる化学療法は，ひどい吐き気を引き起こすことが知られており，このような臨床場面でも治療の前に食べた食物と化学療法による吐き気との間で，味覚嫌悪条件づけが起きる可能性が考えられる。薬物による食欲減退に，味覚嫌悪条件づけによる食物嫌悪が加わると，病態の悪化が生じる可能性があり，治療場面での配慮が必要である（Bernstein, I. L., 1991）。

味覚嫌悪条件づけは，他のレスポンデント条件づけに比べて比較的少数回の対提示で条件づけが成立し，条件刺激と無条件刺激の提示間隔が長くても成立するという特徴があるが，この差は，質的な差というよりは量的な差であるという指摘がなされている。

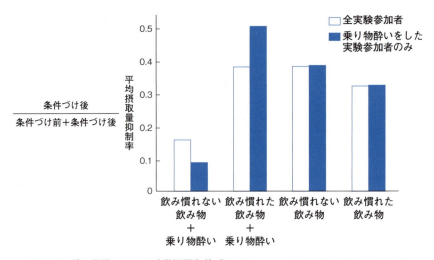

図 3.20 乗り物酔いによる味覚嫌悪条件づけ（Arwas et al., 1989 の図 3 から作成）

3.13.2 免疫反応のレスポンデント条件づけ

　レスポンデント条件づけは，唾液分泌やまばたきに加えて，免疫反応の条件づけが可能であることが報告されている。

　ラットにサッカリンをなめさせた後，免疫抑制剤の投与を行うと，サッカリンをなめただけで免疫活動が抑制される。アーダーとコーエン（Ader, R., & Cohen, N., 1975）は，実験群のラットに対してサッカリン溶液を与え，その 30 分後に免疫抑制剤であるシクロフォスファミドを腹腔内に注射する条件づけを行った。その 3 日後に，抗原となるヒツジの赤血球を腹腔内に注射した。抗原注射から 6 日後にリンパ液を採取して，抗体反応の指標である赤血球凝集価を測定した。この値が大きければ大きいほど抗体反応が大きいことを示している。抗原の注射の後に免疫抑制剤を投与すると，ほとんど抗体反応が生じていない（図 3.21；条件づけ群の US）。免疫抑制剤をまったく投与せず，抗原を注射してから 3 日後および 6 日後にサッカリンを摂取させた群（図中の CS_2)，およびいずれかの 1 日のみサッカリンを摂取させた群（CS_1）は，まったくサッカリンを摂取させなかった群（CS_0）や水を摂取した後に免疫抑制剤を注射した非条件づけ群や，水の摂取の後に蒸留水を注射したプラシボ群に比

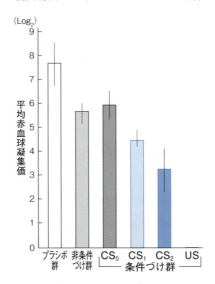

図3.21　免疫反応のレスポンデント条件づけ（Ader & Cohen, 1975 の図2から作成）

べて抗体反応が小さくなっている。すなわち，条件刺激であるサッカリンの摂取により，条件反応である免疫反応の抑制が免疫抑制剤の投与なしにある程度生じたことを示している。

　また，逆に，ソルバーソン他（Solvason, H. B. et al., 1988）は，マウスに樟脳の匂いを嗅がせた後，免疫活動を活性化するインターフェロンの投与を行う対提示を繰り返すと，樟脳の匂いを嗅いだだけで免疫活動が活性化することを示した。同様な現象は，ヒトの成人でも報告されている。

　これらの事実は，味や匂いなどの中性刺激に生理反応を引き起こす薬物を条件づけることが可能であることを示している。プラシボ効果は，実際に薬物を投与しなくても，薬効成分のない疑似薬（プラシボ）によってあたかも薬を投与したときに得られる効果に近い効果が得られることを指す。過去にプラシボと薬物との対提示をされたことにより，本来薬効のない中性刺激であるプラシボが薬効を示すようになるという生理反応のレスポンデント条件づけが，プラシボ効果のメカニズムの一つと考えられている。

3.13.3 評価条件づけ

他者への評価やブランドイメージなど，評価や態度も条件づけられる。

嫌な臭いと対にされた顔写真は，その後の評定で好み度が低下し，逆に，かぐわしい匂いと対提示された顔写真の好み度の評定は高くなる。トドランク他（Todrank, J. et al., 1995）は，視覚刺激と香りに対する心理学的反応の研究という名目で実験参加者を募集した。異性の写真の好み度を評定しながら好みの香り，中性的な香り，嫌な臭いのいずれかを嗅ぎ，その写真の人物は「このように見え，このように香る」と述べることを要請された。2回目の評定では写真を単独で提示し，再度好み度を評定してもらった。2回目の評定では好みの香りと対にされた写真の評定は前回に比べて好み度が上昇し，嫌な臭いを嗅ぎながら評定した写真の好み度は低下した。また，キム他（Kim, J. et al., 1996）が行ったテレビコマーシャルを模した実験では，TV画面に条件刺激であるLピザハウスと書かれたピザの箱と，無条件刺激としてレーシングカーを，それぞれ7.5秒間対提示する延滞条件づけ群と，条件づけが成立しにくい順番を逆にした逆行条件づけ群，順番をランダムにしたランダム群で，提示後に形成されたLピザハウスへのブランドイメージを聞いてみた。他の群に比べて，延滞条件づけ群のLピザハウスへのイメージは，全体のイメージがよくなり，配達が速く，温かいままで届くという評定値が高くなることが報告されている。レーシングカーに対する速いというイメージや評価が，対提示されることにより，Lピザハウスというブランドに対しても生じるようになる**評価条件づけ**（evaluative conditioning）がTVコマーシャルでも生じうることを示している。

3.14 レスポンデント条件づけの応用

レスポンデント条件づけは，不安神経症の治療や発達心理学，ヒト以外の動物の知覚などを研究する動物精神物理学，ならびに，野生生物保全などさまざまな分野で利用されている。この節では，レスポンデント条件づけの応用について概説する。

3.14.1 臨床への応用

　さまざまな心理的な問題を抱えて，精神科や心療内科などを受診する患者の中には，特定の物や場面に対して過度の不安や恐怖を示す**恐怖症**（phobia）とよばれる症状を訴える来談者がいる。恐怖症は，生まれた時点から特定の物や場面に対して恐怖を覚えているのではなく，ある特定の経験を経て，不安や恐怖を抱くようになる。すなわち，経験によって行動が変化する条件づけによって形成される。

　恐怖症が条件づけによって形成可能であることを実験的に示したはじめての事例として，ワトソンとレイナー（Watson, J. B., & Rayner, R., 1920）の「アルバート坊や」の恐怖症の条件づけ実験が有名である。彼らは，生後9カ月のアルバートという名の乳児に白いラット，ウサギ，イヌ，サル，毛の生えた仮面や生えていない仮面，綿，燃える新聞紙などを見せ，これらを怖がらないことを確認した。その26日後に，吊るされた約1.2mの鉄の棒をハンマーで叩き，恐怖反応が生じることを確認した。すなわち，この時点では，白いラット等の動物や仮面は中性刺激であり，ハンマーで叩くことによって生じる大きな音は，恐怖反応を引き起こす無条件刺激として機能することを確かめた。11カ月頃から白いラットを提示し，その直後にハンマーで叩いて大きな音を与え，泣くなどの恐怖反応を誘発する恐怖条件づけを開始した。ワトソンとレイナー（Watson & Rayner, 1920）の論文では，このときの様子を以下のように報告している。「白いラットを提示し，アルバートが左手を伸ばしてそのラットに手が触れたときに，頭の後ろでハンマーを叩いて大きな音をたてた。アルバートは急にジャンプし，前方に倒れ，マットレスに顔が埋まったが，泣くことはなかった。右手をラットに伸ばし，触ったときに，再びハンマーで叩いて大きな音をたてると，急にジャンプし，前方に倒れ，しくしく泣き出した」。このような条件づけを何度か繰り返した結果，アルバート坊やは白いラットを見ただけで泣くようになり，その後，白いウサギや白いひげのサンタクロースにも般化した。この実験は倫理的にたいへん問題があるが，ヒトの恐怖症が条件づけによって形成可能であることを示した点において意味がある。ワトソンとレイナー（Watson & Rayner, 1921）は，実験的に形成された恐怖症の治療を試みよ

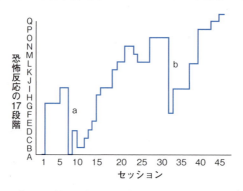

図 3.22　ピーター坊やの段階的治療（Jones, 1924 の図から作成）
図中の急激な落ち込みを示している a は，イヌに飛びかかられて恐怖を示したことによる落ち込み，b は，ウサギに軽く引っかかれたことによるものであると説明されている。

うとした矢先，アルバート坊やが引っ越してしまったと論文の最後で報告している。アルバート坊やは不幸にも恐怖症の治療を受けずに転居してしまった。

　アルバート坊やがワトソンとレイナーのもとを去った約3年後，アルバート坊やをほんのちょっと大きくしたような2歳10カ月のピーター坊やが，ジョーンズ（Jones, M.）のもとへやってきた。ピーター坊やは，アルバート坊やと同様に白いラットを怖がり，その恐怖はウサギや毛皮のコート，さらには綿にまで広がっていた。ピーター坊やは，ラットよりウサギのほうにより恐怖を示すことから，ウサギへの恐怖症の治療が始められた。ピーター坊やの治療は，恐怖を引き起こす程度が低い段階から始めて，最終的には，ウサギが指を甘噛みしても怖がらなくなるまで続けられた。この治療の段階が図 3.22 と表 3.2 に示されている。

　このように恐怖症を治療する方法として，より弱い恐怖反応を引き起こす刺激から始めて恐怖反応を消去し，恐怖反応がなくなったところで段階的に刺激強度を高めていき，反応が消去されるとさらに刺激強度を高めていく治療法は**系統的脱感作法**（systematic desensitization）とよばれる。ピーターの恐怖症の治療は，系統的脱感作法の最初の例として知られている。ウォルピ（Wolpe, J., 1915-1997）によって体系づけられた現在の系統的脱感作法では，まず，リラックスする訓練からスタートする。それと同時に，系統的に弱い刺激から強

3.14 レスポンデント条件づけの応用

表 3.2 ピーター坊やの恐怖反応の 17 段階

Q	ウサギに指を甘噛みさせた
P	愛情を込めてウサギを撫で回した
O	ウサギと一緒に遊ぶためのサークル（檻）の中にいることができた
N	ウサギと一緒に一人で部屋にいることができた
M	ウサギを膝の上に乗せた
L	ウサギを実験者がケージに入れるのを助けた
K	ウサギが横にいても警戒せずにしゃがむことができた
J	ウサギをハイチェアーのトレイに乗せさせた
I	ウサギにつばを吐いたり，物を投げたり，真似たり，ウサギに物怖じしない態度を示した
H	自由に動き回るウサギに触った
G	実験者が抱えたウサギに触った
F	部屋の中をウサギが自由に動き回っても耐えられた
E	かごの中のウサギが近づいても耐えられた
D	かごの中のウサギが 3 フィート離れれば耐えられた
C	かごの中のウサギが 4 フィート離れれば耐えられた
B	かごの中のウサギが 12 フィート離れれば耐えられた
A	かごの中のウサギが部屋のどこにいても恐怖を示した

い刺激の階層表を作成し，順次弱い刺激から強い刺激への曝露と，不安と拮抗するリラックス状態を再条件づける拮抗条件づけとを組み合わせた方法が用いられている。

条件反応は，条件刺激のみを提示し続けることにより消去可能である。恐怖の対象を繰り返し提示する恐怖症の治療方法を**曝露療法**（exposure therapy）とよぶ。系統的脱感作法も曝露療法の一種である。系統的脱感作では，刺激の強度を徐々に上げていく。これに対して，最大強度の刺激を最初から繰り返し提示することにより恐怖症を治療する**フラッディング療法**（flooding therapy）や**内破療法**（implosion therapy）がある。その後さまざまな曝露療法が開発され，2015 年時点で，アメリカ心理学会第 12 分科会（臨床心理学）は，**心的外傷後ストレス障害**（post traumatic stress disorder；PTSD）や特定の動物や飛行機などの乗り物に対する恐怖症の治療において，効果が認められる治療法

(evidence-based therapy) の筆頭として，曝露療法の一種である**持続エクスポージャ**（prolonged exposure）をあげている。強迫性障害に対しては，**曝露反応妨害法**（exposure and response prevention）が有効であるとされている。

系統的脱感作法では，不安を引き起こす刺激や場面を提示，あるいは連想し，その直後にリラックスするということを行い，不安を引き起こしていた条件刺激にリラックスするイメージを条件づけることで，恐怖症を治療する拮抗条件づけ（3.12 参照）を併用する。依存反応を引き起こしている条件刺激に，嫌悪反応を誘発する無条件刺激を条件づける拮抗条件づけにより，アルコール依存症や，薬物依存，喫煙，フェティシズムの治療が可能である。嫌悪療法として，味覚嫌悪条件づけを用いたアルコール依存症の治療が行われている。この治療では，患者は，目の前に置かれているさまざまなアルコール飲料を眺め，匂いを嗅ぎ，少し味わった後に，嘔吐剤を飲むことが要請される。アルコールを味わった後に，気持ちが悪くなり，嘔吐することにより，アルコール味への嫌悪条件づけを行い，依存症の治療を行う。治療後 4 年間の禁酒を続けていた患者の割合が図 3.23 に示されている（Voegtlin, W. L., 1940）。ほぼ 60％前後の患者が禁酒を続けていることがわかる。この割合は，別の調査（Smith, J., & Frawley, P., 1993）でも同様であり，通常のカウンセリングによる治療に比べて顕著な効果が認められる。

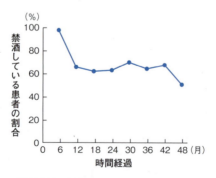

図 3.23　嫌悪療法の予後（Voegtlin, 1940 の図 1 から作成）
48 カ月経過後の率が 50％に低下しているのは，治療手続きが十分確立されていなかった初期の治療を受けたためであると説明されている。

3.14.2 発達心理学研究

レスポンデント条件づけを用いて，言葉が通じない乳児の知覚や学習能力を調べることが可能である。

サリヴァン他（Sullivan, R. M. et al., 1991）は，新生児に条件刺激としてシトラスの香りを染みこませた脱脂綿を生後1日目の新生児に30秒嗅がせた後，無条件刺激として25秒間優しく体を撫でることを少なくとも1分間隔で10試行実施した。条件反応は，撫でられることによる手足の動きであった。翌日，2分間隔でシトラスの香りを染みこませた脱脂綿を，起きているときと寝ているときの両方で30秒間嗅がせ，嗅がせる前30秒間と嗅がせている30秒間の活動の変化を測定した。撫でてから香りを嗅がせる逆行条件づけ群と，香りのみを嗅がせた群，および撫でるだけの群とは異なり，香りを嗅がせてから撫でる延滞条件づけを行った群の新生児は，手足を動かすなどの活動量が有意に増加した（図3.24）。これは，生後1日でも香りによるレスポンデント条件づけが可能であることを示している。また，香りによる条件づけが生じるかどうかを調べる検査が，新生児の神経系の診断に利用できる可能性がある。

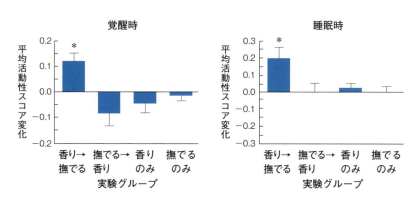

図3.24 **新生児のレスポンデント条件づけ**
（Sullivan et al., 1991の図1と図2から作成）

3.14.3 動物精神物理学

外的な刺激をヒトがどのように知覚するのかを測定する分野を精神物理学とよぶが，ヒト以外の動物の知覚を測定する分野を**動物精神物理学**（animal psychophysics）とよぶ。ヒト以外の動物に対しレバーなどを押すと餌や水が得られる訓練を行うことで，反応を維持するオペラント条件づけが可能であるが（第4章参照），動物が反応している最中に，条件刺激を提示し，無条件刺激として電撃を提示すると，条件刺激を提示していないときに比べて条件刺激提示中の反応が減少するようになる。オペラント条件づけに恐怖条件づけを重ねて，オペラント条件づけによって維持されている反応を抑制する手続きを**条件抑制**（conditioned suppression）とよぶ。反応が抑制されるためには，条件刺激が提示されていないときと条件刺激が提示されているときの相違を弁別できることが必要である。このことから，条件刺激を提示したときに動物の反応が抑制されるかどうかを調べることにより，条件刺激として提示される刺激の有無の検出ができる最低の刺激強度である刺激閾の測定が可能になる。また，刺激Aが提示されているときは電撃は提示されないが，刺激Bに切り替わると電撃が提示されるようにすると，もし動物が2種の刺激を弁別できれば，刺激Bが提示されているときの反応は刺激Aが提示されているときの反応より減少する。この手続きを用いることで，刺激の弁別閾の測定が可能である。

点滅光の点滅周波数を上げていくと，ある周波数以上になると点滅光として知覚できず，連続光として知覚されるようになる。点滅光として知覚できる最大の周波数を**光臨界融合周波数**（critical flicker fusion frequency；CFF）とよぶ。CFFは，動物種によって異なり，ヒトの場合は60Hz，ニワトリは100Hz前後である。ループとバークリィ（Loop, M. S., & Berkley, M. A., 1975）は，ネコが鼻でレバーを押すと平均90秒に1回少量の餌を与えることにより，レバー押し反応を形成・維持した後，1セッションあたり30秒間の点滅光を平均5分間隔になるようにランダムに7から10回提示し，提示終了時に足に0.5秒間の電撃を与えた。点滅の周波数は，5Hzから徐々に上げていき，レバー押し反応の抑制率（（点滅光提示前の反応率−点滅光提示中の反応率）÷（点滅光提示前の反応率＋点滅光提示中の反応率））が一貫して0になった時点で終了し

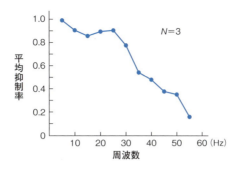

図 3.25 ネコの光臨界融合周波数 (CFF) の測定 (Loop & Berkley, 1975 の図 3 から作成) 点滅光提示中の反応が完全に抑制された場合は，抑制率は 1.0，点滅光提示中の反応率が，点滅光提示前の反応率の 50% であった場合は，0.33 になる．

た．図 3.25 は，最大光量で得られたデータである．点滅光提示中の反応率が，点滅光提示前の反応率の 50% である抑制率 0.33 を閾値とした場合，最大光量でのネコの CFF は，約 50Hz であることがわかる．このように，条件抑制手続きは，動物精神物理学研究に活用されている．

3.14.4 野生生物との共生

　家畜を補食するオオカミやコヨーテ，ヒョウやライオン等のいわゆる猛獣は，家畜を守るため人間によって殺害されてきた．しかし，現在では個体数が減少し，絶滅の危機に瀕している．これらの捕食動物を殺害せず，かつ，家畜を保護する方策が望まれている．グスタフソン他 (Gustavson, C. R. et al., 1982) は，カナダのサスカチュワン州において，ヒツジを襲うコヨーテを殺害せず，かつ食害を減少させるために，味覚嫌悪条件づけを試みた．ヒツジの臭いや味に対する嫌悪を条件づけ，ヒツジへのコヨーテによる襲撃を減少させることを計画した．吐き気を引き起こす塩化リチウムをヒツジの肉に混ぜ，さらにその肉をヒツジの皮で包んだものを 10 カ所の牧場周辺に設置した．条件づけを開始する前の年のコヨーテに襲われたヒツジの群れの割合と，条件づけを実施した 3 年間の割合を比較すると，条件づけを実施した年のコヨーテによる襲撃の割合が有意に減少した（図 3.26）．味覚嫌悪条件づけが野生生物の保全に利用可能

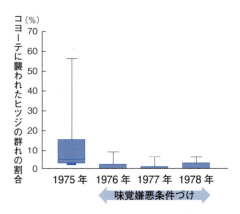

図 3.26 味覚嫌悪条件づけによるコヨーテのヒツジへの襲撃の低減
（Gustavson et al., 1982 の表 1 から作成）

であることを示唆している。

　オーストラリアに生息するフクロネコ（*Dasyurus hallucatus*）は，果物から昆虫，ほ乳類，トカゲおよびカエルを補食する。フクロネコの生息地に，強い毒性をもつオオヒキガエル（*Bufo marinus*）が害虫駆除のために20世紀初頭にオーストラリアに持ち込まれた。その結果，オオヒキガエルを補食することでフクロネコの死亡個体が増加し，現在は絶滅の危険性が叫ばれている。保護飼育しているフクロネコに，致死的ではないが，吐き気を引き起こすチアベンダゾール（thiabendazole）の粉末をかけた小さなカエルの死体を食べさせる味覚嫌悪条件づけを行った後，オオヒキガエルの生息地に放した（O'Donnell, S. et al., 2010）。条件づけを受けたフクロネコは，毒のあるオオヒキガエルを避けるようになり，その結果，生存率は条件づけを受けていなかった個体に比べて，2倍になったことが報告されている。フクロネコがカエルを忌避するように条件づけることにより，生存率を高められる。このように，野生生物の保全や人との共生に味覚嫌悪条件づけが役に立つことが示されている。

●練 習 問 題

1. レスポンデント条件づけの形成に必要な要因はなにか，説明してみよう。
2. 条件刺激と無条件刺激が弱い場合と強い場合で，条件づけに対する影響の違いについて説明してみよう。
3. 自発的回復，更新，復位の相違について説明してみよう。
4. レスポンデント条件づけにおける般化と分化について説明してみよう。
5. 部分強化効果とはどのような効果なのか具体例をあげてみよう。
6. 感性予備条件づけと潜在抑制はどのような現象なのか説明してみよう。
7. 味覚嫌悪条件づけの特徴について説明してみよう。
8. レスポンデント条件づけがどのようなことに役立っているか，その応用例をあげてみよう。

●参 考 図 書

広瀬弘忠（2001）．心の潜在力　プラシーボ効果　朝日選書
今田　寛（監修）中島定彦（編）（2003）．学習心理学における古典的条件づけの理論――パヴロフから連合学習研究の最先端まで――　培風館
伊藤正人（2005）．行動と学習の心理学――日常生活を理解する――　昭和堂
実森正子・中島定彦（2019）．学習の心理［第2版］――行動のメカニズムを探る――　サイエンス社
小野浩一（2005）．行動の基礎――豊かな人間理解のために――　培風館

連合学習（2）
——オペラント条件づけ

　レスポンデント条件づけは，条件刺激と無条件刺激の対提示により行われ，条件反応は条件刺激によって誘発されるのに対して，オペラント条件づけは，弁別刺激―反応―強化という三項随伴性 (three-term contingency) あるいは行動随伴性によって形成・維持され，反応は弁別刺激を手がかりとして自発される。本章では，オペラント条件づけについて概説する。

4.1 三項随伴性

三項随伴性（three-term contingency）とは，①いつどんなときに（弁別刺激），②何をしたら（反応），③どんなことが起きるか（強化子），という3つの項目の順からなる行動を記述する随伴性である。応用分野では，行動随伴性である**先行事象**（antecedents），**行動**（behavior），**後続事象**（consequence）からなる英語の頭文字をとった **ABC分析**（ABC analysis）が用いられる（図4.1）。

ヒトやヒト以外の動物がある状況下で反応をすると，多くの場合，何らかの結果が生じる。その後の，同一の状況下でのその個体の行動は，過去に，その反応の遂行によりどのような結果が生じたかという経験によって変化する。オペラント条件づけは，このように，特定の状況下で，特定の反応に対して，特定の結果を随伴させ，反応頻度を変化させる条件づけである。反応の生起確率を高める結果として提示される刺激を**強化子**（reinforcer）とよぶ。その状況でどの反応がどのような結果を伴うのかを示す手がかりを**弁別刺激**（discriminative stimulus）とよぶ。日常生活でわかりやすい弁別刺激の一つは，電話の呼び出し音であろう。呼び出し音が鳴っているときに受話器を取ると，相手と話ができるが，鳴っていないときに受話器を取っても会話はできない。漁民にとっての弁別刺激は，海上に多くの鳥が飛び交っている箇所（鳥山）であり，その場所に網を入れると大量の魚が捕れる。ヒトの行動は，このように弁別刺激を手がかりとして反応を起こし，その結果として何らかの望ましい結果が得られるという三項随伴性によって形成・維持されている。望ましくない結果が得られる場合は，その弁別刺激の元での反応は減少する。たとえば，喫

図4.1 三項随伴性・ABC分析

4.1 三項随伴性

茶店でのおしゃべりは楽しいが,図書館でのおしゃべりは注意されるという望ましくない結果が伴うので,減少する。また,電話が故障していて,相手が電話をかけてもかけなくても同率で呼び出し音が鳴る場合(手がかりにならない場合)には,呼び出し音が鳴っても受話器を取ろうとしなくなる。上述のようなヒトの行動に限らず,ヒト以外の動物の行動も三項随伴性に従って制御される。

コルウィルとレスコーラ(Colwill, R. M., & Rescorla, R. A., 1990)は,ラットが弁別刺激と反応および反応と強化子の関係を別々に学習するのではなく,弁別刺激—反応—強化子の三項随伴性そのものを学習することを示す実験結果を報告している。ノイズとライトが30秒間ずつ16回提示され,半数のラットに対しては,ノイズの提示中はレバーを押すとサッカリン溶液が提示され,チェーンを引っ張るとペレット(固形の餌)が提示されるのに対し,ライトの提示中はレバーを押すとペレットが提示され,チェーンを引っ張るとサッカリン溶液が提示された。残りの半数のラットに対しては,反応と強化子の関係が逆転された。レバーかチェーンのどちらか一方にのみ反応が可能なセッションを4セッション行った後,両方の反応が可能な訓練を11セッション実施した。その後,1日めは,サッカリンかあるいはペレットの一方の強化子のみを実験箱で摂取させ,終了後塩化リチウムを注射し,その強化子を忌避するように味覚嫌悪条件づけを行った(3.13.1参照)。2日めは,他方の強化子を摂取させるのみとし,その強化子への味覚嫌悪条件づけは実施しなかった。この2セッションでは,反応することはできなかった。次の2セッションのテストセッションでは,強化子の提示は行わない点を除いて,弁別訓練と同様にノイズとライトの提示中のレバーとチェーンへの反応数を測定した(図4.2)。その後,味覚嫌悪条件づけを受けた強化子と受けていない強化子の摂取の有無を観察し,どの個体も味覚嫌悪条件づけを受けた強化子の摂取は行わないことを確認した。テストセッションでの味覚嫌悪条件づけを受けた強化子(サッカリン)と対にされた反応(ノイズ下でのレバー押し反応とライト下でのチェーン引き反応)は,味覚嫌悪条件づけを受けていない強化子(ペレット)と対にされた反応(ノイズ下でのチェーン引き反応とライト下でのレバー押し反応)に比べて

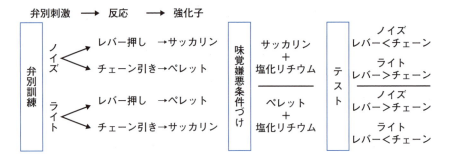

図 4.2 コルウィルとレスコーラの三項随伴性の学習実験
(Colwill & Rescorla, 1990 から作成)
半数のラットは，反応と強化子の関係は図とは逆にされた。テストの不等号記号は，反応率の大小を示している。

有意に低下した。この状況下では，ノイズには2種の反応，レバー押し反応には2種の強化子がそれぞれ随伴するので，ラットは弁別刺激―反応，反応―強化子の1対1の関係を学習できない。一方の強化子（たとえばサッカリン）に対して味覚嫌悪条件づけが実施されると，それぞれの弁別刺激下でのその強化子の提示を受ける2種の異なる反応（たとえばノイズ下でのレバー押し反応とライト下でのチェーン引き反応）の出現率が低下するという事実は，ラットが2種の異なる弁別刺激下でのそれぞれの行動随伴性を階層的に学習していることを示している。

4.2 反応の結果

オペラント条件づけでの反応の頻度は，反応後の結果の与え方によって増加したり，減少したりする。どのような手続きが反応を増加させ，また減少させるのかその手続きについて解説する。

4.2.1 強化と弱化

反応の頻度を増加させる結果の与え方を**強化**（reinforcement），減少させる結果の与え方を**弱化**（punishment）とよぶ。反応を増加させる強化の方

法には 2 種類あり，反応直後にその個体にとって望ましい結果（**強化子**）を提示する**提示型強化**（positive reinforcement）と，望ましくない結果（**弱化子**（punisher））の消失あるいは予定されていたものを取りやめる**除去型強化**（negative reinforcement）がある。同様に，反応を減少させる方法にも 2 種類あり，反応直後に弱化子を提示する**提示型弱化**（positive punishment）と，強化子を取り上げたり，提示する予定をキャンセルする**除去型弱化**（negative punishment）がある。

たとえば，授業中，先生に当てられて答えたら，とても褒められた小学生はその後積極的に手を挙げて答えるようになる。これは，答えるという反応に対して，褒めるという社会的な強化子が提示される提示型強化の例である。教室の壁に落書きをして，こっぴどく先生に叱られた生徒は，落書きをしなくなる。落書きをするという反応に対して，叱るという社会的な弱化子が提示される提示型弱化の例である。では，門限が決められている実家暮らしの大学生の門限時間内に帰宅する行動はどのような結果で維持されているのだろうか。多くは，親に怒られないようにするために門限を守っているのではないだろうか。この場合，早めに帰宅するという反応によって，叱られるという弱化子の提示を避けられる（阻止できる）という除去型強化の例である。スピード超過で罰金を徴収される場合は，速度超過で走行する反応に対して，汎用性のある強化子

表 4.1　オペラント条件づけの用語法の対照表

用語法 1	用語法 2	用語法 3
提示型強化	正の強化	好子提示による強化
除去型強化	負の強化	嫌子除去（あるいは提示の阻止）による強化
提示型弱化	正の罰	嫌子提示による弱化
除去型弱化	負の罰	好子除去（あるいは提示の阻止）による弱化
強化子	正の強化子	好子
弱化子	負の強化子	嫌子

オペラント条件づけの用語として複数の用語法が存在する。本書は，2019 年出版の『行動分析学事典』で推奨されている用語法 1 に準拠している。用語法 2 は伝統的な用語法で，用語法 3 は，負の強化や負の罰の誤用が多いことから提案された用法である。公務員試験や公認心理師試験などでは，用語法 2 などに基づいて出題されることがあるので，受験にあたっては，用語法 1 以外の用語法の学習も行ったほうがよい。

であるお金を取る（除去する）除去型弱化の例である。これらの専門用語には，歴史的変遷があるので，表 4.1 を参照してもらいたい。

4.2.2 消去と復帰

　強化と弱化は，反応の直後に何らかの結果を与えることにより，その後の反応頻度を変化させる。これに対して，何の結果も与えない場合があり，この場合は，過去のその個体の経験（どのような結果を得てきたかという強化の歴史）によって，反応が減少する場合と増加する場合がある。減少する場合を消去（extinction），増加する場合を復帰（recovery）とよぶ。過去に提示型強化や，除去型強化により強化されていた場合，反応してもその結果が得られなくなると，反応は減少する。これが消去である。一方，過去に提示型弱化や除去型弱化を受けていた場合，その弱化がなくなると，減少していた反応が再び生じることがある。この現象を復帰とよぶ（図 4.3）。

　消去は，反応を減少させると同時に，反応の変動性を高める場合があること

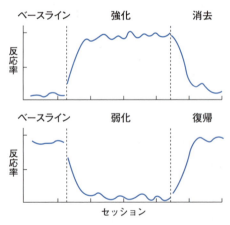

図 4.3　**強化と弱化のラットのレバー押し反応の仮説的データ**（Catania, 1983 から作成）
上の図：餌で強化されないベースライン期から，餌で強化される強化期，その後，強化を中断する消去期に移行したときの反応率の推移を示している。
下の図：餌でレバー押し反応を強化しているベースライン期から，反応に対して餌を提示する強化は維持しながら，電撃も与える弱化期，その後，弱化を中断する復帰期に移行したときの反応率の推移を示している。

が知られている。エッカーマンとランソン (Eckerman, D. A., & Lanson, R. N., 1969) は、横幅10インチ、縦0.75インチの窓に20個の横幅0.5インチの反応キーを横一列に並べ、3羽のハトにそのキーのいずれかをつつくよう訓練した。どのキーへの反応も穀物で強化された。100回の反応を連続強化する強化セッションを5セッション行った後、6セッションめに強化子が提示されない消去セッションを実施した。連続強化セッションでは、ハト32は右から3インチ付近の反応キーにもっぱら反応し、他の2羽は中央付近のキー付近を狭い範囲でつついていたが、消去セッションではより広範囲にわたってつつくようになった（図4.4）。消去によりつつき反応の位置の変動性が高まっている。消去によって反応の変動性が高まる現象を消去誘発性行動変動 (extinction-induced response variability) とよぶ。これまで強化されていた反応が強化されない環境に変化したときに、新たに強化される反応を生成するための適応的な行動であると考えられる。

一方、反応連鎖のパターンやタイミング反応パターン、弁別の正答率などは

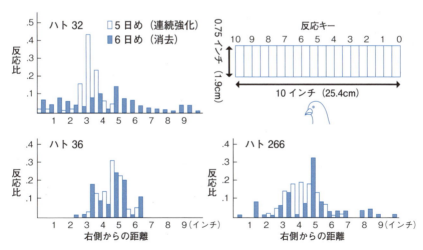

図4.4 消去誘発性行動変動 (Eckerman & Lanson, 1969 から作成)
白色のバーは強化セッション、青色のバーは消去セッションの結果を示している。ハト32と266の反応キーへのつつき反応の分布が広く、ハト36に比べて変動性が高まっている。

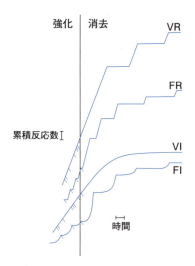

図4.5 4種の強化スケジュール (4.7 参照) で強化した後, 消去に移行した場合の累積反応パターン (Reynolds, 1975 から作成)

維持されることが知られている。図4.5は, それぞれ特有な反応パターンが生じるようになる4種の強化スケジュール (4.7 参照) で強化された後, 消去に移行した場合の累積反応曲線を示している。消去に移行しても, 強化時と同様な反応パターンが維持されながら, 徐々に反応率が低下することがわかる。

消去に移行した直後, 一時的に反応が増大する**反応頻発** (response burst) や, **消去誘発性攻撃行動** (extinction-induced attack) が生じる場合がある。消去によって引き起こされる反応頻発は, **消去バースト** (extinction burst) とよばれる。

ゴーとイワタ (Goh, H. L., & Iwata, B. A., 1994) は, 精神遅滞のある40歳の男性の自傷行動 (頭を固いものに打ちつけたり手や拳で自分の頭を叩く行動) や攻撃行動 (他者を叩いたり蹴ったりする行動) が, 口答による指示から逃れられるという除去型強化によって維持されていることを見出した。そこで, しばらく自傷行動と攻撃行動の出現頻度を測定した後 (ベースライン期), 自傷行動や攻撃行動が生じても指示を中断しない消去を実施した。攻撃行動は身体的に止め, 無視された。再度ベースラインに戻し, 再び消去を実施する一連の

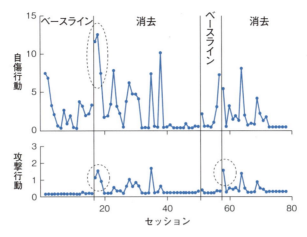

図 4.6　消去バースト（extinction burst）（Goh & Iwata, 1994 から作成）
図中の破線で囲まれた部分がこれらにあたる。

実験を行った。結果が図 4.6 に示されているが，消去に移行した直後に一時的な自傷行動や攻撃行動の増加がみられる（図中の破線で囲まれた部分）。

アズリン他（Azrin, N. H. et al., 1966）は，生きたデンショバトが実験箱の後部に保定された状態で，被験体ハトのキーつつき反応を強化した後，消去に移行すると，被験体ハトが保定されたハトに対して攻撃を行うことを報告している。また，ぬいぐるみのハトに対しても攻撃行動が生じることを見出している。この攻撃行動は，消去誘発性攻撃行動とよばれ，消去が嫌悪的な事象であることを示唆している。これはヒトの日常生活における「八つ当たり」に類似している。

弱化を中断すると反応の復帰が生じるが，中断直後に一時的に反応の補完的な増大がみられる。アズリン（Azrin, N. H., 1960）は，ハトのキーつつき反応を穀物で強化し，十分に反応が安定したところで，反応するたびに 90V の強い電撃を与える弱化を行った。反応が低下した後，弱化を中断すると，反応が再び生じる復帰が生じた。弱化を中断した初日の反応が 2 日め以降の反応数に比べて最も多くなっている（図 4.7）。弱化の中断は，弱化を導入する前の反応レベルよりも一時的な反応の増加を招くことがありうる。日常生活では，弱

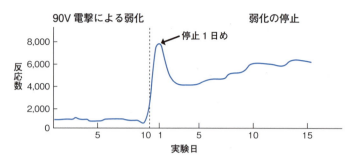

図4.7 弱化の停止による反応の回復（Azrin, 1960 から作成）
1日1時間の訓練セッションの反応数の推移が示されている。

化は望ましくない反応に与えられるので，弱化の中断によって弱化の導入以前より望ましくない反応が多く生じるようになるという可能性を示唆している。

4.2.3 自発的回復と反応復活

　強化の中断による消去後，実験箱以外の場所（たとえば飼育箱）に移動し，一定の休止期間（たとえば1日）後，再度実験箱に戻すと，低下した反応の回復がみられる。これを**自発的回復**（spontaneous recovery）とよぶ。また，特定の反応Aを消去し，次に別の反応Bを同じ場面で強化した後消去すると，以前に消去された反応Aが出現する場合がある。この反応の再出現を**反応復活**（response resurgence）とよぶ。

　エプスタイン（Epstein, R., 1983）は，6羽のハトのキーつつき反応を強化する1時間の強化セッションを11〜44セッション実施し，反応が安定したところでキーつつき反応を消去した。1時間の消去セッションは1〜12セッションであった。キーつつき反応が生じなくなったところで，テストセッションを実施した。テストセッションでは，消去を最低30分実施し，キーつつき反応が10分間にわたって一度も生じなくなった時点で，キーつつき反応とは同時には生起不能な非両立反応（たとえば，頭を下げたり，頭を後ろに向ける反応，翼を上げる反応など）を実験者が観察しながら20回連続して手動で強化した後，いずれの反応に対してもいっさい強化子の提示を行わない消去期に再度移行した。消去セッション数が少ない1セッションと2セッションであった被験

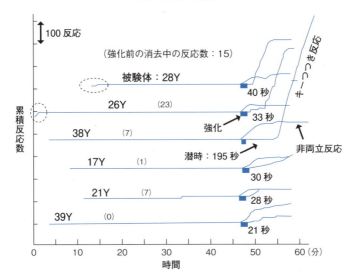

図 4.8　自発的回復と反応復活（Epstein, 1983 の図から作成）
キーつつき反応の累積曲線と強化された非両立反応の累積曲線が示されている。時間軸で 50 分付近にプロットされている青い部分は，20 回の非両立反応への強化を示している。各被験体（28Y，26Y，38Y，17Y，21Y，39Y）の強化セッション数は，42，44，11，31，36，15 であり，消去セッション数は 1，2，6，11，5，12 であった。テストセッションで強化された非両立反応は，それぞれ頭部下げ反応，翼上げ反応，頭部下げ反応，頭部の背面への回転反応，右側への 1/4 回転反応，頭部の右側への回転反応であった。図中の括弧内の数字は，非両立反応の強化前までに生じたキーつつき反応のテストセッションでの総数を示している。図中の秒数は，非両立反応の強化中断からキーつつき反応が生じるまでの潜時である。

体 28Y と 26Y は，テストセッションの開始直後に以前に消去された反応の回復がみられる自発的回復が生じている（図 4.8 の破線で囲まれた部分）。次に，非両立反応への強化を中断すると，中断後 21〜195 秒後にそれまで消去されていたキーつつき反応が生じ始める反応復活が生じている。過去に強化された後，消去されて反応が生じなくなっていても，その反応は個体の反応レパートリーの中に保持されており，同じ状況下で別の反応への強化が停止されると再度復活することがある。

4.2.4　強化の遅延

反応に対してすぐに強化を与える**即時強化**（imediate reinforcement）の

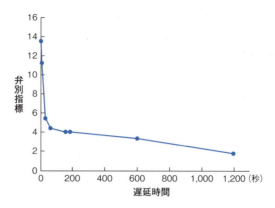

図 4.9 遅延時間の弁別学習に対する効果 (Wolfe, 1934 から作成)

ほうが，反応と強化子の提示までの間に時間をおく**遅延強化**（delayed reinforcement）より効果的である．強化の遅延時間が長くなると，学習も遅くなることが知られている．ウォルフ（Wolfe, J. B., 1934）は，T字迷路を用いて左右の選択から強化子の提示までの時間が異なる8種類の条件で8群のラットを訓練した．各10セッションずつ訓練を実施し，10セッションの各正反応率からチャンスレベルである50％を引いた値を標準偏差で割った弁別指標で比べてみると，強化の遅延時間が延びるに従って弁別が遅くなることを確かめている（図 4.9）．

強化の遅延は学習を阻害するため，訓練や行動変容では，即時強化が原則とされている．もし，餌などの一次強化子による即時強化が難しい場合は即時提示が可能な二次強化子を提示することが有効である（4.4.1 の3参照）．

4.2.5　反応頻度を変化させる分化強化

当該反応の頻度は，その反応への直接的な強化随伴性の変化などだけではなく，同時には生起不能な反応（非両立反応）への強化随伴性の変化によっても引き起こされる．たとえば，キーつつき反応を強化し，十分反応が安定した後，後からキーつつき反応とは同時にはできない回転反応への強化を開始すると，引き続き強化されているキーつつき反応数が低下する．当該

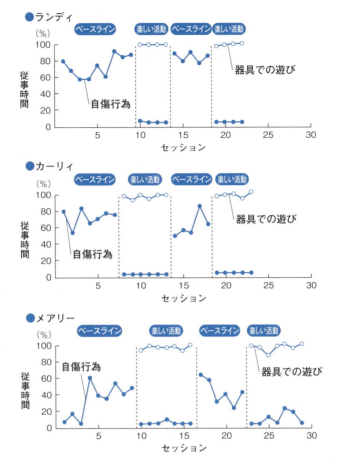

図 4.10 非両立反応の分化強化による自傷行為の低減（Shore et al., 1997 から作成）
ランディの自傷行為は，擦過傷ができるくらいに腕をいすや机など固いものに頻繁にこすりつける行為であり，他の 2 名は腕の組織損傷が起こるほどに腕を口に入れる行為であった。

反応が生じていないときに強化子を提示する手続きである**他行動分化強化**（differential reinforcement of other behaviors；DRO）によっても当該反応の生起頻度は低下する。また，当該反応とは反対の反応を強化する手続きである**非両立行動分化強化**（differential reinforcement of incompatible behaviors；DRI）や，当該反応に取って代わる反応を強化する**代替行動分化強化**（differential reinforcement of alternative behavior；DRA）によっても当該反応の生起頻度を減少させることができる。

　ショアー他（Shore, B. A. et al., 1997）は，30〜33歳の自傷行為のある3名の重度の精神遅滞者を対象に，自傷行為とは同時にはできない活動を行えるようにすることにより自傷行為を減少させることができることを報告している。しばらく自傷行為の出現時間を測定した後（ベースライン期），ランディにはバイブレータ，カーリィには2つのプラスチックリング，メアリーにはプラスチックチューブが遊び道具として与えられた（楽しい活動期）。これらが与えられると，その器具で遊ぶ時間が増加し，結果として自傷行為が減少した。再び，与えなくすると自傷行為が増加し，再度与えると減少した（図4.10）。

　このように，ある時点での特定の行動は，①その時点でのその行動への結果と，②過去のその行動に対する結果（経験），および③その反応と競合する反応への結果，によって制御される。

4.2.6 迷信行動

　ヒトやヒト以外の動物がさまざまな活動に従事しているときに，強化子や弱化子が提示される。その提示は反応の結果として提示される提示型強化や提示型弱化である場合と，偶然，反応と強化子の提示が時間的に接近して生じる場合がある。たとえば，電車の中でスマートフォンの電波の状態が悪くなったところで，スマートフォンを振ってみると，振っている最中にたまたま電波の状態がよいところまで電車が移動したため，偶然に振った直後に電波の状態がよくなるということが生じる。スマートフォンを振ることにより電波が入りやすくなることはないが，たまたま振った直後に電波の状態がよくなると，それ以降，電波の状態が悪くなると，盛んに振るようになる人がいる。このような偶然の強化によって形成・維持されている行動を**迷信行動**（superstitious behavior）とよぶ。

　ヒト以外の動物の迷信行動を実験的に最初に示したのは，スキナーである。スキナー（Skinner, B. F., 1948）は，空腹なハトの行動とは無関係に1分ごとに自動的に強化子である穀物を提示したところ，8羽中6羽が特徴的な反応を

4.2 反応の結果

示すようになった。1羽は，時計と逆回りに回転するようになり，別のハトは，実験箱の天井の角に向かって頭を突き出すことを繰り返した。他のハトもそれぞれ特徴的な反応を示すようになった。

これに対して，スタッドンとシンメルハーグ（Staddon, J., & Simmelhag, V. L., 1971）は，12秒毎に反応に関係なく強化子を提示し，そこで生じている反応を細かく分析したところ，**強化子の提示と提示の時間間隔**（inter-reinforcement interval；IRI）の中間あたりの時間帯で生じる反応と，強化子が提示される直前に生じる反応が，被験体毎に固定的に生じることを発見した。スタッドンとシンメルハーグ（Staddon & Simmelhag, 1971）は，IRIの中間あたりで生じる反応を**中間行動**（interim behaviors），IRIの最後あたりで生じる反応を**終端行動**（terminal behaviors）とよんだ。中間行動と強化子の提示までにはかなりの時間があり，偶発的な強化で維持されているとは考えにくく，ハトが，さまざまな反応を実験箱の中で時間配分した結果生じていたと考えられた。実験室場面で生じているハトの固定的な反応は，偶発的な強化によって形成された反応とは異なる反応である可能性が高く，ヒトの場合とは異なっているかもしれない。

小野（Ono, K., 1987）は，ヒトを対象として迷信行動実験を行っている。テーブルの上にレバーが3台置いてあり，正面のパネルには，信号ライト（赤，オレンジ，緑）とポイントを表示するポインターが設置されていた。20名の実験参加者は，「何か行うと点数が上がるかもしれない。できるだけ，多くのポイントを稼ぐようにしてください」という教示を受け，実験が開始された。ポイントは実験参加者の反応には関係なく上げられた。実験中，偶然その時点で行っていた反応が強化されることがあり，その結果，その特定の反応（たとえば，レバーの押し下げ反応）は何度も固定的に生じるようになった実験参加者が2名現れた。さまざまな反応を行うようになった実験参加者も現れた。また，3色のライトをランダムに点灯し，等確率で反応とは無関係に強化子（ポイント）を提示したにもかかわらず，特定の色光での反応が他の色光下に比べて多くなった実験参加者が6名いた。最も奇妙な反応を示した例として，以下のような事例が報告されている。ある実験参加者は，セッション開始約5分

後にレバーを引くのを一旦中断して，右手をレバーのフレームに置いたときにたまたまポイントが上がった。その後，テーブルによじのぼり，右手でカウンターに触れたところで，再びポイントが上がった。その後はシグナル灯，スクリーンやそれを掛ける釘，壁など，いろいろなものに触るという反応が優勢になり，約10分後に，実験参加者が床に飛び降りたときにちょうどポイントが上がったのを機に，今度は，飛び降りる動作が生じるようになった。それが5回繰り返された後，実験参加者が飛び上がり，手に持ったスリッパで天井に触れたときにポイントが出た。飛んで天井に触れるという行動は繰り返され，何度かポイントが偶然上がるということが生じたが，25分頃に止まった。これは，疲労のために中断したと思われると小野は述べている。

ヒトの場合は，偶発的な強化に加えて，その文化や地域でいわれている迷信に従う行動もある。これは，言語的に提示された行動随伴性（たとえば，「うなぎと梅干しを一緒に食べるとお腹を壊す」）に従う行動で，ルール支配行動の一つである（第7章参照）。上記の例では，実際に食べておなかを壊したことがなくても，ウナギと梅干しは一緒には食べようとしない。また，迷信行動が儀式化（たとえば，バッターボックスに入るときのバッターの一連の動きなど）し，その儀式を行わないと不安になって仕方がなくなる場合もある。不安が生活に支障が出るほど強い場合は，強迫神経症とよばれ，治療の対象になる（3.14.1参照）。

4.3 「オペラント」の意味と関数分析

オペラント条件づけの「オペラント」（operant）とは，反応型（トポグラフィー）は異なっていても，同じ結果をもたらす機能をもつ反応の集合（クラス）のことである。たとえば，目的の階まで階段を歩いて登る反応と，エレベーターに乗ってエレベーターのボタンを指で押す反応は，見た目の反応の仕方（反応型）は異なるが，どちらも目的の階に到達できるという反応結果が同じになる。これらの2つの反応は同じ階に到達できるという反応の機能が同じ反応の集合（別の反応としては，消防士がハシゴを掛けて目的階の窓から侵入する反応など）

4.3 「オペラント」の意味と関数分析

に含まれる2種の反応である。このような場合，2種の反応型の異なる反応は，反応の機能が同じであるため同じオペラント反応である。一方，試験時間に遅れそうになり大学生が歩道を走る反応と，運動部の学生がトレーニングとして走る反応の反応型は同じである。しかし，試験に遅れそうになって走る反応の結果は，試験時間に間に合うという結果であり，トレーニングで走る運動部の学生の反応の結果は，走力が鍛えられるという結果であり，反応の機能が異なるので異なるオペラントである。

　反応を見た目の反応の仕方で分類するのではなく，上述のように機能で分類するやり方は，オペラント行動を理解するときにたいへん重要である。たとえば，教師がいくら注意しても授業中にふらっと立ち上がって教室を出ていくという問題行動を多発する児童について考えてみよう。オペラント反応は，4.1で述べた三項随伴性（あるいは行動随伴性）によって形成・維持されているため，授業中にふらっと立ち上がって教室を出ていく行動を行動随伴性で記述すると以下のようになる。

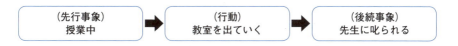

　上記のような行動随伴性に基づいた行動の表記を**随伴性ダイアグラム**（contingency diagrams）とよび，オペラント行動を分析するときによく用いられる。

　通常，先生による叱責は弱化子として機能し，教室を出ていく反応は減少すると思われるが，依然として減少せず引き続き起こっている。教師は問題行動を減少させるために，弱化子として叱るという結果を与えているが，叱ることが弱化として機能していない。実は，叱られるということがその児童にとっては先生からの注目（かまってもらえる）になっており，以下のように強化子として機能している場合もある。

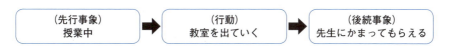

この場合，教室を出ていく反応は，教師の注目（叱ること）による提示型強化がなされているため，注目による強化（叱ること）を止める消去によって一時的な反応頻発がみられるものの，最終的には反応を減少させることができる。

しかし，教室を出ていく反応の別の維持要因も考えられる。たとえば，**注意欠陥多動障害**（attention-deficit/hyperactivity disorder；ADHD）の児童にとっては，長時間いすにじっと座っているのは耐えられないことであり，先生に叱られるものの，ふらっと出ていくと退屈な状況から一時的に逃れられるという除去型強化によって維持されている可能性もある。

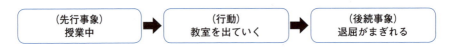

この場合，教室を出ていく反応を無視すると，それまで以上に自由に教室を抜け出すようになってしまう。教室をふらっと出ていくという反応とは両立しない別の反応を強化する非両立行動分化強化（DRI）や代替行動分化強化（DRA）が必要である（4.2.5 参照）。同じ反応型でも，後続事象が異なる場合は，その対処法が異なってくる。逆に，反応型が異なる反応でも，後続事象が同じ反応の場合は，その対処法は同じになる。反応を見た目の反応の仕方で分析するのではなく，その機能（結果）で分析することが必要である。

このように，特定の反応と特定の反応結果の関数関係（一方が変化すると他方がどのように変化するか）を分析し，特定の反応の形成・維持要因を行動随伴性に基づいて発見するやり方を**関数分析**（functional analysis）（あるいは機能分析）とよぶ。臨床場面では，問題行動への介入の方法を決める上で欠かせない手続きの一つである。

4.4 強化子の種類

反応に対して何らかの結果あるいは刺激を提示した場合，その反応の生起確率を増加させる刺激を**強化子**（reinforcer），減少させる刺激を**弱化子**（punisher）とよぶ。何が強化子となるのかについてさまざまな定式化が試み

られてきた。初期の定義として，ソーンダイク（Thorndike, E. L., 1874-1949）は，強化子を「満足させる状態をもたらす刺激」と定義している（**効果の法則**（law of effects））。ハル（Hull, C. L., 1884-1952）は，生理的な等価点であるホメオスタシス（homeostasis）が崩れた場合，それを元に戻す生理的な**動因**（drive）が生じ，その生理的動因を低減するようにはたらく事態が強化子であると定義している（**動因低減説**；drive reduction theory）。たとえば，食物の摂取から時間が経過すると生理的欠乏が生じ，空腹という動因が生じ，その空腹を低減する食物が強化子となる。

しかし，食物や水や性的刺激以外に，新奇刺激の提示や脳の直接刺激，および，反応に従事すること自体が強化力をもつことが明らかになっている。

4.4.1 一次強化子と二次強化子

強化子は，一次強化子と二次強化子で構成される。**一次強化子**（primary reinforcer）は，その刺激を提示するだけで反応を増加させるはたらきのある刺激である。一方，**二次強化子**（secondary reinforcer）は，その刺激を提示するだけでは強化力はないが，事前に，一次強化子やすでに二次強化子として確立された二次強化子と対提示されることにより強化力を獲得した刺激を指す。レスポンデント条件づけの条件刺激であり，**条件強化子**（conditioned reinforcer）ともよばれる。

強化子として機能する一次強化子の代表的なものとして，空腹な状態のときの食物，のどが渇いている状態での水，発情期の性的刺激，寒いときの温風，暑いときの冷風などがあげられる。これに対して，弱化子として機能する一次弱化子は，電撃，寒いときの冷風，暑いときの温風，などがあげられる。これらの多くは，個体の生存，繁殖，安全の確保などに関連する刺激であるが，これらに直接関連のない刺激も一次強化子として機能することが知られている。たとえば，栄養価のない甘味料や，リラックスできるマッサージなどがその例である。

1. 感性強化子

感性強化子（sensory reinforcer）は，視覚，聴覚，味覚，触覚，嗅覚など

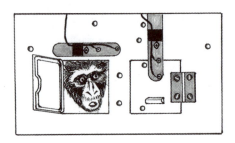

図 4.11　外部の様子を見ることができるという感性強化子によって強化されているサル
（Butler & Harlow, 1954 から作成）

の感覚器官への刺激が強化子として機能する刺激を指す。栄養価はなく，ただ味覚を刺激する人工甘味料であるサッカリンが，ヒトに強化子として機能するように，ラットのレバー押し反応やチェーン引き反応をも強化する（図 4.2 参照）。また，音楽をオーディオプレーヤーで聴いたり，演奏会にわざわざ出かけて聴きにいったりすることからもわかるように，音楽も聴覚に対する感性強化子である。アロマの香りや，マッサージなど「気持ちがよくなる」刺激も強化子となりうる。

　バトラーとハーロー（Butler, R., & Harlow, H. F., 1954）は，扁桃体を切除したアカゲザル（*Macaca mulatta*）と切除していないアカゲザルを窓が 2 つ付いた実験箱の中に入れ，その窓から外を見ること（視覚刺激の提示）に強化力があるかどうか実験を行った。不透明なスクリーンで窓を内側から塞いだ後，2 つの窓とスクリーンの間に弁別刺激である 2 色の板を挿入し，スクリーンを上げた。被験体は正の弁別刺激である色の板を押すと，正解として反応が記録され，窓が開けられて，30 秒間外の様子を見ることができた（図 4.11）。1 日 4 時間，計 5 日間訓練を実施したが，外を見ることを繰り返しても，弁別刺激を提示してから反応が生じるまでの潜時は長くなることはなく，視覚刺激の提示が強化力を失う飽和はみられなかった。

2. 脳内刺激

　脳の快中枢や満腹中枢を電気的に刺激することが，一次強化子として機能することが知られている。ロコシクとネィピア（Rokosik, S. L., & Napier, T.

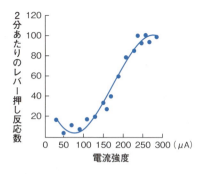

図 4.12　脳内電気刺激の強度と反応率（Rokosik & Napier, 2011 から作成）

C., 2011）は，ラットの脳の外側視床下部のレベルの内側前脳束とよばれる部位に電極を挿入し，ラットがレバーを押すとその部位に 0.2 ミリ秒のパルスを 100Hz で 0.5 ミリ秒提示した。電流の強度を $10\,\mu A$ から $350\,\mu A$ に変化させたところ，電流の強度が上昇するのに伴って反応率も上昇した（図 4.12）。しかし，全ての部位への電気的刺激が反応の増加をもたらすわけではない。

3. 二次強化子

本来，強化力はないが，一次強化子との対提示などによって強化力を獲得した強化子を二次強化子とよぶ。

たとえば，イルカの訓練を行う場合，望ましい反応が生じると，一次性の強化子であるイワシなどの小魚を与えて強化する。イルカは強化子を得るために調教師のいるプールサイドまでやってくるが，望ましい反応を行ってからプールサイドまでやってきて一次強化子であるイワシをもらうまでには時間が経過しており，強化力が低下してしまう。また，プールサイドまで泳いでくる途中に別な反応を行っていた場合，その別の反応に対して強化子を与えて強化してしまうことになりかねない。そこで，訓練を始める前に，一次強化子を与える直前にホイッスル（高周波でヒトには聞こえない）を鳴らして，ホイッスルとイワシの対提示によるレスポンデント条件づけを行い，ホイッスルを二次強化子（条件強化子）として学習させる。その後，訓練時にはプールの中央で望ましい反応をした直後にホイッスルを鳴らして強化し，プールサイドに戻ってきてから再度ホイッスルを鳴らしてイワシを与える。

二次強化子には，褒めたり，笑いかけたり，注意を向けたりする社会的強化子，おもちゃやゲームで遊んだりする活動性強化子，さらに，お金のようにさまざまなものに交換可能な般性強化子（generalized reinforcer）とよばれているものがある。

4.4.2 プレマックの原理と反応遮断化理論

一次強化子として，活動への従事が強化力をもつ場合がある。プレマック（Premack, D., 1963）は，何の制限もない状態で，フサオマキザル（*Cebus apella*）の日常での反応を観察し，どのような反応にどれくらい従事するか測定した。観察の結果，レバー押し反応＞ドア開け反応＞プランジャー引き反応の順で出現頻度が高かった。そこで，出現頻度の低い反応を行わないと出現頻度の高い反応を行えないように設定したところ（たとえば，レバーを押せるようになるためには，プランジャー引き反応を行わなければならない），出現頻度の低い反応（プランジャー引き反応）が増加した。一方，出現頻度の低い反応（プランジャー引き反応）を行うためには，出現頻度の高い反応（レバー押し反応）を行わなければならない条件では，制限のない状態で出現頻度が高かった反応（レバー押し反応）は増加しなかった。出現頻度の少ない反応を，より出現頻度が高い反応を行える機会を与えることにより強化できるという現象は，プレマックの原理（Premack principle）とよばれる。そのまま放っておくとテレビばかり見て，勉強をあまりやらない子どもに対して，1時間勉強したら1時間テレビを見てもよいという条件を課すと，勉強時間が延びるという例がこれにあたる。

プレマックの原理に反して，出現頻度が相対的に少ない反応に従事する機会を与えることが相対的に多い反応を強化する場合があることが報告されている。ティンバーレイクとアリソン（Timberlake, W., & Allison, J., 1974）は，7匹のメスの白色ラットを用いて実施した以下の実験を報告している。一方の反応を行うためには，他方の反応に一定量従事しなければならない2種の反応機会が相互に依存する相互依存型強化スケジュール（reciprocal schedule）を用いた実験を紹介している。まず，反応が制限されないベースライン条件で，サッカ

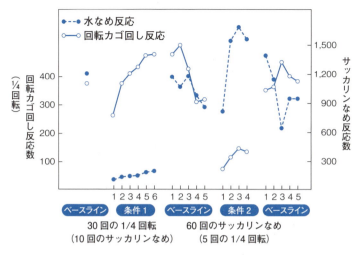

図 4.13　反応遮断化理論 (Timberlake & Allison, 1974 から作成)

リンなめ反応と回転カゴ回し反応の自発頻度を測定した。サッカリンなめ反応の 4 日間の平均は 1,200 回前後，1/4 回で 1 カウントする回転カゴ回し平均反応数は，375 カウント前後であった（図 4.13）。サッカリンなめ反応と回転カゴ回し反応の反応比は約 3 対 1 で，サッカリンなめ反応の出現頻度のほうが高かった。次に，10 回サッカリン溶液をなめるためには，1/4 回で 1 カウントする回転カゴを 30 カウント分回転させなければならない相互依存型強化スケジュール条件に移行した（条件 1）。この条件では，反応比が強制的に 1 対 3 に設定され，反応制限のないベースライン時に比べてサッカリンなめ反応が制限された。再度，反応の制限のないベースラインに戻した後，5 カウントの回転カゴ回しを行うためには 60 回サッカリン溶液をなめなければならない条件 2 に移行した。この条件では，反応比が 12 対 1 に設定され，回転カゴ回し反応が反応制限のないベースライン時に比べて制限された。条件 1 でも条件 2 でも，制限された反応を行うために反応しなければならない反応（条件 1 ではサッカリンなめ反応，条件 2 では回転カゴ回し反応）がベースライン時に比べて増加を示した。回転カゴ回し反応は，サッカリンなめ反応に比べて反応制限のないベースライン時の相対頻度は少ないにもかかわらず，出現頻度の高

いサッカリンなめ反応の出現頻度を高めている。制限のないベースライン条件下での相対反応頻度にかかわらず，制限された反応を行う機会を与えることが，一次強化子として機能することを示している。このように，より多く行う行動ができることではなく，制限された反応を行えることが一次強化子として機能するという理論を反応遮断化理論（response deprivation theory）とよぶ。

反応遮断化理論は，以下のように定式化されている。自由活動場面での2種の活動の活動量（活動回数）を O_I と O_C とし（仮に，$O_I/O_C = 5$），活動制限場面での2種の活動を I と C とする。活動制限場面では，C を1回行うためには I を8回行わなければならないように設定した場合，$I/C = 8$ となる。この場合，C の活動が自由活動場面に比べて制限されることになる。$I/C > O_I/O_C$ となるので，C が I を強化する（I が自由活動場面に比べて増加する）。O_C は，O_I に比べて活動量は少ないにもかかわらず，反応が制限された場合，活動量の多い，O_I を強化可能になる。もし，$I/C = 4$ の場合は，$I/C < O_I/O_C$ となるため，C は I を強化しない（I は増加しない）。

その後，反応遮断化理論は行動制限理論（behavior regulation theory）に発展している（Timberlake, W., 1984）。この理論では，何も制限されない理想的な状態でヒトやヒト以外の動物がそれぞれの行動に従事する割合である行動的至高点（behavioral bliss point）あるいはセットポイント（set point）が存在し，何らかの制限がかかると，ヒトやヒト以外の動物はその制限環境下で行動的至高点に近づくように反応を再配分するという考え方である。図4.14は，この行動的至高点を示している。たとえば，制限のない状況下では行動Aと行動Bにそれぞれ3時間ずつ時間配分を行うと仮定した場合の行動的至高点は座標（3.0, 3.0）にある。ここで，行動Bを1時間行うためには行動Aを2時間行わなければならないように行動Bに制限をかけると（図中の行動制限2対1のライン），スタッドン（Staddon, J., 1979）の最小距離モデル（minimum distance model）では，行動制限2対1のライン上で行動的至高点に最も近い配分である行動Aを3.6時間，行動Bを1.8時間に再配分することを予測する。この場合，行動Aは行動Bが随伴することにより，制限のない状態の3時間から3.6時間に増加し，行動Bによって強化される。これとは逆に，行動A

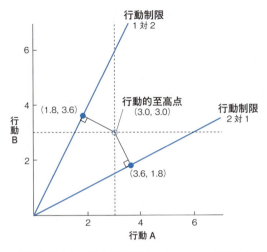

図4.14 行動的至高点と最小距離モデル（Staddon, 1979から作成）

を1時間行うためには行動Bを2時間行わなければならないように行動Aに制限をかけると（図中の行動制限1対2のライン），行動制限1対2のライン上で行動的至高点に最も近い配分である行動Bを3.6時間，行動Aを1.8時間に再配分することを予測する。この場合，行動Bは行動Aが随伴することにより，制限のない状態の3時間から3.6時間に増加し，行動Aによって強化される。制限を加える行動を変えることにより，強化される行動と強化する行動が交替可能であることを予測する。行動的至高点に最も近い最適配分の予測とは必ずしも一致しない場合があるが，2種の行動が強化子として交換可能であることが確かめられている。カナルスキィ他（Konarski, E. A. et al., 1985）は，教育可能な精神遅滞クラスの児童の算数の課題への取組みと作文が相互に強化子として交換可能であることを報告している。

　行動制限理論では，まず，制限のない自由選択事態での反応比（行動的至高点）を測定し，その反応比に基づいて他方の行動を制限することにより，それぞれの行動を強化子として機能させる。その個体の行動的至高点が測定できれば，その個体に適切な訓練方法を導きだせる。活動そのものを強化子として使用可能なことから，教育現場や臨床現場での強化子として有用である。たとえ

ば，休み時間にドッジボールとお絵かきをほぼ同程度行う児童がいた場合，この児童の至高点は行動座標軸の（1，1）にあると仮定できる。より体を鍛える必要性がある場合は，ドッジボールを2やったら，お絵かきが1できるというように制限をかけ，逆に，絵のスキルをより高める必要がある場合は，お絵かきを2やったらドッジボールが1できるというように制限をかけると，前者ではドッジボールを行う時間が増え，後者ではお絵かきの時間が増えることが予測される。

4.4.3 強化の生物学的制約

多くの反応が一次性の強化子によって強化可能であるが，中には，同じ強化子を用いても強化可能な反応とそうでない反応があることが知られている。シェットレワース（Shettleworth, S., 1975）は，ハムスター（*Mesocricetus auratus*）の行動を観察し，ある程度生じる反応から，床掘り，立ち上がり，壁をひっかく反応，グルーミング，体をひっかく反応，マーキング反応を選び出した。何も強化しない時期（ベースライン）でのそれぞれの反応の生起頻度を測定した後，それぞれの反応を行った直後に一次強化子であるヒマワリの種を提示する提示型強化を実施した。床掘り，立ち上がり，壁をひっかく反応は，強化子が反応に随伴される強化セッションで反応が増加した。再度，強化子を提示しないベースラインと同じ消去に移行すると反応率が低下した。一方，グルーミング，体をひっかく反応，マーキング反応は，強化セッションに移行しても反応率の増加がみられず，ベースライン期および消去期での反応率との差がみられなかった（図 4.15）。これは，餌で強化可能な反応と，強化ができない反応があることを意味している。強化可能であった床掘り，立ち上がり，壁をひっかく反応は，採餌行動の一部としてみなすことができるが，強化できなかったグルーミング，体をひっかく反応，マーキング反応は，採餌行動の一部ではなく，他の強化子（感性強化子や性的強化子）によって維持されている反応であると考えられる。このように，生物学的な反応と強化子とのつながりによって，強化可能性が異なる現象を，**強化の生物学的制約**（biological constraint of reinforcement）とよぶ。

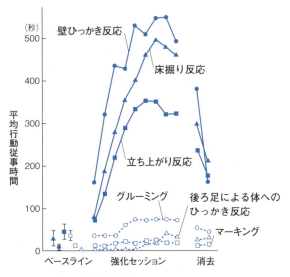

図 4.15　強化の生物学的制約（Shettleworth, 1975 から作成）

4.4.4　本能的逸脱

　訓練が完了し，動物が適切に反応するようになった後で，引き続き訓練を継続していると，初期は問題なく行えていたにもかかわらず，強化されていた反応とは異なった反応を行うようになり，なかなか強化子が得られなくなる現象が報告されている。ブレランドとブレランド（Breland, K., & Breland, M., 1961）は，ブタ（*Sus scrofa domestica*）とアライグマ（*Procyon lotor*）に，木製のコインを地面から拾い上げ，運んでいって貯金箱に入れると強化子の餌がもらえるという訓練を行っていた（図 4.16）。訓練の初期はうまくいっていたが，数週間〜数カ月の訓練を続けると，ブタはいかにも地中の餌を掘り出すかのようにコインを鼻で空中にすくい上げる動作を繰り返すようになった。その結果，強化子をなかなか得られなくなった。アライグマは，コインが 1 個のときはとくに問題なかった。しかし，2 個に増やすと，ザリガニを食べるときに殻を取り去るためにこすり合わせる動作と同じような動作をコインに対して行うようになり，なかなか貯金箱にコインを入れようとしなくなった。こ

図 4.16 ブタの銀行（木製のコインを貯金箱に入れるブタ）
(IQ-ZOO https://www3.uca.edu/iqzoo/swine4.jpg から作成)

れらの行動はブタやアライグマの採餌行動の一部であり，「本能的」行動である．当初は，オペラント反応であった反応が，訓練が進むに従って，「本能的」行動に漂流（drift）していったことから，彼らはこの失敗行動を**本能的逸脱**（instinctive drift）とよんだ．

4.5　オペラント実験箱（スキナーボックス）

　オペラント条件づけで使用される実験箱は，通称**スキナーボックス**（Skinner box）とよばれる．伝統的に用いられてきた迷路や走路は，試行が終わるたびに実験者によって走行が開始される出発箱に戻される前の試行と次の試行が中断される離散試行であるが，スキナーによって開発されたスキナーボックスは，被験体がいつでも反応を自発することができる（自由オペラント）という特徴がある．その結果，反応率や反応間時間等の変数の測定が可能になった．スキナーボックスは，三項随伴性（弁別刺激→反応→強化子）を人工的に実現する装置であり，一般的に弁別刺激提示装置，反応検出装置，強化子提示装置，反応の記録および制御を行う記録・制御装置からなる．実験によって用いる弁別刺激やオペラント反応は異なるが，一般的なラット用のスキナーボックスでは，弁別刺激はライトやスピーカーから提示され，反応はレバー押し反応であり，レバーに取り付けたマイクロスイッチで検出され，強化子はペレットディ

4.5 オペラント実験箱（スキナーボックス）

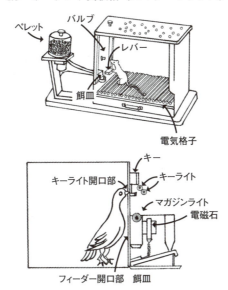

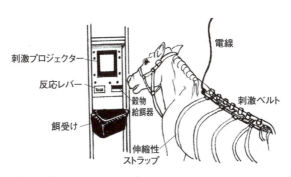

図 4.17 ラットとハト用スキナーボックス（Ferster & Skinner, 1957 から作成）

図 4.18 ウマの"スキナーボックス"（Dougherty & Lewis, 1993 から作成）

スペンサーから提示される。一般的なハト用のスキナーボックスは，円形の反応キーとトウモロコシや麻の実の入ったフィーダーからなる。反応キーには半透明なアクリル板が取り付けられており，背後から色光で照明することができ，そのアクリル板をつつくと取り付けられているマイクロスイッチで反応が検出される。強化子の提示は，穀物が入った容器（マガジンとよばれる）を摂取可能な位置まで一定時間上昇させて提示する（図 4.17）。

図 4.18 は，ウマの背中に取り付けられた 7 個の電磁石の振動を弁別刺激としたオペラント実験の様子を描いている。背中の電磁石の 1 つが振動したときに，唇で正面に設置されたレバーを動かすと穀物が提示された。視覚刺激は正面の窓から提示することができる。

4.6 反応形成

オペラント条件づけは，自発された反応に対して強化子の提示や除去を行うことにより，反応の頻度を制御する。条件づけ前の目標反応の生起頻度や強度であるオペラントレベルが十分高ければ，その反応の生起を待って強化することができる。しかし，その個体の反応レパートリーの中にない（やったことがない，あるいはできない）反応は自発されないため，強化することはできない。また，オペラントレベルが極端に少ない場合も条件づけは困難になる。このような場合は，反応形成（shaping）が行われる。

4.6.1 逐次接近法

4.2.2 の消去と復帰の項で紹介したエッカーマンとランソン（Eckerman & Lanson, 1969）の横一列に 20 個の反応キーが並んだ実験において，一番右端から 8～9 インチの範囲にある 2 つのキー（左から 3 番目と 4 番目のキー）のいずれかへのつつき反応を形成する場合について考えてみよう。3 羽中 2 羽のハト（ハト 32 とハト 266）のつつき位置の変動性は比較的高く，消去セッションになるとさまざまな位置のキーに対して反応している。一方，ハト 36 は他の 2 羽に比べて中央のキーに限定的に反応している（図 4.4 参照）。ハト 32 とハト 266 は，この 2 つのキーに対して少ないながらある程度の反応がみられるため，時間はかかるものの強化は可能である。しかし，ハト 36 は，この 2 つの反応キーへまったく反応したことがなく，いつまで待っても自発されないため，強化不能である。このような場合，反応形成は，その個体がすでにもっている反応レパートリーの中で，ある程度オペラントレベルが高く，自発されている他の反応に比べてより目標行動に近い反応を強化することから始める。中

央からやや左寄りの5～6インチのキーへの反応は比較的多く自発されているので，まずは，この2つのキーへの反応とさらに左寄りのキーへの反応を強化する。そうすると，反応の分布の中心が5～6インチの反応キーへ移動し，6～7インチのキーへの反応も増加する。この状態で，今度は6インチ以上左側のキーへの反応を強化するように強化基準を変更する。そうすると，それまで反応したことがなかった7～8インチのキーへの反応が生じるようになる。次の基準は7インチ以上左側のキーへの反応に変更し，8～9インチのキーへの反応が出現するようになったところで，8～9インチの反応キーへの反応のみの強化に切り替え，目標反応であった8～9インチのキーへの反応形成が完了する。このように，それまで自発したことのない反応を形成できる。徐々に基準を変更しながら目標行動に近づけていくやり方を**逐次接近法**（successive approximation method）とよぶ。

反応形成を行うときの留意点として，以下の3原則がある。①強化基準は少しずつ変更すべきである（スモールステップの原理），②適切な反応には即時に強化子を与えなければならない（即時強化の原理），③相手のペースで実施しなければならない（被験者（体）ペースの原理），である。これらの原則を守らないと反応形成に失敗する。

4.6.2 反応連鎖化と課題分析

われわれの日常の行動は，単発の反応とその結果によってのみ構成されているわけではなく，一連の複数の反応の連鎖後に，強化子や弱化子が提示されることにより，形成・維持されている連鎖反応がある。たとえば，スマートフォンでネット検索を行う場合，スイッチを入れ，パスワードを入力し，インターネットのアイコンをタップし，検索語を入力し，リストアップされたURLから最も知りたい事柄に関連していそうなURLを選択し，必要な情報を得る。このように，行動はいくつもの反応の連鎖からなっていることがわかる。「ネットで検索」と一言ですむことでも複雑な連鎖からなっている。複雑な動作を訓練する場合，反応の連鎖を利用して条件づけを行う**反応連鎖化**（response chaining）という方法が用いられる。反応連鎖化には，目標とする反応連鎖の

中で強化子に近い反応から形成し，徐々に遠い反応をつなげていく **逆行連鎖化**（backward chaining）と，遠いほうから形成していく **順行連鎖化**（forward chaining）がある。

　幼稚園で子どもたちに遊んだおもちゃを片づけなさいと言っても，片づけ方を知らないためにできない場合がある。片づけ方を知らない場合，指示の内容が理解できない。このような場合は，片づけるという一連の動作の連鎖を順に教えていく必要がある。教えるためには，片づけがどのような反応連鎖からなっているのかをこれ以上分解できない小さな反応に分解する分析が必要である。たとえば，①しまうための容器が置いてあるところまで行く，②容器を教室の中央まで持ってくる，③散らかったおもちゃを見つける，④見つけたおもちゃを収納容器に入れる，⑤全て入れ終わったら，容器を元の場所に戻す，というように細かな反応の連鎖に分解する。このような分析を **課題分析**（task analysis）とよび，分析した反応連鎖に基づいて子どもたちを訓練する。課題分析は，障害児の訓練や専門職のスキル訓練などに用いられている。

4.7　強化スケジュール

　人気のコンサートのチケットを電話予約する場合，運よくすぐに繋がる場合もあるが，話し中が何回か続き，何度かかけ直してやっと繋がるという場合もある。また，釣り人が餌を釣り針に付けて投げ込んでも，投げ込むたびに釣れるのではなくたまに釣れるだけで，ほとんどが徒労に終わることが多い。北海道に生息する大型の猛禽類であるシマフクロウは，足から水中に飛び込んで水中の魚をわしづかみにして捕らえるが，毎回成功するわけではない。何回も飛び込んでやっと1匹の魚を手に入れる。このように，ヒトやヒト以外の動物が何か行うと何らかの強化子が必ず提示されるとは限らない。どちらかというと，上手くいくことのほうが少ない。このように，行動は毎回強化されなくても維持される。何回かの反応に対して1回強化子を提示するというような，反応に対して強化子や弱化子を随伴させる確率や条件などのルールのことを **強化スケジュール**（reinforcement schedules）とよぶ。

4.7.1 累積記録器

ファースターとスキナー（Ferster, C. B., & Skinner, B. F., 1957）は，さまざまな強化スケジュールを検討し，それぞれの強化スケジュールに特有な反応率や反応パターンが生じることを見出している。スキナーがそれぞれの強化スケジュールに特有な反応のパターンを記録するために考案した記録装置として**累積記録器**（cumulative recorder）が有名である（図 4.19）。この記録器は，時間経過とともに記録用紙が定速で送り出され，その記録用紙上に置かれたペンが，反応が生じるたびに 1 ステップずつ移動し（図では垂直方向への移動），反応を記録する。その結果，それまでの反応の累積数は，ペンが移動した距離でわかる。ペンが記録用紙の端に到達した場合は，自動的に開始時点まで戻される。反応がまったく生じない場合は，送り出される記録用紙に直線が描かれていく（図中の「無反応」部分）。反応が生じると，ペンが記録用紙の動きと垂直方向に移動するため，階段状の軌跡が描かれる（図の破線の吹き出しで示された部分）。反応率が低い場合は，曲線の傾きが緩やかになり（図中の「低反応率」），反応率が高い場合は傾きが急になる（図中の「高反応率」）。反応率が徐々に低下した場合は，図中の「負の加速」で示されたようなカーブになり，徐々に増加した場合は，「正の加速」で示されたような曲線になる。もし，反

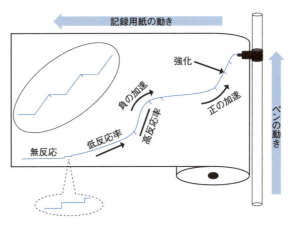

図 4.19　累積記録器と累積曲線

応休止の後に高頻度の反応が伴われる反応パターンを繰り返した場合は，実線の楕円で囲まれた階段状の累積曲線を示す．休止がなく，まんべんなく反応した場合は，記録は直線的になる．このように，累積曲線をみるとどのように反応していたのかが一見して了解可能である．曲線に付いているスラッシュ（斜め線）は，その時点で強化子が提示されたことを示している．

4.7.2 強化スケジュールの種類

強化スケジュールは，反応が生じるたびに強化子を提示する**連続強化スケジュール**（continuous-reinforcement schedule；CRF）と，全ての生起反応に対して強化子を提示するのではなく，一部の反応に対して強化子を提示する**間欠強化スケジュール**（intermittent-reinforcement schedule）に分けられる．基本的な間欠強化スケジュールとして，一定回数反応すると強化される**FR（固定比率）スケジュール**（fixed-ratio schedule）と，最後に強化されてから一定時間経過後の最初の反応が強化される**FI（固定時隔）スケジュール**（fixed-interval schedule）がある．5回めの反応に対して強化子が提示されるFRスケジュールはFR 5，強化から60秒経過後の最初の反応が強化されるFIスケジュールはFI 60秒と略記される．これらは，強化子を得るのに必要とされる回数や時間設定が一定であるのに対して，強化子を得るたびに回数が変動するスケジュールを**VR（変動比率）スケジュール**（variable-ratio schedule），設定時間が変動するスケジュールを**VI（変動時隔）スケジュール**（variable-interval schedule）とよぶ．これらの強化スケジュールは，VR 5やVI 60秒と略記される．VR 5強化スケジュールは，強化される回数が強化ごとに変動するが，平均すると5回になるように事前に設定されている．VI 60秒強化スケジュールは，平均が60秒になるように事前に設定されている強化スケジュールである．たとえば，VR 5では，事前に決められた配列（たとえば3，5，2，1，4，2，5，3，1，4……）に従って強化される．このような配列には，限られた範囲の数値が等確率で出現する一様分布でつくられたものや，小さな値が相対的に多くなる指数分布になるようにつくられた配列（Fleshler, M., & Hoffman, H., 1962）が用いられる．これとは別のやり方として，反応ごとに乱数を発生さ

4.7 強化スケジュール

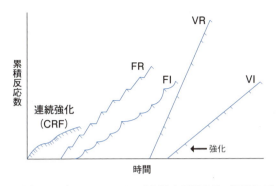

図 4.20 強化スケジュールにおける典型的な累積曲線（仮説的データ）

せ，確率 0.2 で強化すると結果的に平均 5 回に 1 回強化される。このようなスケジュールを **RR（乱動比率）スケジュール**（random-ratio schedule）とよぶ。この確率の場合は，RR 5 と略記する。1 秒ごとに乱数を発生させ，確率 0.017（1/60）で強化可能状態にし，その直後の反応を強化すると，結果的に 60 秒に 1 回強化可能になる。この強化スケジュールは，**RI（乱動時隔）スケジュール**（random-interval schedule）とよび，この確率の場合は，RI 60 秒と略記する。

反応するたびに強化子が提示される連続強化スケジュール（CRF）と，FR スケジュール，FI スケジュール，VR スケジュール，VI スケジュールでしばらく訓練したデンショバトの典型的な反応パターンが図 4.20 に示されている。FR や FI のような回数や時間が固定された強化スケジュールでは特徴的な反応パターンが生じるのに対して，VR や VI のような変動強化スケジュールの累積曲線は，直線的になっているのがわかる。FR 強化スケジュールの累積曲線は，図 4.19 で説明した階段状の軌跡を描いており，強化後にしばらく休止した後（これは，**強化後休止**（post-reinforcement pause；PRP）とよばれる），定速で強化子の提示まで反応を続け，強化子が提示されると休止するという反応パターンを示している。このような反応パターンを**休止・走行パターン**（break-and-run pattern）とよぶ。休止（break）と走行（run）を繰り返すという意味である。一方，FI 強化スケジュールの累積曲線は，強化後の休止であ

る強化後休止がみられた後，図4.19で示した正の加速を示している。この強化後休止後，次の強化子が入手可能になる時間が近づくに従って反応が加速する反応パターンを **FI スキャロップ**（scallop）とよぶ。スキャロップはホタテ貝のことで，貝の縁の湾曲したカーブが正の加速を示すFIスケジュールの累積曲線に類似していることから名づけられた。一方，強化子を得るために必要な反応回数や強化子が入手可能になるまでの時間が変動するVRスケジュールやVIスケジュールでは，FIやFRのような強化後休止を伴う固定的な反応パターンは現れず，定反応率での反応が生じる。そのため，累積曲線は直線的になる。

4.7.3 強化後休止

FIスケジュールの強化後休止の長さは，FIの値の増加に比例して長くなり，FI値の1/3〜2/3になることが知られている。一方，FRスケジュールの強化後休止は，FRの値の増加に比例して長くなる。FRの値を大きくすると，反応を完了するまでの時間も長くなる。FRでの反応遂行時に得られた強化間時間をもとに強化後休止時間をプロットすると，得られた強化間時間に比例して増加する。図4.21は，FRスケジュールとFIスケジュールおよびFRとFIを連動させた時間経過とともに要請反応数が減少する4種の**連動スケジュール**（interlocking schedule）で得られた強化後休止時間をまとめて，得られた強

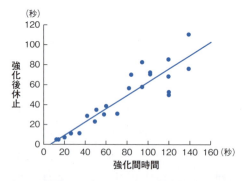

図4.21 FRとFIと連動スケジュールにおける強化後休止時間と強化間時間
（Berryman & Nevin, 1962の表1から作成）

化間時間の関数としてプロットしたグラフである (Berryman, R., & Nevin, J., 1962)。さまざまな強化スケジュールをまとめてプロットしているが，最小二乗法で計算された回帰直線の傾きは約 2/3 であり，強化間時間に強化後休止時間が比例している。

4.7.4　強化スケジュールと反応率

VI の累積曲線が VR に比べて角度がなだらかであるのをみるとわかるように，一定時間あたりに得られた強化数が等しい場合，VI での反応率は VR での反応率に比べて小さくなることが知られている。図 4.22 は，1 羽のハトの VI と VR の反応率を実際に得られた 1 時間あたりの強化数に基づいて描いた図である。1 時間あたり 2,000 強化までは，VI での反応率より VR の反応率が著しく高くなっている。

VR の反応率が VI よりも高くなる理由を説明する理論として，**反応間時間** (inter-response time；IRT) **強化理論**と**反応―強化子相関理論** (response-reinforcer correlation theory) が提唱されている。IRT 強化理論 (Morse, W., 1966) では，VI は経過時間に基づいて強化子が獲得可能になるスケジュールであるため，直前の反応から次の反応までの IRT が増加するほど，強化される確率は高まる。すなわち，長い IRT が強化される確率が高い。これに対し

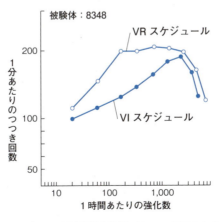

図 4.22　**VI と VR の反応率の比較** (Baum, 1993 から作成)

て，VRは反応数に基づいて強化子を提示するため，IRTの長さは強化確率に影響しない。このようなIRTに対する強化確率の相違から，VI下での反応はVRに比べてIRTが長くなるため，単位時間あたりの反応数が低下する。一方，反応―強化子相関理論（Baum, W. M., 1981）は，VRでは反応数に基づいて強化子が提示されるため，反応率が高まれば高まるほど強化率が高まる。これに対して，VIでは時間に基づいて強化子が獲得可能になるため，反応数が極端に少ない場合を除いて，反応率が一定の値を超えた時点から反応数を増加させても強化率は変化しなくなる。このため，VRの反応率がVIの反応率より高くなると説明している。VIやVRはFIやFRとは異なり，強化後の長期の休止は生じないが，微視的にみるとまったく休止が生じないわけではなく，反応が続く期間であるバウト（bout）とよばれる期間と反応が休止する休止期間がみられる。丹野（Tanno, T., 2016）は，強化率が等しいVIとVRにおいて，VIの総反応数がVRより低くなっているときのVIとVRのバウト期と休止の分析を行った結果，バウトの開始率やバウトの時間配分はVIとVRで差はなかったが，バウト内の反応率とバウト内の平均反応数はVIのほうがVRよりも少なかったことを報告している。VIのバウト内の反応率が低いということは，VIのIRTが長いということを意味しており，IRT強化理論に一致する結果である。マクダーウェルとウィクステッド（McDowell, J. J., & Wixted, J. T., 1986）は，ヒトを用いて，強化子が得られる直前に自発されたIRTの長さの平均をn倍した長さが，次の強化までの時間になるスケジュールとVRでの反応率を比較している。前者の強化スケジュールは，反応は反応数に基づいて強化されるのではなく，あくまで経過時間を基に入手可能になるVIスケジュールであるが，IRTが短くなればなるほど（単位時間あたりの反応率が高くなればなるほど），**強化間時間**（inter-reinforcement interval；IRI）はより短くなり，強化率が反応率に比例して高まるというVRと同じような随伴性をもっている。このような強化スケジュールでの反応率は，VRと同じになることが報告されている。ヒトでは反応率の変化に対する強化率の変化に敏感であることが示唆され，反応―強化子相関理論を支持する。IRT強化理論と反応―強化子相関理論は，行動を分析するレベルが異なる。IRT強化理論は，強化子の提示と時間

的に接近した IRT に基づいて説明を試みる理論であり，微視的理論（molecular theory）に分類され，反応—強化子相関理論は，セッション全体として強化率が高まるかどうかに焦点を当てた理論であり，巨視的理論（molar theory）に分類される。

　前述の VI と VR の反応率の差は，それぞれのスケジュールに内在する強化随伴性によって引き起こされていたが，意図的に反応率を制御する強化スケジュールがある。一定の反応間時間以上の反応のみを強化する DRL スケジュール（differential reinforcement of low rate；DRL）は反応率を低下し，逆に一定以内の反応間時間の反応のみを強化する DRH スケジュール（differential reinforcement of high rate；DRH）は反応率を高める。同一のハトに対して DRL スケジュールと強化率が同じになるように設定された VI スケジュール（ヨークト VI）における IRT の結果が図 4.23 に示されている（Richardson, W. K., 1973）。15 秒以上の IRT のみが強化される DRL15 秒では，15 秒以上の IRT が増加する。一方，DRL15 秒条件で得られた強化間隔（IRI）を用いて作成された VI スケジュールでは，3 秒付近の IRT が多くなっている。DRL スケ

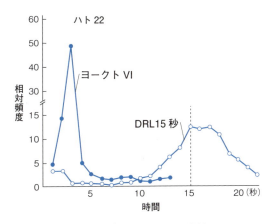

図 4.23　DRL スケジュールと VI スケジュールの IRT の比較（Richardson, 1973 から作成）
白丸が DRL15 秒スケジュール，色丸が DRL と強化率が同じになるように DRL で得られた強化間隔を基に作成された VI スケジュール（ヨークト VI）の結果を示している。DRL15 秒では，垂直の破線で区切られた右側の長い IRT のみが強化される。

ジュールは同じ強化率の VI に比べてより長い IRT（ゆっくりした反応）を形成・維持できる。

4.7.5 消去抵抗と変化抵抗

強化スケジュールによる消去されにくさ（消去抵抗；resistance to extinction）の差の検討や，訓練時と異なる場面や異なる事象が生じたときに，強化されていた反応が強化スケジュールによって維持される程度（変化抵抗；resistance to change）に差があるかどうかの検討が行われている。臨床場面でも，問題行動の消去のしにくさが過去の強化のされかたによって違いがあるのか，また，一度，治療場面で訓練した望ましい行動が治療場面とは異なる生活の場でどの程度維持されるのかについての理解は，有効な治療を行う上で重要である。

レスポンデント条件づけでは，部分強化のほうが連続強化より消去抵抗が高い部分強化効果（partial reinforcement effect；PRE）がみられた。一方，オペラント条件づけでは，部分強化効果が生じるのは，走路実験や迷路実験のように，試行が終わるたびに，実験者によって被験体が出発箱に戻されるような離散試行が多く，一般的なスキナーボックスで行われる被験体がいつでも反応できる自由オペラント条件では生じないことがあることが報告されている。ネヴィンとグレイス（Nevin, J. A., & Grace, R. C., 2005）は，ハトを用いて，連続強化スケジュールと部分強化スケジュールの消去抵抗の差を離散試行と自由オペラント試行で検討している。反応キー上に白色光と赤色光のどちらかが提示され，白色光が提示されている反応キーへ反応すると白色光は消灯され，確率 1.0 で 3 秒間の餌の提示により強化された（連続強化）。一方，赤色の場合は，反応すると赤色光は消灯され，確率 0.25 で強化された。強化試行以外の無強化試行（確率 0.75）の場合は，反応に対して 3 秒間のブラックアウト（blackout）が伴われた。また，キーライトの点灯から反応が 5 秒間生じなかった場合も，両色光下で 3 秒間の暗間隔が提示された。強化後および暗間隔終了後は，10 秒間の試行間隔（暗間隔）が挿入される離散試行であった。このように，複数の強化スケジュールが継時的に交替し，それぞれの強化スケジュールの弁別刺激が提示される強化スケジュールを多元（混成）スケジュー

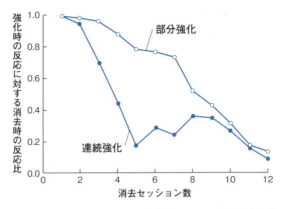

図 4.24 離散試行のオペラント条件づけにおける部分強化効果
(Nevin & Grace, 2005 から作成)
部分強化の強化スケジュールは，反応が確率 0.25（1/4）で強化された。消去セッションは，40 試行 12 セッションであった。

ル（multiple reinforcement schedule）とよぶ。この条件では，レスポンデント条件づけと同様に，部分強化スケジュールで維持されていた反応のほうが，連続強化スケジュールで維持されていた反応に比べて，消去に移行したときの消去抵抗が大きいという部分強化効果がみられた（図 4.24）。しかし，赤色光と緑色光が 30 秒ごとに反応キーに点灯され，赤色光提示時には VI 2 分で強化され，緑色光提示時には VI 6 分で強化される自由反応型の多元（混成）スケジュールでは，両弁別刺激下でまったく強化子が提示されない消去に移行すると，強化率の低い VI 6 分で強化されていた緑色光提示時の反応のほうが，強化率の高い VI 2 分で強化されていた赤色光下での反応に比べて早く低下している（図 4.25）。

ネヴィンとグレイス（Nevin & Grace, 2005）は，消去以外に，反応の生起の有無には関係なく強化子を提示するように条件を変化したときの反応率の推移も検討し，強化セッションでの強化率が高い刺激下での反応のほうが，強化率の低い刺激下での反応に比べて，より反応率が減少しないことを見出している。条件が変化したときの反応率などの指標が変化を受けにくい程度を変化抵抗とよんでいる。強化時での強化率が高いほど，変化抵抗が高い。

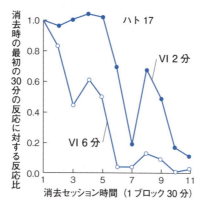

図 4.25　多元（混成）スケジュールの消去時の反応（Nevin, 1974 から作成）
強化セッションおよび消去セッションで 30 秒ごとに赤と緑のコンポーネントが交替した。強化セッション終了後すぐに，5 時間 30 分の消去セッションが実施された。

4.7.6　反応の分化強化

　反応の頻度だけでなく，**反応の強度**（force），**反応の持続時間**（duration）なども分化強化可能である。多動児の着席時間を延長させるために，一定時間以上の着席を行ったときに強化する方法は，反応の持続時間の分化強化スケジュールの一例である。特殊な動物を使用した分化強化の例として，冨菜と高畑（Tomina, Y., & Takahata, M., 2010）は，ロブスター（*Homarus americanus*）が圧力センサーを取り付けた白い棒をはさみで挟む反応を餌で強化した（図 4.26 左）。挟む強度が基準を超えたときに強化子を提示し，基準を超えない挟む反応には強化子を提示しない分化強化を行った。強化される基準の強度を上げていくと，ロブスターの挟む力も増加した（図 4.26 右）。同様な分化強化を使用して，眞邉他（Manabe, K. et al., 1998）は，一定基準以上の声の大きさで鳴いたときにのみ強化する分化強化を利用して，セキセイインコ（*Melopsittacus undulatus*）が鳴き声の大きさを変えることができることを見出している。また，ターゲットから特定の距離の反応のみを強化する分化強化によって，ゼブラフィッシュの接近反応の分化強化も可能であることが確かめられている（Manabe, K. et al., 2013）。このように，分化強化は，動物のさまざまな能力を測定することにも利用可能である。

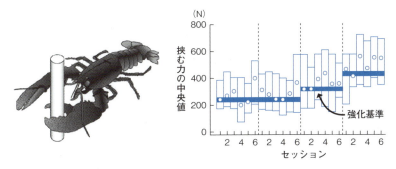

図 4.26　ロブスターの挟む力の分化強化（Tomina & Takahata, 2010 から作成）
図中の横長のボックスは強化基準，白丸は反応の中央値，縦長のボックスは四分位偏差を表している。単位はニュートンで，1N = 0.102kgf（キログラムフォース）である。

4.8　刺激性制御

　オペラント反応は，弁別刺激を手がかりとして自発される。ある特定の弁別刺激の下で反応すると，どのような結果が生じるのかという三項随伴性についての過去の経験によって，その弁別刺激への反応の生起確率や仕方が異なってくる（4.1 参照）。弁別刺激による反応の生起確率の制御のことを**刺激性制御**（stimulus control）とよぶ。

4.8.1　弁　　別

　TPO（time, place, occasion）をわきまえるという言い方があるが，この言い方をオペラントの用語で言い換えると，弁別刺激によく注意を払い，その弁別刺激に適切な反応をするという意味になる。日常生活では，時と，場所と，状況を示す弁別刺激を知覚し，適切に行動しないと，さまざまな不都合が起きる。たとえば，アメリカ大統領が執務するホワイトハウスの周辺は一般的に安全だと思われているが，夜は危険である。時間をわきまえないで夜出かけると犯罪に巻き込まれる可能性が高くなる。また，世界には立ち入るとたいへん危険な場所も存在する。いつもと同じ時間や場所であっても，デモなどが計画されている場合は出かけないほうが安全である。

弁別刺激を手がかりとして反応を変化させることを**弁別**（discrimination）とよぶ。家を出て，電車で今まで行ったことのない地域に観光に行く状況を考えてみよう。ターミナル駅に到着すると，行き先を書いた表示が各プラットホームにいくつも掲示されている。この表示を手がかりにプラットホームを選択する。この状況では，複数の弁別刺激（行き先の表示）が同時に存在する弁別事態であり，**同時弁別**（simultaneous discrimination）とよぶ。次に，目的地に向かう列車がやってくるプラットホームで待っていると，さまざまなタイプの列車が入れ替わり立ち替わり入線してくる。このとき，目的の特急列車かどうかを判断し，特急列車でない普通列車や急行列車の場合は乗らずにやり過ごす。特急列車がやってきたところで乗車する。特急列車かどうかを示す表示を掲げた列車が継時的に交替するような弁別事態を**継時弁別**（successive discrimination）とよぶ。また，乗っている列車の到着時刻が近づいてくると，時間を手がかりとして降りる準備を始める。このような弁別事態を**時間弁別**（temporal discrimination）とよぶ。

ある条件下では，正しい反応や選ぶべき弁別刺激が，別の条件下では逆転する場合がある。たとえば，直径10cmの白い円と，一辺が3cmの黒い三角の2つの刺激の場合，「大きいほう」という指示語が提示された場合は，直径10cmの白い円を選ぶと正解になる。「黒いほう」という指示語の場合は一辺が3cmの黒い三角，「丸いほう」という指示語では直径10cmの白い円が正解になる。指示語で提示された異なる条件によって，選択すべき弁別刺激が異なる弁別事態を**条件性弁別**（conditional discrimination）とよぶ。

1. 継時弁別

弁別刺激が継時的に変化する強化スケジュールを**多元（混成）スケジュール**（multiple reinforcement schedule）とよぶ。たとえば，ハトを用いた弁別訓練では，赤色刺激と緑色刺激が反応キーに30秒間ずつ交互に提示される。赤色刺激提示中はたとえばVI 30秒で強化される一方，緑色刺激の場合は，強化スケジュールはVI 60秒であるというように，弁別刺激によって強化スケジュールが異なる。VI 30秒で強化される赤色刺激の提示期間や，VI 60秒で強化される緑色刺激の提示期間は，多元（混成）スケジュールの構成要素で，コンポー

ネントとよばれる。コンポーネントとコンポーネントの間に時間間隔を入れる場合や，コンポーネントの交替をランダムに行う場合もある。VI 60 秒と VI 30 秒の2つのコンポーネントからなる多元（混成）スケジュールは，Mult VI 60 秒 VI 30 秒と略記される。

2. 行動対比

　多元（混成）スケジュールでは，一方のコンポーネントの強化スケジュールが他方のコンポーネントの反応遂行に影響を与えるコンポーネント間の強化スケジュールの相互作用がみられる（Herrnstein, R. J., & Brady, J. V., 1958）。レイノルズ（Reynolds, G. S., 1961）は，2色のキーライトが3分ごとに交替する多元 VI 3 分 VI 3 分強化スケジュールでハトのキーつつき反応を強化した。どちらのコンポーネントも同じ強化率の同種の強化スケジュールであるため，ほとんど反応率に差はみられなかった（ベースライン）。その後，赤色光下での強化スケジュールの変更は行わず VI 3 分のままとし，緑色光下での強化スケジュールを消去に変更した。VI 3 分から消去に変更された変化コンポーネントの緑色光下での反応は減少を示した。これに伴って，スケジュールに変更のない VI 3 分の赤色光の不変コンポーネントでの反応率が増加した。再度，緑色光の変化コンポーネントの強化スケジュールを VI 3 分スケジュールに変更すると，不変コンポーネントでの反応率が最初のベースラインレベルまで低下した（図 4.27）。この多元（混成）スケジュール下のコンポーネント間の相互作用をレイノルズは **行動対比**（behavioral contrast）とよんだ。変化コンポーネントの強化率を減少させると，不変コンポーネントの反応率が増加する現象は **正の行動対比**（positive behavioral contrast），変化コンポーネントの強化率を増加させると，不変コンポーネントの反応率が減少する現象は **負の行動対比**（negative behavioral contrast）とよばれる。

　これまで，行動対比を説明する理論として代表的なものでは **加算理論**（additivity theory），**反応競合理論**（behavioral competition theory），**対応法則**（matching law）が提唱されている。

　加算理論では，以下のようなプロセスで正の行動対比が生じると説明している。自動反応形成（4.13 参照）で説明しているように，視覚刺激と強化子の対

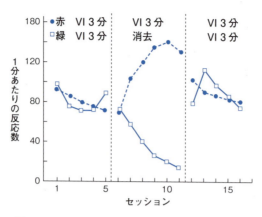

図 4.27　正の行動対比（Reynolds, 1961 から作成）

提示のみでも，視覚刺激へのつつき反応などの反応が誘発される。両コンポーネントで同じ強化スケジュールで強化される場合は，提示される視覚刺激は反応すると強化されるかあるいはされないのかということを知らせる弁別刺激としての機能はない。ところが，変化コンポーネントの強化スケジュールを消去とした弁別事態では，無変化コンポーネントでは，反応すると強化される反応―強化子随伴性と，弁別刺激と強化子の対提示である刺激―強化子随伴性が同時に生じるようになる。そのため，反応―強化子随伴性によって維持されている反応と，強化子の到来を予告する弁別刺激により誘発された反応の両方が生じるようになる。その結果，弁別刺激によって誘発された反応の分だけ不変コンポーネントでの反応の増大が起きる。

　反応競合理論は以下のようなプロセスで行動対比が生じると説明している。実験箱の中では，迷信行動（4.2.6 参照）でみたように，強化子である餌に結びついた完了行動（キーつつきやバー押し反応など）と完了行動が生じていないときに生じる羽づくろいや，グルーミング反応などの中間行動が生じる。変化コンポーネントの強化率が減少すると，変化コンポーネントの完了行動が減少する。完了行動が減少すると，完了行動に費やしていた時間が減少する。その空いた時間に，不変コンポーネントの中間行動が移動してくる。その結果，不変コンポーネントで中間行動に費やしていた時間が空き，その時間に変化コ

ンポーネントの完了行動が移動してくるために、不変コンポーネントの完了行動の増加が起きる。ヒンソンとスタッドン（Hinson, J. M., & Staddon, J. E., 1978）は、ラットを被験体として餌強化とは無関係な回転カゴを実験箱に付け、変化コンポーネントの強化率が低下すると、不変コンポーネントの回転カゴ回し反応が減少し、変化コンポーネントの回転カゴ回し反応が増加することを確認している。

対応法則（4.12.1参照）によれば、反応率は、相対強化頻度に比例する。一方のコンポーネントの強化率が変化すると、不変コンポーネントの絶対強化率には変化はないが、相対強化率に変化が生じる。変化コンポーネントの強化率が減少すると、不変コンポーネントの相対強化率は増加し、不変コンポーネントの反応率が増大する。一方、変化コンポーネントの強化率が増大すると、不変コンポーネントの相対強化率が減少するため、不変コンポーネントの反応率が減少することを予測する。

これまで、上述の理論が提唱されてきているが、全ての行動対比現象を完全に説明することにはどの理論も成功していない。行動対比は単一の要因のみで生じているのではなく、複数の要因が関係していると考えられる。

3. 無誤弁別学習とフェイディング法

通常の弁別学習では、少なからず誤反応が生起する。たとえば、行動対比のところで紹介したレイノルズの実験では、赤色光が正刺激（S+）で、消去に移行した緑刺激は負刺激（S-）である。図4.27をみてもわかるようにかなり多くの誤反応が緑色光に対して生じている。4.2.2で述べたように、誤反応に対する消去は、攻撃行動や情動的反応を引き起こすことがあり、教育現場や臨床現場では注意が必要とされる。そのため、誤反応を極力少なくでき、かつ正しい弁別行動の形成が可能な訓練方法が理想的である。

テラス（Terrace, H. S., 1963）は、ハトの赤色光と緑色光の弁別訓練において、ほとんど誤反応が生起しないで弁別が形成される手続きを開発している。通常の弁別訓練とは異なり、まず、正の弁別刺激（S+）として使用される赤色光のみを使用し、VI 60秒で強化する訓練から開始した。その後、赤色光と緑色光の弁別訓練に移行した。正の弁別刺激（S+）の赤色光が提示されるコ

ンポーネントでは，VI 30 秒でキーつき反応が強化され，コンポーネントの持続時間は 60〜90 秒であった。一方，消去コンポーネントで提示される負の弁別刺激（S-）の緑色光は，弁別訓練の第 1 セッションでは，最も暗い輝度からスタートした。もし，緑色光へ反応が生じた場合は，即座に赤色光コンポーネントへ移行し，緑色光の輝度およびコンポーネント時間は変更されなかった。さらに，VI 30 秒コンポーネント（赤色光）から，消去コンポーネント（緑色光）への最初の 25 回の移行は，被験体の頭が反応キーから離れているなど，実験者の判断で反応の兆しがみられないと思われるときに実施された。コンポーネントの持続時間は 5 秒から始まり，30 秒まで延長された。コンポーネント時間が 30 秒まで増加したところで，緑色光の輝度を若干上昇させ，コンポーネント時間は再度 5 秒に戻された。その後，緑色光の輝度が徐々に最大輝度まで上昇したところで，緑色光のコンポーネント時間を徐々に 30 秒まで増加させた。弁別訓練の第 2 および第 3 セッションでは，赤色光のコンポーネントの持続時間は 180 秒，強化スケジュールは VI 60 秒に固定され，負の弁別刺激である緑色光のコンポーネント時間は 30 秒から徐々に 180 秒まで延長された。訓練の初期から正反応率は高いままで維持され，誤反応がほとんど生じなかった。このように，ほとんど誤反応が生じないで弁別学習が成立する弁別を**無誤弁別学習**（errorless discrimination learning）とよぶ。

ミューラー他（Mueller, M. M. et al., 2007）は，男女の別を示すトイレのサインが弁別できない子どもへの無誤学習手続きを用いた訓練を紹介している。白地に黒色の男女のサインを並べて，「女子トイレのサインを示して」と言っても，正解率は 50％であった。このサインでは，女子トイレのサインが三角形のスカートをはいているだけの違いであった。そこで，2 つのサインの違いが明確になるようにスカートを緑に塗り，女子トイレのサインを選ぶ訓練から始めた。安定して女子トイレのサインを選ぶようになった後，女子トイレのサインの選択が続き，両サインとも完全に黒くなるまでスカートの緑の色を徐々に薄くしていき，白黒のサインの弁別ができるように訓練した。

テラスの方法は，徐々に負の弁別刺激を導入する**フェードイン**（fade in）とよばれる手続きであり，ミューラーらの方法は，正の弁別刺激の特異的な特徴

を徐々に削除するフェードアウト（fade out）とよばれる手続きである。これらのフェーディング法（fading method）は弁別が困難な場合に利用される。

4.8.2 般化

特定の刺激が提示されているときにのみ反応を強化し，提示されていないときには消去を行った後，訓練刺激とは特定の次元（たとえば，色次元や形次元）で異なるさまざまな刺激を提示すると，訓練で強化された正の弁別刺激に類似度が高い刺激に対しては多くの反応が生じ，類似度が低下するのに従って反応率が減少する。類似した刺激に対して反応が生じることを般化（generalization），類似度が低下するのに従って反応率が減少するグラフ上の勾配のことを般化勾配（generalization gradient）とよぶ。また，さまざまな刺激を提示して般化の程度を調べるテストのことを般化テスト（generalization test）とよぶ。

ホーニック他（Honig, W. K. et al., 1963）は，反応キーに垂直線が提示されているときのハトの反応を強化し，提示されていないときは強化しない弁別訓練（垂直線がS+，ない場合がS−）を行った後，角度をさまざまに変えた線分を提示し，それぞれの角度刺激への反応数を測定した。この般化テストでは強化子は提示されなかった。このようなテストのことを消去テスト（extinction test）とよぶ。結果が図 4.28 に示されているが，垂直線で最も反応が多く，角

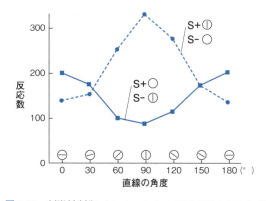

図 4.28　刺激性制御（Honig et al., 1963 の図 1 から作成）

度が傾くに従って反応数が低下する左右対称な山型の般化勾配が得られている。一方，垂直線が提示されていないときのハトの反応を強化し，提示されているときは強化しない弁別訓練（垂直線がない場合がS+，垂直線がS-）を行った後の般化テストでは，垂直線に対する反応が最も少ない左右対称な谷型の般化勾配が得られている。反応を増加させる刺激による制御を**興奮性刺激性制御**（excitatory stimulus control），反応を減少させる刺激による制御を**抑制性刺激性制御**（inhibitory stimulus control）とよぶ。

刺激性制御で用いられる刺激次元は，角度以外に色の波長（nm），大きさ（cm），明るさ（cd），音の周波数（Hz），音の大きさ（dB）など，レスポンデント条件づけと同様にさまざまである。3.6で紹介したバスとハル（Bass & Hull, 1934）がヒトのレスポンデント条件づけで条件刺激として使用した振動の位置を，弁別刺激としたウマのオペラント条件づけ実験を，ドーエルティとルウィス（Dougherty, D. M., & Lewis, P., 1993）が報告している。この実験では，ウマの背中に振動子が7個取り付けられており，3頭のウマの中の2頭は首に最も近い位置の振動子が振動したときに，唇でレバーを動かすと穀物で強化された。他の1頭の場合は，尻尾に最も近い位置の振動子が振動したときに，

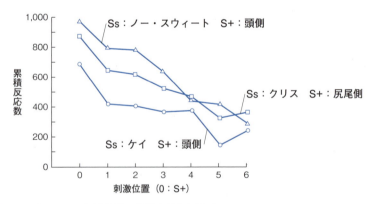

図4.29　ウマによる振動刺激の位置の般化勾配（Dougherty & Lewis, 1993 から作成）位置0が訓練に使用された位置を示しており，被験体クリスは尻尾に近い箇所の振動，ケイとノー・スウィートは，頭部に近い箇所の振動であった。横軸の数値は，訓練された位置からの距離に対応していて，数字が小さいほど訓練された位置に近いことを意味している。

唇でレバーを動かすと穀物で強化された（ウマの実験装置；図4.18参照）。振動しているときに反応し、振動していないときには反応しない弁別が形成された後、訓練で使用した位置を含む7カ所の位置の振動子をランダムに振動させ、それぞれの振動子が振動しているときの反応数を測定した般化テストの結果が図4.29に示されている。3頭とも、訓練された位置の振動子の振動に対して最も反応しており、距離が離れるに従って反応数が低下する興奮性の般化勾配を示している。

　刺激が類似していても、一方の刺激は強化され、他方の刺激は強化されないという**分化強化**（differential reinforcement）訓練を行うと、類似した刺激にも反応しなくなる。これを**刺激分化**（stimulus differentiation）とよぶ。

4.8.3　頂点移動と領域移動

　ドーエルティとルウィス（Dougherty, D. M., & Lewis, P., 1991）は、ウマの円の大きさの弁別実験についても報告している。正面パネルの刺激提示窓に置かれた直径2.5cmの黒色の円が描かれた背景が白色の刺激が背後から照明されたときに、レバーを唇で動かすとVI 30秒で強化された（ウマの実験装置；図4.18参照）。その後、消去による般化テストを行ったところ、訓練された2.5cmの円に対する反応が最も多い般化勾配が得られた（図4.30）。次に、2.5cmの円（S+）に対する反応は強化し、直径1.5cmの円（S−）が提示されたときは強化されない消去を行った。弁別が形成された後、消去による般化テストを行ったところ、最も反応数の多い般化勾配の頂点がS+である2.5cmの円ではなく、S+をはさんでS−とは反対側の3.0cmの円に移動した。このように、特定の次元での弁別（この場合は、円の大きさの次元）を行うと、弁別後の般化テストで最も反応の多い刺激が訓練に使用されたS+ではなく、S−からより離れた側に存在する別な刺激に移動する現象を**頂点移動**（peak shift）とよぶ。また、この実験では、般化勾配曲線において反応の多い領域が、S−とは反対側の領域（図4.30では2.5〜4.0cmの大きさの刺激）に移動する**領域移動**（area shift）とよばれる現象もみられている。

　頂点移動を説明する理論として、**スペンス理論**（Spence theory）が有名で

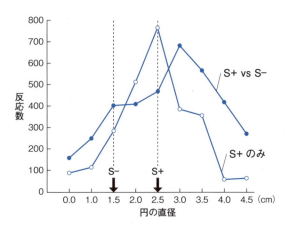

図 4.30　ウマによる円の大きさの弁別後般化勾配（Dougherty & Lewis, 1991 から作成）
白丸は，2.5cm の円のみを用いた訓練後の般化勾配，色丸は，2.5cm を S+，1.5cm を S-としたときの下弁別訓練後の般化勾配の結果を示している。

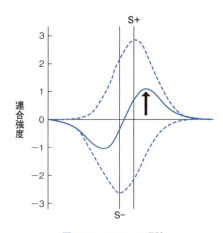

図 4.31　スペンス理論
上側の破線の曲線は，S+ によって引き起こされる興奮性の勾配，下の破線の曲線は，S-によって引き起こされる抑制性の勾配であり，S+ と S-の訓練を継時的に受けると，両者の合計である実線で描かれた連合強度曲線がつくられる。実際に反応として現れるのは，0 のラインより上に連合強度（実線）が現れた場合である。

ある。図 4.31 の図は，継時弁別訓練で訓練された S+ と S-によって生じた興奮性の曲線（図の上側の破線の曲線）と，抑制性の曲線（図の下側の破線の曲

線），および両者の合計（実線）を表している．反応は，連合強度（実線）が0レベルを超えた場合にその曲線の高さに応じて生じる．反応のピークが，S+の刺激ではなく，S-と反対側に移動しているのがわかる．スペンス理論では，S+とS-の相違が大きい（弁別がたいへん容易な）場合は，頂点移動は生じないことを予測する．

4.8.4 複合刺激を用いた弁別

レスポンデント条件づけの複合刺激を用いた条件づけでさまざま現象がみられたように，オペラント条件づけでもさまざまな現象がみられる．

1. 選択的注意

歩行者にとっての弁別刺激である交通信号はとてもシンプルである．赤のときは止まって，青では渡ればよい．一方，航空管制官が対峙している弁別刺激は，レーダースクリーン上に無数に表示されていて，さまざまな方向から飛んでくる飛行機の機影とその識別ナンバーである．1機ずつ呼び出して，滑走路に向かって1列に並ぶように進路や高度の指令を出すことが要求される．内科医は，血液検査で測定された血糖値やγ-GTPなどのいくつもの指標の数値から異常値を見出して，適切な薬や治療方法を導き出さなければならない．複数存在する刺激の中から特定の刺激に選択的に注意を向けることを**選択的注意**（selective attention）とよぶ．

レイノルズ（Reynolds, G. S., 1961）は，赤い背景に白の三角の刺激を正の弁別刺激とし，VI 3分で強化する一方，緑の背景に白い丸に対する反応は消去する弁別訓練をハトで行った．弁別が形成された後，形刺激と背景の色刺激を分離して，白三角，赤の背景，白丸，緑の背景をそれぞれ単独で提示する消去による般化テストを行った．その結果，ハト105は，白三角にもっぱら反応し，ハト107は赤の背景刺激にもっぱら反応した（図4.32）．ハト105は，正刺激である赤い背景に白の三角の刺激と，負刺激である緑の背景に白い丸の弁別訓練では，三角に対して反応することを学習し，一方，ハト107は赤の背景に対して反応することを学習していた．これは，個体が学習時に注意を向ける対象が，形なのか色なのかという刺激の種類が異なることから生じたためであると

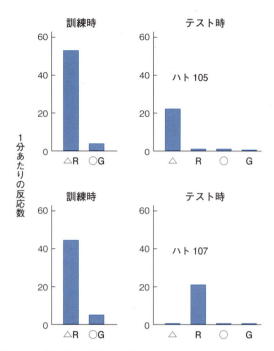

図 4.32 「注意」に関する実験 (Reynolds, 1961 から作成)
R は赤の背景,G は緑の背景を,それぞれ表す。

考えられ,この現象をレイノルズは**注意**(attention)とよんだ。

その後のハトを用いた注意に関する実験では,ほとんどの個体がより色に反応し,色刺激の優位性が確認されている(Wilkie, D. M., & Masson, M. E., 1976)。

ジェンキンスとセインズバリィ(Jenkins, H. M., & Sainsbury, R. S., 1970)は,正と負の両弁別刺激に共通に存在する**共通特色**(common feature;C)と一方にのみ存在する**特異的特色**(distinctive feature;D)からなる弁別刺激を用いたハトの継時弁別について報告している。彼らが用いた弁別刺激は,**図 4.33**の一番上に示されている S1 と S2 の組合せで,正と負の弁別刺激のどちらかにのみ特異的特色(D)である白色のドットが存在し,両弁別刺激には,共通特色(C)として黒い背景が存在した。黒い背景上のドット(D + C)刺激を正の弁別刺激とし,黒い背景のみの刺激(C のみ)を負の弁別刺激とした弁別

4.8 刺激性制御

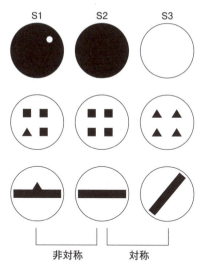

図 4.33 特色価効果が生じる非対称的な弁別刺激の組合せと対称的な組合せ

訓練の場合は，5 セッションで正答率が 90% を超えたが，これとは逆に，黒い背景上のドット（D + C）刺激を負の弁別刺激とし，黒い背景のみの刺激（C のみ）を正の弁別刺激とした弁別訓練の場合は，15 セッションを超えても正答率は 50% レベルから上昇しなかった。特色が正の弁別刺激にあるときの弁別（feature positive；FP）のほうが，負の弁別刺激にある場合（feature negative；FN）の弁別よりも容易に形成される現象を正の特色価効果（feature positive effect；FPE）とよぶ。FPE は，ヒトでも生じることが報告されている。ニューマン他（Newman, J. P. et al., 1980）は，幼稚園児に対し，四角い 1 枚のパネルに縦横 2 個ずつ計 4 つの四角い枠がある刺激を用いた弁別実験を行った。4 つのうち 3 つの枠の中には船と家と機関車の絵が描かれており，1 つは空白であった。それぞれの絵の位置はランダムであった。これらの絵が共通特色 C であり，特異的特色 D は，船の煙突に描かれた煙であった。パネルの半数の船には，煙が描かれており，半数には描かれていなかった。彼らは，16 名の幼稚園児に対して以下のような教示を行い，質問がなければ弁別実験へ移行した。「これからパネルを 1 度に 1 枚見せます。それらのパネルには，絵の後に

赤いランプが点くパネルと，点かないパネルがあります。どのパネルが赤いランプが点いてどのパネルが点かないかを当ててください。赤いランプが点くと思うパネルのときは，5秒以内に右のレバーを押してください。点かないと思うパネルのときは左のレバーを押してください。正解すると，ポーカーチップをあげます」。8名の園児（FP群；feature postive group）には，煙が加えられたパネルを赤いランプが点けられる正の弁別刺激，煙が描かれていないパネルを赤いランプが点灯されない負の弁別刺激とした。残りの8名の園児（FN群；feature negative group）には，煙が加えられていないパネルを赤いランプが点けられる正の弁別刺激，煙が描かれているパネルを赤いランプが点灯されない負の弁別刺激とした。弁別訓練は，正解が連続5回続いたところで，解答の理由を聞き，正しければ終了し，間違っていれば最大96試行まで実施された。FP群の幼稚園児は8名中7名が正解したのに対し，FN群の幼稚園児で正解したのはわずか1名であった。最後まで正解しなかった場合の試行数を96とした2群の試行数の平均は，FP群28試行，FN群85.3試行であり，統計的に有意な差であった。FPEは，ヒトの成人でも生じることが確かめられている。

正の特色価効果は図4.33の左端と中央の刺激を組み合わせたような一方のみに正と負の相違を示す特徴が存在する刺激対の弁別で生じる。特色Dが正の弁別刺激に存在する場合は，Dが強化子の到来を予告するが，逆の場合は，強化子が提示されないことを予告する。強化子が提示されないことを予告するDを見つける場合に比べて，提示されることを予告するDを見つけるほうが容易である。

2. 弁別刺激の情報量

レスポンデント条件づけでは，条件づけが形成されるためには，条件刺激が無条件刺激の到来を予告する情報量が大きいことが条件づけの形成に必要な要因である（3.2参照）。オペラント条件づけでも同様なことが生じるかどうかについて，ワグナー他（Wagner, A. R. et al., 1968）は，表4.2に示されている強化条件で音と光の複合刺激によるラットのレバー押し反応の刺激性制御を検討している。2種の音は，2,500Hzと1,500Hzの純音であり，光は2個の7ワットのランプであった。グループ1は，音1と光が提示されているときは100％

4.8 刺激性制御

表 4.2 強化と消去の生起確率

	グループ1 強化	グループ1 消去	グループ2 強化	グループ2 消去
光＋音1	1.0	0.0	0.5	0.5
光＋音2	0.0	1.0	0.5	0.5
どちらもなし	0.0	1.0	0.0	1.0

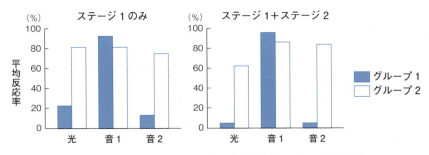

図 4.34 異なる情報量をもった音と光の複合刺激による刺激性制御
(Wagner et al., 1968 の表 2 の一部をグラフ化)

強化され，音2と光が提示されているときは消去，どの刺激も提示されていないときも消去であった。グループ2は，音1と光が提示されているときと，音2と光が提示されているときの両方とも確率0.5で強化され，どの刺激も提示されていないときは消去であった。グループ1では，音1が100%確実に強化を予告するのに対し，光は音1に比べて予告の信号として機能しない。一方，グループ2では，音1，音2，光それぞれが強化を予告する確率が等しく50%である。訓練は2段階に分かれており，まず，ステージ1の訓練後，音と光を単独で提示する消去テストを実施した。その後，ステージ2として，さらに訓練を実施し，再度消去テストを行った。

グループ2では，どの刺激に対しても同様な反応率であるが，グループ1では，光刺激と音2に対する反応が低下している。光刺激は，グループ1および2どちらでも50%の強化確率であるが，グループ1では，強化の予測力において音1に劣るため，刺激制御を失っていると考えられる。図 4.34 の左側にステージ1の訓練後の光刺激と音刺激のそれぞれへの平均反応率（%），図の右

側にステージ2終了後の結果が示されている.

3. 弁別刺激と反応の関係

　ドブゼカ他（Dobrzecka, C. et al., 1966）は，11頭のイヌに対して，前方に設置されたメトロノームが鳴った場合は，右足をフィーダーに乗せると餌で強化し，後ろに設置されたブザーが鳴った場合は左足をフィーダーに乗せると強化した．訓練の初期の数セッションでは，いずれかの音を5秒間鳴らした後，強化されるほうの足に結ばれたロープを引っ張って，正解を教えた．イヌはその後自ら反応するようになった．この弁別訓練では，音が前と後ろのどちらから聞こえるかという音源の位置と，音色がメトロノームなのかブザーなのかという音色が弁別の手がかりとして利用可能である．たとえば，メトロノームが鳴った場合は右足，ブザーの場合は左足という弁別と，前から音が聞こえた場合は右足，後ろから聞こえた場合は左足を乗せるという弁別である．どちらの刺激が提示された場合でもいずれかの反応が要求される．このような課題を **Go/Go 課題** とよぶ．80試行連続で正解するまで訓練が行われ，その後，メトロノームとブザーの位置を前後逆にして音を提示したときに，どちらの足をフィーダーに乗せるか測定するテストを行った．このテストでは，全ての反応に対して強化子を提示した．一部のイヌを除いて，音色に関係なく，音が前から聞こえた場合は右足をフィーダーに乗せ，後ろから聞こえた場合は左足を乗せた．Go/Go 課題では，音色ではなく，音の提示される位置のみが手がかりとして使用されていた（図 4.35）．

　次に，10頭のイヌに対し，ブザーあるいは 900Hz の純音を S+ とし，メトロノームあるいは 600Hz の純音を S- とする弁別訓練を行った．半数の被験体は，S+ を前で提示し，残りの半数に対しては，S+ を後ろから提示した．S+ が提示されているときに，右足を動かすと餌で強化された．S- が提示されているときの反応は消去された．このように，反応を行う試行と行わない試行からなる課題を **Go/No Go 課題** とよぶ．テストセッションでは，S+ と S- の提示位置を逆にした強化子が提示されない消去テストが実施された．Go/Go 課題とは逆に，音色に対応して，S+（ブザーあるいは 900Hz の純音）が提示されると反応し，S-（メトロノームあるいは 600Hz の純音）では，位置にかかわらず反

4.8 刺激性制御

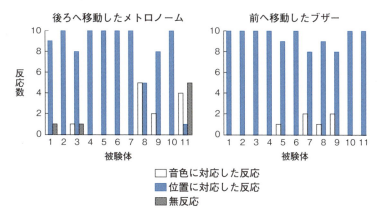

図 4.35 Go/Go 課題のテスト試行における右足と左足の反応
(Dobrzecka et al., 1966 の表 1 から作成)
後ろへ移動したメトロームの試行の青いバーは，左足の反応数，前へ移動したブザーの試行の青いバーは，右足の反応数を示している。

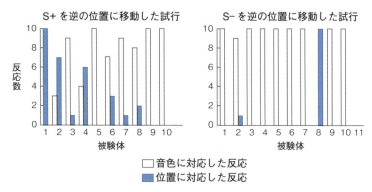

図 4.36 Go/No Go 課題のテスト試行における右足と左足の反応
(Dobrzecka et al., 1966 の表 2 から作成)
S+を逆の位置に提示した試行の白いバーは，右足を動かす反応数を意味し，S−を逆の位置に提示した試行の白いバーは，無反応数を示している。

応しない個体が多くなった（図 4.36）。この実験では，特定の体の部位（位置）が分化的に強化される場合は，提示される刺激の位置が手がかりになりやすく，反応を行うかどうかの弁別の場合は，音色が手がかりになりやすいことを示している。

音色が手がかりとなるのか，あるいは音の提示される位置が手がかりとなるのかが課題によって変化する現象は，**コノルスキィの特性－位置効果**（the Konorski quality-location effect）とよばれ，その後さまざまな検証が行われた。その結果，音源の位置と反応するレバーなどの対象の位置の接近度や音の目新しさ（novelty）などの要因によっては，必ずしも上記の結果にはならないことが確認され（Neill, J. C., & Harrison, J. M., 1987），音源の位置と周波数などの音色からなる複合刺激の弁別事態で，一般的に認められる現象ではないことが確認されている。訓練条件によって，手がかりとされる刺激要素が変化することがあることを示す実験結果である。

4. 弁別刺激と強化子の関係

ワイスとパンリリオ（Weiss, S. J., & Panlilio, L. V., 1999）は，ハトに400Hzの純音と赤色光からなる複合刺激をS+，提示されていないときをS−とする，強化子（穀物）と弱化子（電撃）を用いた弁別訓練を行った。強化子を使用する条件では，正の弁別刺激が提示されているときにテコ踏み反応を行うと穀物である強化子が提示された。一方，弱化子（電撃）を使用する条件では，正の弁別刺激が提示されているときに，テコ踏み反応が生じないと電撃が与えられ，反応すると電撃が回避できた。S+である純音と赤色光刺激の複合刺激が提示されているときに反応し，提示されていないときは反応しないという弁別が形成された後で，複合刺激である純音と赤色光刺激のいずれかを単独で提示し，

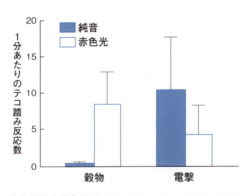

図4.37 複合刺激と強化子（Weiss & Panlilio, 1999の表2から作図）

それぞれの刺激が提示されているときの反応数を比較した。穀物が強化子である条件では，赤色光刺激が提示されるときの反応が多く，電撃条件では，純音が提示されているときのほうが多かった（図4.37）。用いる弁別刺激と強化子との組合せによって，手がかりとされる刺激の種類が異なる。

5. 視覚的探索課題

工場の商品の検査係が，いくつもの完成品の中から不良品を見つけだすように，ヌーの群れを狙うライオンやハイエナは，弱い個体を見つけだして襲う。上空を舞う猛禽類も，草に覆われた中を動く小さなネズミを見つけだす。探索を妨害する多くの視覚刺激（妨害刺激）の中から目標とする標的刺激を見つけだす課題を**視覚的探索課題**（visual search task）とよぶ。

ブラウ（Blough, D. S., 1985）は，TVモニター上に9行×17列になるように，計153カ所にアルファベットをハトに提示した。ブラウは，その中の3×3のブロックにターゲットとなるアルファベット（たとえばO）を提示し，それ以外の箇所には別の妨害用のアルファベット（たとえばH）を提示し，ハトがターゲットのアルファベットを見つけだしてつつくと強化する訓練を行った（図4.38）。ターゲットのアルファベットと背景にある妨害アルファベットの組合せ全てで訓練を行い，誤反応数を計測した。もし，ターゲットのアルファベットと妨害用のアルファベットが似ていれば，妨害アルファベットをつつく誤反応が多くなり，かなり違って見える場合は，誤反応が少なくなると考えられる。誤反応の逆数を基に，各アルファベット間の類似度を多次元尺度構成法

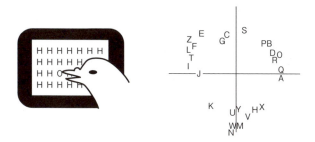

図4.38 ハトの視覚的探索課題で使用される装置とハトの文字弁別における誤反応数に基づいたアルファベットの文字の類似度マップ（Blough, 1986から作成）

を用いて計算して，2次元で表現した結果が，図 4.38 の右側に示されている。類似した（誤反応の多い）アルファベット同士は，接近した場所にプロットされる。NとWとMや，CとG，PとBなど，ヒトにとって類似して見えるアルファベットが接近した位置にプロットされており，ハトの知覚がヒトに類似していることが推測される。

　ブラウ（Blough, P. M., 1991）は，前述のモニターに刺激が提示される装置を用いてターゲットを見つけだす課題をハトで行った。アルファベットのターゲットが提示される直前に，幅 1cm，長さ 15cm の縦のバーを合図刺激として提示した。ターゲットに対応した合図刺激を提示する条件では，その合図刺激である縦のバーに赤色，灰色，黒色，横線，格子模様，市松模様のいずれかが付いていて，それぞれの色や模様が，それぞれのアルファベットのターゲットに対応していた。一方，合図刺激がどのターゲットも特定しない条件では，合図刺激である縦のバーに一律 3 本の縦線が付加されていた。ターゲットに対応した合図刺激を提示した場合のほうがターゲットのアルファベットを見つけだす時間が早くなることを報告している。これは，直前の刺激提示が後続の刺激の知覚に影響を与えるヒトにおける**プライミング**（priming）現象と類似している。

6. 分割的注意

　選択的注意とは逆に複数の刺激要素に同時に注意を向けることを**分割的注意**（divided attention）とよぶ。

　ブラウ（Blough, D. S., 1969）は，ハトに音と色刺激を組み合わせた弁別訓練を行っている。7 色の色光（576 〜 582nm の色光（黄緑から黄色）で，波長が 1-nm ステップで異なる）のうち 1 つの色光を直径 9mm の円状で反応キーに提示し，スピーカーから 7 音（3,370 〜 3,990Hz の範囲の周波数の純音）の中の 1 つの純音を同時に提示した。計 49 種の組合せ（7 × 7）の中の 582nm の色光と 3,990Hz の純音が提示されているときのみ，反応キーへのつつき反応を強化し，他の組合せは強化しなかった。正の複合弁別刺激のうちの 1 つである色（582nm）あるいは音の周波数（3,990Hz）を固定し，他方のみを変化させた弁別（この弁別では，変動する音あるいは色の一方のみに注意すれば

よい）に比べて，色と音を同時に変化させる弁別（同時に両方の刺激に注意しなければならない）の成績は落ちるが，正の複合弁別刺激（582nmの色光と3,990Hzの組合せ）が提示されているときの反応が，他の組合せの複合刺激に比べて最も多かった。このことから，ハトは同時に2つの刺激に注意する分割的注意が可能であると結論できる。分割的注意に関する研究は，継時弁別訓練以外に，見本合わせ課題などを用いた条件性弁別訓練がよく利用されている（4.8.7参照）。

7. 概念学習

われわれヒトは，「イヌ」にはグレートデンやチワワ，「トリ」にはスズメやオオワシ，「葉」にはイチョウやショウブなど，見た目はかなり異なっても，1つのまとまりとしてとらえる。さまざまに異なる事物を同じまとまりとしてとらえることを**カテゴリー化**（categorization）とよぶ。言語をもたない動物でもカテゴリー化は可能である。

ヘルンスタインとラブランド（Herrnstein, R. J., & Loveland, D. H., 1964）は，人が写っている写真と写っていない写真をそれぞれ600枚ずつ用意し，毎セッション異なる写真を用いて継時弁別訓練をハトに対して実施した。写真はプロジェクターで反応キーに提示された。人が写っている反応キーへの反応は強化され，人が写っていない反応キーへの反応は消去された。ハトは，毎回異なる写真が提示されるにもかかわらず，弁別することができるようになった。これは，ハトが人と人以外というカテゴリー化が可能なことを示している。

渡辺他（Watanabe, S. et al., 1995）は，ハトにモネとピカソの絵を弁別する訓練を行った後，訓練で使用していないモネとピカソの絵を使用してテストしたところ，モネとピカソのカテゴリー化が形成されていることを確かめている。

これらは，カテゴリーの構成要素間の何らかの共通特徴をもとにカテゴリー化が行われるもので，自然概念とよばれる。一方，飛行機や船や車は物理的な共通特徴はないが，「乗り物」という概念でカテゴリー化される。共通の結果を伴ったり，要素間の関係性や連合の学習によって物理的には異なる刺激間でカテゴリーが形成される人工概念が，ヒト以外の動物でも形成可能であることが知られている。

まったくランダムにAグループとBグループに分けられた写真であっても，その機能が同じであることを学習すると，同じ集合としてカテゴリー化される。ヴォーガン（Vaughan, W., 1988）は，40枚の樹の映ったスライドを用意し，ランダムに2つのグループに分けた。一方のグループの写真が提示されているときにハトが反応すると強化され，他方のグループの写真への反応は消去された。15セッションの弁別訓練の後，強化される写真のグループと，消去されるグループを逆転した。7セッションずつ逆転することを繰り返した後，逆転を早め，最終的には160回逆転を繰り返したところ，逆転した直後のセッションの最初の数枚の弁別試行ですぐに正解できるようになった。A1，A2，……A20の写真と，B1，B2，……B20が別のグループの場合，A1が強化されたセッションでは残りのA2〜A20は全て強化され，B1〜B20は強化されないことを学習していることを示している。強化されたり強化されなかったりという共通の機能により任意の刺激組が等価な刺激の集合になっており，同じ刺激組の刺激は**機能的等価刺激クラス**（functionally equivalent stimulus class）とよぶ。同じ結果を伴うことによって，異なる刺激がカテゴリー化されることに加え，後述する刺激間の対応づけによってもカテゴリー化される（4.8.7参照）。

4.8.5 同時弁別

複数の弁別刺激が同時に提示される強化スケジュールを**並立スケジュール**（concurrent schedule）とよぶ。一方の刺激への反応はVI 30秒で強化され，他方は消去される強化スケジュールはConc VI 30秒 EXTと略記される。

継時弁別後の般化テストにおいて，訓練時に強化された刺激（S+）ではなく，S+をはさんでS−とは反対側の刺激に反応ピークが移動する頂点移動が生じるが，同様な現象が，同時弁別でもみられる。

眞邉他（Manabe, K. et al., 2009）は，4頭のケープペンギン（*Spheniscus demersus*）に同時弁別事態で線分の長さの弁別訓練を行った。2頭のペンギンには，左右の反応キーに提示されている長さの違う縦線のうち長い線分（図4.39の線2）をつつくと強化子（コアジ）を提示し，短い線分（線1）をつつくと強化子は提示せず，しばらく待たされるタイムアウトを与えた。他の2頭

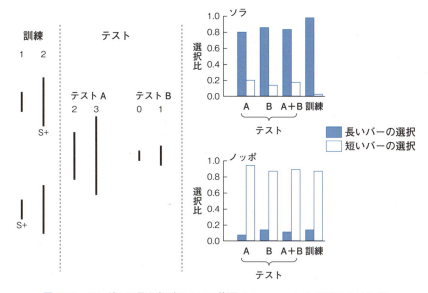

図 4.39　ペンギンの長さ弁別における移調 (Manabe et al., 2009 から作成)

は，逆の訓練を行った。正答率が高まったところで，訓練の最中にテスト試行を入れるプローブテストが行われた。テストとして，訓練で強化された線2とそれよりも長い訓練では使用されたことのない線3を同時に提示し，どちらを選択するかテストした（テストA）。また，訓練では消去された線1とそれよりも短い線0を提示してどちらを選択するかテストした（テストB）。もし，ペンギンが訓練時に，線2を選択すれば強化されるということを学習していれば，テストAでは長いほうの線3ではなく，訓練で強化された線2を選択することが予想された。一方，絶対的な長さではなく，相対的に長いほうを選択すると強化されるということを学習していれば，テストAでは訓練では使用されたことがない線3を選択し，テストBでは線0に比べて相対的に長い訓練では強化されなかった線1を選択することが予想された。プローブテストの2頭の結果が図 4.39 の右側に示されている。訓練で長いほうの線2への反応が強化された被験体ソラは，相対的に長い線分を選び，短い線1への反応が強化された被験体ノッポは，相対的に短い線分を選んでいる。このように，特定

の刺激への反応の学習ではなく，相対的な関係（より長い，より大きい，より暗いなど）を学習する現象を**移調**（transposition）とよぶ．移調は，クマバチ，シクリッド（魚），ニワトリ，ハト，ヨーム（鳥），ラット，アジアゾウ，アシカ，イルカ，サル，チンパンジーなどでも見出されている．

セインズバリィ（Sainsbury, R., 1971）は，継時弁別でみられた正の特色価効果が，同時弁別でもみられることを報告している．

4.8.6 時間弁別

時計のような外的な刺激なしに経過時間に応じて反応を始めたり終了したりすることを**時間弁別**（temporal discrimination）という．経過時間によって反応を制御する方法としてさまざまな方法が開発され，ヒト以外の動物とヒトの時間弁別が検討されている．

代表的なものに，前述したFIスケジュール（4.7.2参照）があり，FIスケジュールで生じる強化後休止の時間は，FIの値の1/3～2/3になることから，強化後休止時間を時間弁別の指標とした研究がなされている．通常のFIでは，FI値を過ぎた反応は全て強化されるため，強化子の提示のタイミングが一定にならない．提示のタイミングを一定にするため，FI値経過から一定時間以内の反応のみを強化する**制限時間**（limited hold）を加えたFIスケジュールが開発されている．

さらに，特定の反応間時間（IRT）のみを強化するDRLスケジュール（4.7.4参照）や，試行開始からの経過時間を超えて自発された反応のみを強化する**長潜時分化強化スケジュール**（differential reinforcement of long latency；DRLL）などもある．

時間弁別の精度や感度を測る方法として**ピーク法**（peak procedure）がよく使用される．ピーク法は，FIスケジュールでの強化試行と，試行時間がFI値の2～3倍の長さの無強化試行を特定の割合でランダムに実施する手続きである．FIスケジュールでは，FI値を経過した後の反応は即時強化され，次の試行へ移るため，FI値以降のタイミング反応が検討できない．しかし，FI値よりも十分長い試行時間をもつ無強化試行では，FI値以降でも試行が中断

されないためFI値以降のタイミング反応が検討できる。ロバーツ（Roberts, S., 1981）は，ラットを用いてFI 20秒とFI 40秒のピーク手続きを行っている。試行は音かライトのどちらかが提示されると同時に，試行間間隔（ITI）中は引っ込められていた反応レバーが出てきて反応できるようになった。半数のラットには，音試行のときはFI 20秒，光試行のときはFI 40秒が実施され，他のラットは逆の組合せで訓練された。このFIによる強化試行に加えて，反応しても強化子が提示されないブランク試行（ピーク試行ともいう）がランダムに挿入された。ブランク試行は，音で開始される場合と光で開始される場合があり，最低80秒間継続され，この時間に最低10秒から最高80秒の時間がランダムに加えられた。FI試行とブランク試行の割合は，80％対20％とされ，FI試行は強化子の提示後，ブランク試行は設定された時間経過後，レバーが引っ込められる試行間間隔に移行した。ブランク試行における反応の分布が図4.40に示されている。FI 20秒と同じ刺激が提示されたブランク試行では，反応のピークが22秒，FI 40秒と同じ刺激が提示されたブランク試行の反応のピークは41.1秒であった。ほぼ，FI値と同様な値になっている。FI値が大きいほうが反応の分散が大きく，この結果も含めて多くの時間弁別研究では，**ウェーバーの法則**（Weber's law）が成り立つことがわかっている。

ピーク法は，強化される時間の反応による再生課題であるが，時間が長いか

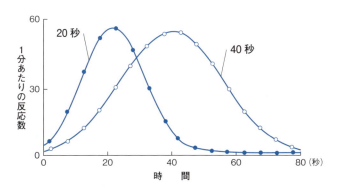

図4.40 ピーク手続きにおける反応分布（Roberts, 1981から作成）
色丸がFI 20秒に対応したブランク試行，白丸がFI 40秒に対応したブランク試行の反応分布を表している。

短いかの判断が要求される再認課題として，**時間分割法**（temporal bisection）が開発されている。時間分割法では，たとえば試行開始から10秒，あるいは20秒後に，2つの左右の反応キーに赤と緑の色光が点灯され，10秒後に点灯された場合は赤色光に反応すると強化され，20秒後に点灯された場合は緑色光に反応すると強化される条件性弁別訓練を行う。十分正解できるようになったところで，10〜20秒の間の時間で2つの色光を提示し，どちらに反応するかを調べる。このとき，10秒に近い場合は赤色光に反応し，20秒に近くなるに従って緑色光への反応が増加し，ある時点で赤色光から緑色光への反応が**切り替わる時間**（bisection point）が見出される。この切り替わり時間は，例外も報告されているが，2つの時間の幾何平均（$\sqrt{10 \times 20}$）に近くなることが知られている（上述の例では14秒付近）。

ヒトやヒト以外の動物の計時行動を説明・予測する理論として，さまざまな理論が提唱されているが，その中で有名なものに**スカラー期待理論**（scalar expectancy theory）がある。この理論は，以下のプロセスで時間計測が行われると仮定している。まず，試行が開始されると，時間計測の基となるパルスの発生が始まり，そのパルスが作業記憶に累積されていく。以前に経験して長期記憶に蓄えられている累積パルス数と，現在作業記憶に累積されてきているパルス数との比較が行われ，ある閾値を超えたところで，反応が生じる。計時のためのパルス発生の精度や，長期記憶に貯蔵されている基準となるパルス数は一定ではなく変動すると仮定している。そのため，試行ごとに反応にばらつきが生じる。そのばらつきは，時間が長くなればなるほど大きくなるウェーバーの法則に従う。スカラー期待理論でのこの予測は，実験で得られている計時行動の分散に関する事実とよく一致する。

4.8.7　条件性弁別

前述の時間分割法の実験事例のように，先行条件（上述の例では時間）によって強化される弁別刺激が変化する弁別を**条件性弁別**（conditional discrimination）とよぶ。条件性弁別訓練で最もよく利用される手続きは，**見本合わせ課題**（matching to sample task；MTS）である。見本合わせ課題には，

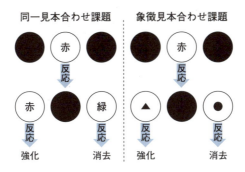

図 4.41　3つの反応キーを用いた見本合わせ課題

見本と同じ比較刺激を選択することが要求される同一見本合わせ課題と，見本刺激と同じではないがその見本刺激に対応した比較刺激を選ぶことが要求される象徴見本合わせ課題がある。また，提示された複数の刺激が同じである場合は「同じ」パネル（あるいは反応キー）に反応し，異なる場合は「異なる」パネル（あるいは反応キー）に反応することが要求される**異同弁別課題**（same/different task）がある。

　ハトを被験体とした場合によく用いられる3つの反応キーを用いた同一見本合わせ課題が図 4.41 の左側に示されている。まず，中央の反応キーに見本刺激が提示され（図では赤色光），その見本刺激に反応すると（たとえば，3回つつく），その見本刺激が消え，左右のキーに比較刺激である見本刺激と同じ刺激（赤色光）と異なる刺激（たとえば緑色光）が，左右ランダムに提示される。見本刺激と同じ比較刺激に反応すると強化される。見本刺激が緑色光の場合は，緑色の比較刺激へ反応すると強化される。異なる比較刺激に反応した場合は，しばらく待たされるタイムアウトが与えられる。この手続きでは，比較刺激は見本刺激の消失後に提示されるので，0秒遅延見本合わせ課題とよぶ。見本刺激消失3秒後に比較刺激が提示される課題は，3秒遅延同一見本合わせ課題とよぶ。遅延同一見本合わせ課題は，遅延時間をさまざまに変えて短期記憶の実験に使用されることがある。同一見本合わせとは逆に，見本刺激とは異なる比較刺激を選択することを要求する**異物見本合わせ課題**（oddity matching to sample）も存在する。同時同一見本合わせおよび同時異物見本合わせは，ハトなどに比べて長期の訓練が必要ではあるが，金魚でも可能であることが報告されている（Goldman, M., & Shapiro, S., 1979）。

象徴見本合わせ課題では，見本刺激にたとえば赤色光が提示され，その見本刺激に反応すると，比較刺激として見本刺激とは色や形が物理的に異なる比較刺激が提示され，事前に実験者によって対応づけられた比較刺激を選択すると強化される。図 4.41 の右側に示されている例では，見本刺激が赤の場合は，黒三角を選択し，見本刺激が緑の場合は，黒丸を選択すると強化される。このような訓練を，色と形の見本合わせ課題とよぶ。また，音と視覚刺激のように知覚の種類（modality）が異なる刺激の見本合わせ課題を異様相間見本合わせ課題（cross-modal matching）とよぶ。

1. 見本刺激の提示時間の記憶への効果

遅延同一見本合わせ課題で，見本刺激への反応数を増加させたり，提示時間を増加させると正反応率が高まることが知られている。

グラント（Grant, D. S., 1976）は，中央の反応キーに白色光を提示し，ハトが1回つつくと見本刺激がハトの反応にかかわらず一定時間提示され，見本刺激消灯後，一定時間経過後に比較刺激が提示される遅延同一見本合わせ課題を行った。見本刺激の提示時間は，1秒，4秒，8秒，14秒の4種であり，遅延時間は0秒，20秒，40秒，80秒であった。遅延時間が延びると正答率が低下

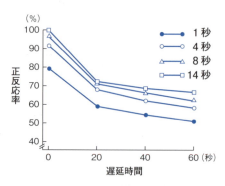

図 4.42　見本刺激提示時間の違いによる遅延同一見本合わせ課題の正答率の差
（Grant, 1976 から作成）

するが，見本刺激の提示時間が長いほど正答率が高くなっている。ハトは，見本刺激の提示時間が十分長ければ，遅延時間が60秒であっても偶然当たる確率（50％）を有意に超えて正解することができる（図 4.42）。また，十分課題に慣れたフサオマキザルは，見本刺激の提示時間が1秒未満であっても，かなり高い正答率を維持できることが知られている（D'Amato, M. R., & Worsham, R. W., 1972）。

2. 刺激等価性

シッドマン（Sidman, M., 1971）は，音声（たとえば "car" という音声）と絵（「車の絵」）の対応づけ，および，絵（「車の絵」）に対する音声でのネーミング（"car" と言う）が可能であるが，書かれた文字（「CAR」）とその文字が示す絵（「車の絵」）の対応づけ，および音声（"car"）と文字（「CAR」）の対応づけができない精神的遅滞の児童に対して，図 4.43 に示されている訓練を行った。一辺が2インチの正方形の反応窓が9個3列3行に並んでいた。視覚刺激は反応窓の後ろ側から提示された。訓練では，"car" という音声がスピーカーから繰り返し提示され，音声を少なくとも1回聞いた後，児童が中央の反応窓を指で押すと，8カ所の周辺の反応窓に比較刺激として「CAR」を含む文字が提示され，「CAR」を指で押すとチャイムが鳴り，キャンディと1セント硬貨が強化子として与えられた。"car" 以外に "pig" など20個の「音声と文字」のマッチング訓練が行われた。訓練終了後，中央のキーに見本刺激として「CAR」という文字が提示され，反応するとそのまわりに車の絵を含む8個の絵刺激からなる比較刺激が提示されるテスト試行と，見本刺激として車の絵が

音声－文字　訓練			文字－絵　テスト			絵－文字　テスト		
字7	字1	字2	絵7	絵1	🚗	字7	字1	字2
字6		字3	絵6	CAR	絵2	字6	🚗	字3
字5	字4	CAR	絵5	絵4	絵3	CAR	字5	字4

図 4.43　シッドマン（1971）の訓練方法とテスト

提示され，比較刺激として「CAR」を含む8個の文字刺激からなる比較刺激が提示されるテスト試行が行われた。「音声と絵」はすでに学習済みで，「音声と文字」のマッチングは明示的に訓練が行われたのに対し，「絵と文字」あるいは「文字と絵」のマッチングは訓練されていなかったにもかかわらず，その児童は正確に対応づけることができるようになった。絵と文字は物理的にはまったく類似していないため，単なる刺激般化ではなく，「書かれた文字が絵の記号となった」といえる（Sidman, M., 2009）。訓練されていないにもかかわらず自動的に形成された関係をシッドマンは**派生的関係**（emergent relation）とよんだ。

　その後，この派生した関係について定式化が行われている。実物の車が"クルマ"とよばれ，音声の"クルマ"は書かれた文字「車」を指すということを学習すると，実物の車は文字で車と書き，文字で書かれた車は実物の車を指すことが自動的に形成される関係を**刺激等価性**（stimulus equivalence）とシッドマンはよんでいる。訓練された関係「A→B」の逆の関係「B→A」を**対称性**（symmetry），「A→B→C」を学習した後，「A→C」の関係を**推移性**（transitivity），推移性の逆の関係「C→A」を**等価性**とよぶ（図4.44）。ヒトの場合は，対称性，推移性および等価性が生じることが確かめられているが，ヒト以外の動物を使用した実験では対称性や等価性は形成されないという報告がなされていた。

　シャスターマンとキャスタク（Schusterman, R. J., & Kastak, D., 1993）は，

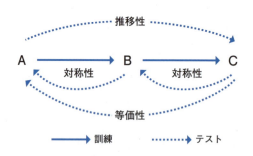

図4.44　刺激等価性
実線の矢印が訓練された関係，破線の矢印が派生された関係を示している。

カリフォルニアアシカ（*Zalophus californianus*）で刺激等価性が形成されることを報告している。彼らは，さまざまな線画や図や3次元の物体を使用して30種の「A, B, C」の組合せを作成した。A→BとB→Cを訓練した後，30種の「A, B, C」の組合せの中から，12種の組合せの対称性，推移性，等価性のテストとその訓練「B→A, C→B, A→C, C→A」を同時に行った。各テストで正解の場合は強化子が与えられた。その後，残りの18種の組合せで，対称性と推移性の訓練なしに等価性のテストおよび訓練を行った。それぞれの組合せの試行はそれぞれ4試行あり，その最初の試行では，事前に強化されていないため，この最初の試行の成績が純粋なテストの結果になる。初期の12種のテストでは，対称性，推移性の派生的な形成はみられなかったが，「A→B, B→C」の訓練の後，その逆である「B→A, C→B」を繰り返し訓練し，また，推移性「A→C」や等価性「C→A」の関係を訓練すると，訓練されていない残りの18種の組合せで刺激等価性が自動的に形成された。刺激等価性の形成がヒトに特有ではないことから，刺激等価性の形成にとって言語の介在が必要かどうか，また，「逆も可」という訓練を行うことで刺激等価性が形成されたことから，刺激等価性は，特別な訓練なしに派生的に形成される現象なのかどうかという点について現在も検討されている。

　刺激等価性は，少ない訓練でより多くの関係の学習が可能なことから教育分野での応用がなされている。また，うつ症状で代表的な，嫌悪的なことが1つ起きると，さまざまなことが嫌悪的になるという派生的な現象のメカニズムとして心理療法の基礎となっている（7.5.3参照）。

4.9　動機づけ操作

　動機づけ操作（motivating operation：MO）は，応用分野で行動随伴性ダイアグラム（あるいはABC随伴性）においては，先行条件に含まれる操作で，①反応の生起確率を高めたり，低めたりする操作であり，また，②反応に後続する強化や弱化の効力を高めたり低めたりする操作のことである。伝統的には確立操作（establishing operation）とよばれる手続きを拡張したものである

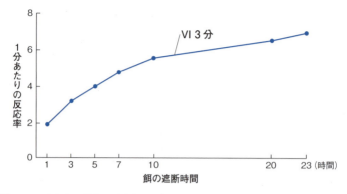

図 4.45 反応率に対する確立操作（動因操作）の効果（Clark, 1958 から作成）

(Laraway, S. et al., 2003)。三項随伴性の記述では，動機づけ操作→弁別刺激→反応→強化のように，弁別刺激の前に記述される。反応の確率を低下させる事前の手続きとして，たとえば，夜に起きだして眼鏡が見つからないと大騒ぎする入院患者の問題行動は，寝る前にすぐに見つかるように眼鏡を事前に置いておくことにより，大騒ぎするという問題行動の生起確率を低下させることができる。図 4.45 には，ヒト以外の動物のオペラント条件づけで用いられる食物強化の効果を高める確立操作あるいは動因操作である餌の遮断化 (deprivation) の効果が示されている。クラーク (Clark, F. C., 1958) はさまざまな餌の遮断化の時間（食べていない時間）を変えて，ハトの VI 3 分強化スケジュールでの反応率を測定した。餌の遮断化時間が伸びるに従って反応率が増加しているのがわかる（図 4.45）。

4.10 言語条件づけ

ヒトは，言語を使用してコミュニケーションを行う。言語も，状況やその言語を使用した後に生じる結果によって変容する。たとえば，和やかな雰囲気をつくった上で，話し手が発言するたびに聞き手が相づちを打つと，話し手の発言時間が増加する。このように，発話などの言語反応を頷きなどの社会的強化によって増加させることが可能である。特定の発話などをオペラント条件づけ

によって変容させる条件づけを**言語条件づけ**（verbal conditioning）とよぶ。

ローゼンフェルトとベアー（Rosenfeld, H. M., & Baer, D. M., 1970）は，募集して「実験者」になってくれた学部学生に対して，「人が成功裏に他者に影響を与える要因」を検討する研究に参加してくれるように要請した。参加してくれると1ドル，もし，他者に影響を与えた場合1ドル，さらに，なぜうまくいったのかその理由を正確に説明できたらさらに1ドルもらえると伝えた。その「実験者」は，事前に言語条件づけの説明を受けた後，実験参加者は，英語の名詞を「実験者」に促されたら発音するように，すでに教示されていることを伝えた。やってもらいたいことは，以下の3つであると伝えた。①インターフォンを使って，次の発音を行うように，実験参加者に伝える（促し語を言う）。②レバースイッチを使って，点数を上げたり下げたりして，実験参加者の発音に影響を与える。③実験参加者の発音が変化した場合，その原因と思われることを，気がついたら何でも記録しておく。「実験者」は，インターフォン越しの相手の英語の発音が流暢であれば得点を与え，そうでなければ得点を下げるということを行った。そのとき，インターフォンを使って促し語を発声して次の発声を実験参加者に行わせた。ただし，実際には実験参加者は存在せず，テープレコーダーから音声が流されていた。しばらく，「実験者」がどの促し語をどれくらい使用するか測定したベースライン期の後，条件づけ期では，特定の促し語（たとえば Next word）を言ったときのみ，流暢な英語の発音を流し，それ以外の促し語（たとえば OK や All right など）を使用した場合は流暢ではない英語の発音を流していた。ただし，促し語と実験参加者の発声との関係が気づかれにくくするため，流暢な発声や非流暢な発声が5回連続して超えて続かないように例外として逆の音声を流した。逆転期では，それまで流暢な発声が得られていた促し語には，非流暢な発音を流し，それ以外の促し語を言ったときの半分に対して流暢な発音を流した。その後，再度，条件づけ期と同様に，特定の促し語を言ったときに流暢な発音を流す再逆転期に移行し，最後に，気づいたことがないかどうかインタビューを行った。条件づけ期では特定の発音を促すフレーズ（OK あるいは Next word）の出現頻度が有意に増加し，逆転期では減少し，再逆転期では増加している（**図 4.46**）。「実験者」と

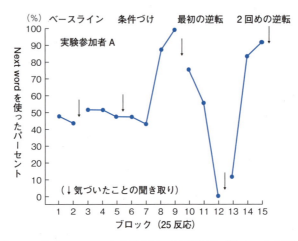

図 4.46　ダブルエージェント法を用いた言語条件づけの 1 名の結果
（Rosenfeld & Baer, 1970 から作成）

して参加した真の実験参加者は，実験中に起こる架空の話し相手の言語行動の変化や，自分の行動との関係を注意深く観察し随時記録していたが，それでも，架空の話し相手の発音が，自分の促し語に関係して変化していることに気づかなかった。相手の言語行動に影響を与えることを目的として行動していたが，実は自分の言語行動が相手に制御されていた。このように，実験参加者が実験者だと信じて参加しているが，実際には実験参加者であるような実験方法を**ダブルエージェント**（double agent）**法**とよぶ。

　このように，言語は行動随伴性によって変容する。スキナーは，行動随伴性における機能に基づいて，言語を**マンド**（mand），**タクト**（tact），**イントラバーバル**（intraverval），**エコーイック**（echoic），**書き取り**（dictation taking），**書き写し**（copying），**テクスチュアル**（textual）に分類している。

　マンドは要求言語であり，たとえば，おなかがすいたりのどが渇くという状況である動機づけ操作があり，「マンマ」という言語を発すると，お菓子がもらえるという結果が随伴する。タクトは記述言語であり，物やイベント（たとえばネコがいる）が弁別刺激となり，「ニャンニャン」という言語を発すると，「ニャンニャンだね。よく言えたね」と母親に褒められるという結果（社会的

強化)が随伴する。イントラバーバルは,言語間の対応づけで,他者の言語刺激(たとえば,「いくつ?」)が弁別刺激となり,「3つ」という言語を発すると,「そう,3つ。よく言えたね」とおばあちゃんに褒められるという結果が随伴する。エコーイックは,いわゆるオウム返しで,他者の言語刺激(たとえば,「オウマさん」)が弁別刺激となり,「オウマさん」という言語を発すると,「そう,オウマさん。よく言えたね」と母親に褒められるという結果が随伴する。書き取りは他者の発話内容を,書き写しは他者の書いた文字を,文字で記述する行動であり,テクスチュアルは,文字を読む行動である。それぞれ,他者の発話や書いた文字が弁別刺激となり,社会的強化や般性強化によって維持される。言語行動は,話者と聞き手の間の社会的相互作用が基本となる。

4.11 嫌悪性制御

ヒトやヒト以外の動物の生活環境には,危害を加える外敵や危険な物体や,疲労やストレスを招くことなどの嫌悪刺激や嫌悪事態が存在する。行動は,嫌悪刺激や嫌悪事態の出現や消失によっても変容する。このような弱化子を使用した提示型弱化や除去型強化による反応の制御のことを**嫌悪性制御**(aversive control)とよぶ。

4.11.1 嫌悪刺激の効果

提示型弱化は,望ましくない行動に対して与えられるが,望ましくない行動は何らかの強化によって維持されている。これをシミュレーションするために,実験場面ではオペラント反応を強化子(通常餌)で強化しながら,電撃などの弱化子を提示し,提示型弱化の効果を検証する手続きが一般的である。

1. 弱化子の強度の効果

弱化子は,強度が強ければ強いほど,反応を抑制する。アズリン他(Azrin, N. H., et al., 1963)は,VI 1 分でハトのキーつつき反応を餌で強化しながら,電撃を FR 50 で(50 反応ごとに)提示型弱化を尾羽根の付近の恥骨に実施した。電撃の強さが 90V,120V,160V の 3 条件で反応を記録したところ,電撃の強

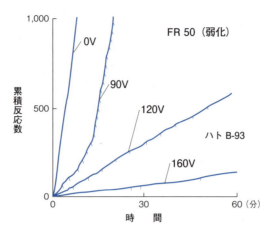

図 4.47　**弱化子の強度の効果**（Azrin et al., 1963 から作成）

度が増加するのに従って反応率が低下した（図 4.47）。電撃の強度を徐々に上げていくと，電撃の強度を急に上げた場合に比べて反応がより多く出現する。

2. 弱化子への慣れ

　提示型弱化は，強度が十分強くないと，慣れが生じ，弱化を続けていると反応が回復してくる。アズリン（Azrin, 1960）は，VI 6 分でハトのつつき反応を餌で強化しながら，弱い電撃（30V）を反応のたびに与えた。1 日 1 時間の訓練を続けていると，10 日めには，電撃が与えられていないときの反応率と同程度まで回復した。次に，中程度の電撃（50V）を反応のたびに与えた結果が図 4.48 に示されている。中程度の弱化子（電撃）を導入直後から，32 日後の訓練セッションまでの累積反応曲線が示されている。初日はほとんど反応が生じていないが，徐々に反応が回復し，22 日め以降はそれ以上の回復はみられなくなっている。さらに，100V のかなり強い電撃を使用すると，わずかな反応の回復がみられ，完全に反応の回復がみられない電撃の強度は，130V 以上で提示時間が 100 ミリ秒以上の場合か，電圧が 70V 以上で提示時間が 300 ミリ秒以上の場合であった。提示型弱化は，かなり強度を強くしないと慣れが起こり，弱化子を与え続けていてもかなりの程度の反応が生起する（図 4.48 下）。

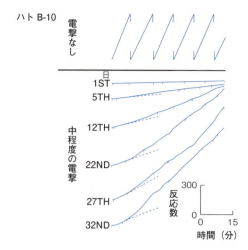

図 4.48　弱化子（電撃）への慣れ（Azrin, 1960 から作成）

3. 随伴性の効果

反応に依存しない弱化子の提示は，反応抑制効果が低くなる。

フランケル（Frankel, F. D., 1975）は，40 匹のラットのレバー押し反応をペレットを強化子として VI 15 秒で強化した。その後，20 匹ずつ反応の有無とは無関係に電撃が提示される非随伴グループと，反応が生起すると電撃が提示される随伴グループの 2 群に分けられた。非随伴グループには，86dB の 700Hz と 1,100Hz の複合音が 20 秒間提示され，反応の有無にかかわらず最後の 18～20 秒の間に 0.3mA の電撃が提示される条件抑制手続きを行った（3.14.3 参照）。試行間間隔は 25～35 秒の間で変動し，平均 29.4 秒であった。随伴グループのラットに対しては，同様に複合音が提示されるが，複合音提示中に反応が生じた場合にのみ，電撃が提示される提示型弱化が行われた。反応が生じなかった場合は，電撃は提示されなかった。1 セッション，30 試行実施された。図 4.49 に第 1 セッションと第 2 セッションの各試行の複合音提示中にまったく反応しなかった個体数が試行ごとに示されている。第 1 セッションでは 2 群で差はみられないが，第 2 セッションにおいて，随伴グループの個体のほうが，複合音提示中に反応しなかった個体数が多くなっている。また，複合音提

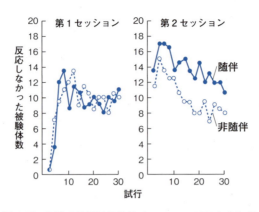

図 4.49　弱化の随伴性の効果（Frankel, 1975 から作成）

示中の反応数も，非随伴グループのラットのほうが随伴グループよりも有意に多くなっていた。随伴グループのラットは，平均 13.1 回電撃を受けたのに対し，非随伴グループのラットは，30 回の電撃を受けていた。非随伴グループのラットは受けた電撃の回数が多いにもかかわらず，反応を続ける個体数が多くなっている。反応に随伴しない電撃の提示は，反応に随伴して電撃を提示する場合に比べて反応の抑制効果が低いことを示している。

4. 弱化の遅延効果

　強化と同様に，弱化も反応直後に弱化子を与えたほうがより効果的であることが確かめられている。餌で強化されているハトやラットの反応の直後に電撃を与えたほうが，時間をおいて与える遅延弱化よりも反応を抑制する。

　キャンプ他（Camp, D. S. et al., 1967）は，VI 1 分でラットのレバー押し反応を餌で強化しながら，VI 2 分で反応に随伴して 0.25mA の電撃を 1 秒与えた。反応直後に電撃が与えられる 0 秒遅延，2 秒後に与えられる 2 秒遅延，および 30 秒後に与えられる 30 秒遅延条件での反応の抑制率を比較したところ，抑制率は 0 秒，2 秒，30 秒の順で高かった（図 4.50）。

　教育現場で行われた実験でも同様の効果が確認されている。アブラモヴィツとオレリ（Abramowitz, A. J., & O'Leary, S. G., 1990）は，多動性の児童に対し，複数の児童がお互いに視線を交わしたり，話をしたりなどして課題を行わない

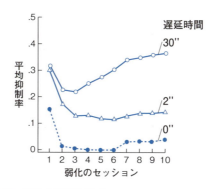

図 4.50 弱化の遅延効果（Camp et al., 1967 から作成）
抑制率 .5 がまったく反応が抑制されていない状態，0 が完全に抑制されている状態を示している。

行動に対し即時に叱責（「ビリー，作業に戻りなさい！」や「マーク，もう十分，席に戻りなさい！」など）を行う場合と，2分間の遅延時間をおいて同様な叱責を行う場合を比較した。遅延叱責→即時叱責→遅延叱責の順で行ったところ，課題を行わないで，課題以外のことで他の子どもと相互作用する行動が即時叱責により減少し，再度遅延叱責に戻すと増えることが見出されている。

5. 弱化のスケジュール

部分弱化よりも連続弱化のほうがより反応を低下させる。アズリン他（Azrin, N. H. et al., 1963）は，VI 3分でハトのキーつつき反応を餌で強化しながら，かなり強い電撃（240V で 24mA）を与える弱化のスケジュールを FR 1,000 から FR 1 まで変化させ，反応率を測定した。電撃の提示確率が高まるに従って反応率が低下し，反応するたびに電撃が与えられる FR 1 では，反応がまったく生じなくなっている（図 4.51）。

6. 提示型強化との相対性

弱化の効果は，反応を維持している提示型強化の強度によって影響を受ける。アズリン他（Azrin et al., 1963）は，ハトのつつき反応を餌を強化子として VI 3分で強化しながら，強い電撃（160V）を FR 100 で与えた。ハトの体重は自由摂取時の体重の 85〜60% まで実験後の補助給餌の量を調整しながら1カ月かけて低下させ，再度1カ月かけて 85% まで戻した。体重が少ないほど，空

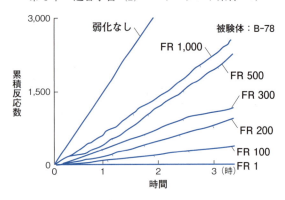

図4.51　弱化のスケジュール（Azrin et al., 1963 から作成）

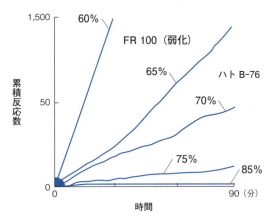

図4.52　強化子の遮断化の効果（Azrin et al., 1963 から作成）

腹であると考えられる。体重が85％のときは，反応がほとんど抑制されているが，60％まで減少させると，反応率が1時間あたり3,000回程度生じるようになっている。餌の摂取を制限する動機づけ操作で強化子（この場合は餌）の効力を高めると，弱化による反応抑制の効力が低くなる（図4.52）。

7. 弱化の刺激性制御

　ホーニックとスリブカ（Honig, W. K., & Slivka, R. M., 1964）は，ハトを被験体として，反応キーに490～610nmの色光を20nmステップで10秒の暗間隔を挟みながら1分間ずつ提示した。それぞれの色光へのつつき反応は，VI 37.5

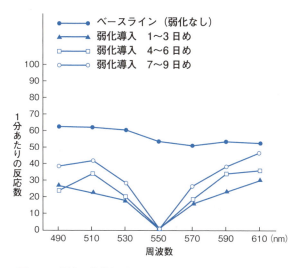

図 4.53　弱化の般化勾配（Honig & Slivka, 1964 から作成）

秒スケジュールで餌によって強化された。その後，色光が 550nm（緑）のときのみ，反応が生起するたびにハトの翼の付け根に 50V で 0.75mA の電撃を 0.6 秒提示した。全ての色光へのつつき反応は，この間も，以前と同様に VI 37.5 秒で強化された。図 4.53 に 550nm の色光での弱化を導入する前の各色光への反応率と，導入後の反応率が示されている。弱化の導入前はほぼどの色光に対しても同程度の反応が生起していたが，導入後は，550nm の色光が提示されているときの反応がほぼ 0 になり，物理的に類似した他の色光での反応率も減少する刺激般化が生じている。また，訓練が進行するに従って，550nm 以外の色光での反応率が回復を示し，般化勾配が急峻になってきている。その後，弱化を中断すると，急激にどの色光でも同様に反応し，般化勾配がフラットになった。

8. 提示型強化の弁別刺激として機能する「弱化子」

通常，電撃の提示は反応を抑制するが，場合によっては反応の生起を促進する場合がある。ホルツとアズリン（Holz, W. C., & Azrin, N. H., 1961）は，VI 2 分でハトのつつき反応を餌で強化しながら，反応のたびに電撃を与える訓練セッションと，餌も電撃も与えない消去セッションの 2 つのセッションを繰り

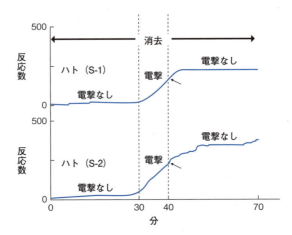

図 4.54 提示型強化の弁別刺激として機能する弱化子の提示
（Holz & Azrin, 1961 から作成）

返し，ランダムな順番で毎日実施した。電撃の強度は，電撃が与えられない条件の反応率の約半分になる 60V に設定されていた。3 週間の訓練を経ると，ハトは電撃と餌が同時に反応に対して随伴する場合は反応し，どちらも提示されないセッション（消去セッション）ではあまり反応しなくなった。そこで，消去セッション開始 30 分後から 10 分間に生じた全ての反応に対して，餌は提示せず電撃のみを与えた。そうすると，電撃が与えられている 10 分間の反応が，電撃のみを受けるにもかかわらず増加した（図 4.54）。ふたたび，電撃の提示を休止すると反応は減少した。これは，通常，反応に随伴させることによって反応を抑制することに使用される「弱化子」が，反応への餌提示である提示型強化の手がかりである弁別刺激としても機能することを示している。

　クレイグヘッド他（Craighead, W. E. et al., 1976）は，弱化の研究結果を踏まえ，効果的な弱化の用い方について以下のようにまとめている。
1. 望ましくない反応の直後に行うか，その反応に随伴する刺激（強化子など）を除去する。
2. 望ましくない反応が生じるたびに与え，かつ，それぞれの反応に与える。
3. 徐々に強度を上げるのではなく，最初から最大強度を用いる。

4. 望ましくない反応の動機づけを除去する。
5. とくに 4 が不能な場合は，代わりとなる望ましい反応を訓練する。
6. 望ましくない反応とは両立しない反応を強化する。
7. ヒトの場合は，どのような場合に弱化させられるか弱化の随伴性について説明する。

　ただし，弱化の副作用が多く，応用場面では弱化の使用には疑問が呈されている。弱化の副作用としては，以下のような事柄がある。①情動反応を増加させる，②弱化する人を避けるようになる，③弱化を受けた本人が，弱化の使用を真似るようになる。そのため，可能な限り上記の 6 の非両立反応の分化強化（4.2.5 参照）を行うべきである（Craighead et al., 1976）。望ましくない反応に毎回確実に弱化を与えるのは，現実的に不可能であり，間欠的になる。一方，提示型強化は，間欠的であっても反応の維持が可能なため，提示型強化による行動変容のほうがより実用的である。

4.11.2　回避学習・逃避学習

　危険な事態が予測される場合は，事前にその危険な事態を回避することは必要である。一方，うつ病患者はさまざまなことを必要以上に回避することが症状の特徴の一つでもある。このような回避行動は学習によって形成される。危険な事態を避けたり，逃げたりする学習は，それぞれ，弱化子の提示を阻止あるいは延期するために，弱化子の提示の前に反応することの学習である回避学習（avoidance learning）と，弱化子の提示後に反応することにより弱化子から逃れる逃避学習（escape learning）に分けられる。これらの学習の研究によく用いられる装置に，シャトルボックスがある（図 4.55）。一般的なシャトルボックスは，飛び越え可能な仕切りなどで 2 部屋に分かれていて，床には電撃が提示可能なように電源につながれた金属のバーが設置されている。被験体が一方の部屋にいるときに，その部屋のライトの点灯やブザーの鳴動により電撃の到来が予告され，そのまま部屋に居続けると電撃を受ける。もし，警告刺激の提示時点で隣の部屋に逃げ込むと，電撃を回避できる。次は，逃げ込んだ部屋の警告刺激が提示され，再度，前にいた部屋に逃げ込むと電撃を回避できる。

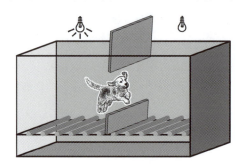

図 4.55　代表的なシャトルボックス

このように，被験体がバドミントンの羽根のついたシャトルと同じように，2つの部屋を行ったり来たりすることから，シャトルボックス（shuttle box）と名づけられている。反応の方向が一方向のより単純な回避・逃避実験装置も使用されている。

　回避条件づけには，上述のように弱化子（電撃）の到来を予告する弁別刺激（警告刺激）が用いられる信号つき回避（signaled avoidance）条件づけと，信号が存在しない信号なし回避（non-signaled avoidance）条件づけがある。

　ソロモンとワイン（Solomon, R. L., & Wynne, L. C., 1953）は，信号付きのシャトルボックスを用いてイヌの回避条件づけ訓練を行った。シャトルボックスの被験体が滞在している一方の部屋のライトが消灯されると同時に両部屋の仕切りの上半分のシャッターが開き，10秒後に10〜12.5mAの電撃が提示された。ライトが消灯後10秒以内に隣の部屋にバリアーを飛び越えて移動すると，電撃を回避できた。電撃が提示された場合も，バリアーを飛び越えて逃避することができた。隣の部屋に逃げ込むかあるいは2分以上電撃を受ける部屋に留まった場合は，電撃が停止され，ライトが再度点灯した。また，シャッターは下ろされ，2つの部屋は完全に仕切られた。10秒以内の移動は回避反応，電撃が提示されてからの移動は逃避反応と定義された。試行は3分ごとに実施され，1セッション10試行の訓練を行った。ソロモンとワイン（Solomon & Wynne, 1953）が報告した典型的な被験体は，約5試行で最初の回避反応が出現し，その後の6〜11セッションでは2回の逃避反応と4回の回避反応が起

こり，12 セッションめに最後の電撃を受けて以降，100％回避反応を行うようになった。

　回避反応が十分獲得されると，ほとんど電撃を受けなくなる。電撃が与えられない状態は消去事態であり，消去は反応の生起頻度を減少させるにもかかわらず，なぜ，回避条件づけでは反応が維持されるのかという疑問が提示された。この矛盾を説明するために，**2過程理論**（two-process theory）が提唱された。この理論では，まず，①回避訓練の初期には，信号と電撃の対提示であるレスポンデント条件づけによる恐怖条件づけが形成される，②回避反応は電撃からの回避と同時に，反応することにより，レスポンデント条件づけで条件づけられた2次嫌悪刺激（恐怖の対象）である信号から逃避することができるというオペラント条件づけの除去型強化によって維持される。回避反応が形成された後，実際に電撃が提示されなくても，2次性の嫌悪刺激（警告信号）の除去による除去型強化によって維持されると説明している。

　一旦形成された回避反応は，まったく電撃が与えられない消去を行ってもなかなか反応が消失しないことが知られている（Solomon, R. L. et al., 1953）。これは，回避訓練時においても，回避学習が形成された時点で，消去時と同様にまったく電撃を受けないため，消去事態であることの弁別が困難であるためであると考えられる。

　シャトルボックスは，隣の部屋に移動するたびに試行が中断する離散試行であるが，レバー押し反応のようにいつでも反応できる**自由オペラント回避**（free-operant avoidance）**条件づけ**がある。シッドマン（Sidman, M., 1953）は，ラットを被験体とし，何もしないと一定間隔で電撃が提示されるが，レバーを押すと反応後一定時間は電撃の提示が保留される訓練を行った。反応が生起しない場合に電撃が提示される間隔を **S-S 間隔**（stimulus-stimulus interval），反応によって電撃が保留される時間を **R-S 間隔**（response-stimulus interval）とよぶ。ライトやブザーのような外的な刺激は提示されない。このような手続きは，**シッドマン型回避条件づけ**（Sidman avoidance conditioning）ともよばれる。回避反応は，R-S 間隔が近づくに従って出現確率が高まる。

　シッドマン型回避条件づけ手続きでは，時間経過が手がかりになりうるが，

経過時間が手がかりとならない手続きを使用した実験を，ヘルンスタインとハイネライン（Herrnstein, R. J., & Hineline, P. N., 1966）が報告している。電撃が提示された場合は，その後の 2 秒ごとの電撃の提示確率は 0.3 に設定され，もし，反応が生じた場合は，その後の提示確率が 0.1 に減少するという手続きであった。反応しても 0.1 の確率で電撃を受け，電撃を受けた後の確率は 0.3 に戻された。このような条件でも，ラットは回避反応であるレバー押し反応を学習した。このことは，外的な信号や時間が手がかりとならない場合でも，回避反応が電撃の提示確率の減少によって維持可能であることを示している。回避反応は，2 過程を前提としなくても，弱化子の提示確率の低下という 1 つの要因によって説明できるとする仮説で，**1 要因説**（one-factor theory）とよばれる。

4.11.3 学習性無力（感）

2 過程説では，まず，警告信号と電撃との対提示により恐怖条件づけが形成される。もし，この過程を回避条件づけの前に実施すれば，より学習が早くなることが予想される。オーバーマイヤーとリーフ（Overmier, J. B., & Leaf, R. C., 1965）は，回避条件づけの前に信号刺激と電撃との対提示によるレスポンデント条件づけを行った。しかし，予想に反して逆に条件づけが阻害された。

嫌悪的な事象である弱化子を逃避も回避もできない場合がある。このようなことが長く続くと，ヒトの場合，うつ的な状態になり不調に陥ることがある。セリグマンとメイヤー（Seligman, M. E., & Maier, S. F., 1967）は，オーバーマイヤーとリーフ（Overmier, J. B., & Leaf, R. C., 1965）の結果は，このような逃避不能な状況の経験によって形成されるのではないかという仮説を立てた。彼らは，回避訓練の前に，回避不能な電撃を与えられたイヌが，この仮説の予測どおり，シャトルボックスの中で電撃を受けても能動的に動こうとせず，回避学習が著しく障害を受けることを報告している。この実験では，24 頭のイヌが 8 頭ずつ 3 群に分けられた。全ての被験体は，布にゴムを貼り合わせたゴム引き布でできたハンモックに空けられた 4 つの穴から 4 本の足が体の下にぶら下がるように固定されていた。頭は，首の部分を挟んで固定する器具と両

4.11 嫌悪性制御

側に設置された2枚のパネルで保定されていた。第1群（逃避可能群）のイヌは，足に電撃が与えられたときに，頭を動かして顔の横にあるパネルを押すと，電撃を止めることができた。第2群（ヨークト統制群（yoked control group））のイヌは第1群のイヌが受けた電撃の量と同じになるように電撃が与えられた。ヨークト群とは，独立変数（ここでは，反応によって電撃を止めることができるかどうか）以外の変数が同じになるように，実験群の個体と対にされた個体からなる統制群のことである。第1群のイヌと異なる点は，パネルを頭で押しても電撃を止めることはできなかった。第3群（電撃なし統制群）のイヌは，まったく電撃が与えられなかった。電撃は，試行間間隔は平均90秒（60〜120秒）で64回提示された。1日後，シャトルボックスによる逃避・回避訓練を実施した。前述したソロモンとワイン（Solomon & Wynne, 1953）の手続きと同様な手続きで訓練が行われ，10秒以内に隣の部屋へ移動すると電撃を回避できた。1セッションの試行数は10試行であった。逃避可能群と電撃なし統制群は，問題なく学習できたが，自力では電撃から逃避できなかったヨークト統制群は，明らかに学習が妨害されていた（図4.56）。セリグマンらは，事前に逃避不能な電撃を受けることで，イヌが反応しても電撃から避けられないという反応と結果の無関連性を学習し（**学習性無力（感）**；learned

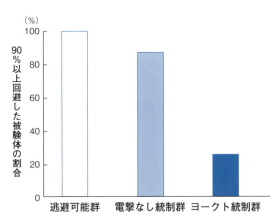

図 4.56　シャトルボックス回避訓練の学習個体数の比較
（Seligman & Maier, 1967 の表1から作成）

helplessness），無力状態に陥ったということで，「**学習性無力症**」と名づけた。

その後の研究で，以下の事実が報告されている。逃避不能な電撃を受ける前に別の課題で回避訓練を受けると，その後のシャトルボックスでの回避訓練での学習が可能である（Seligman & Maier, 1967）。この現象をセリグマンらは，事前に学習性無力症にかからないようにできることから**免疫化**（immunization）とよんでいる。回避学習に失敗した場合も，無理やり，何十回も実験者によって強制的に移動させられ，電撃から逃れられることを体験させると，自ら回避するようになる「治療」が可能である（Seligman, M. E. et al., 1968）。また，逃避不能な状況の経験は，反応と結果が無関連であるという随伴性に敏感になる（Rosellini, R. et al., 1984）。回避学習は阻害するが，反応と結果の非随伴性の学習は促進する。

その後，「学習性無力症」という命名や自身の反応によって何らかの結果が得られるという強化随伴性に関する「自己効力感」という命名がわかりやすいこともあって，とくに，学習障害やうつ病の発生メカニズムとして社会的な注目を得ることになった。ただ，ヒトのうつ状態は，言語に強く関連することが知られており（7.5.3 参照），言語が発達していないヒト以外の動物の実験結果のメカニズムは，ヒトの場合とは必ずしも一致しない可能性がある。

4.12　選 択 行 動

われわれの日常生活は，選択の連続である。家を出てから，学校や職場などの目的の場所に向かう状況を考えてみよう。時には体調が悪いこともある。まず，休むかそれとも出かけるかの選択を迫られる。出かけることに決めた後，いつものように自転車で出かけるのか，それとも電車にするのか選択する。その後も，いくつもの選択を続けながら一日が経過していく。このような選択の仕方は，選択によって生じる結果によって影響される。

4.12.1　強化の対応法則

選択実験で用いられる強化スケジュールは，複数の強化スケジュールが同時

4.12 選択行動

に実行されている**並立スケジュール**（concurrent schedule）であり，通常，反応対象である反応キーやレバーが複数取り付けられた実験箱が用いられる。同時に2つの選択肢が存在する同時弁別事態で，それぞれの選択肢に対する反応の結果である強化率をさまざまに変化させたときの相対反応率は，実際に得られた相対強化率に比例するという強化の**対応法則**（matching law）がヘルンスタイン（Herrnstein, R. J., 1961）によって示されている。たとえば，一方の反応キーに反応するとVI 30秒で強化され，他方ではVI 60秒で強化される場合，強化率が2倍のVI 30秒の反応キーへの反応率は，VI 60秒の反応キーへの反応の2倍になるということを意味する。強化の対応法則を式で表すと以下のようになる。

$$\frac{B_1}{B_1 + B_2} = \frac{R_1}{R_1 + R_2}$$

ここでの B_1 は選択肢1への反応数，B_2 は選択肢2への反応数，R_1 は選択肢1への反応で得られた強化数，R_2 は選択肢2への反応で得られた強化数を表している。ハトの選択実験で得られた相対反応率と相対強化率の対応関係が図4.57に示されている。相対強化率と相対反応率が一致する対角線上にデータがプロットされているのがわかる。条件によってはこの対角線からずれが生じることがあり，選択肢の間の相対反応率が相対強化率よりも小さくなる**過**

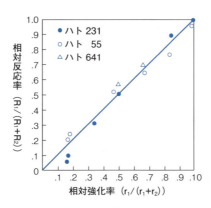

図4.57 相対反応率と相対強化率の対応関係（Herrnstein, 1961から作成）

小対応（undermatching）や，逆に大きくなる過大対応（overmatching），また，一方の選択肢への反応が多くなるバイアス（bias）がみられることがある。これらの逸脱を式の中に組み込んだ一般化対応法則として，以下の式をバウム（Baum, W., 1974）が提唱している。

$$\frac{B_1}{B_2} = k\left(\frac{R_1}{R_2}\right)^a$$

k はバイアス，a は強化比への感度を表している。$0 < a < 1$ の場合は，過小対応，$1 < a$ の場合は過大対応になる。

4.12.2 衝動性とセルフ・コントロール

　一方の選択の結果は即時に得られるが，他方の選択の結果は時間を経てやっと得られる場合がある。たとえば，明日期末試験があって勉強しようと準備していたところに，友達から遊びの誘いがあった場合がその例である。遊びに出かけるという選択を行うと，即時に楽しい結果が得られる。一方，誘いを断って勉強した場合，その結果が提示されるのは数カ月後の成績の開示であり，さらに数年後の就職活動時の採用通知かもしれない。人生という長い視点で考えた場合，一時の楽しさより，希望の企業の就職試験に受かるほうが価値が高いということは言うまでもない。しかし，時として，遊びに出かけてしまう。遊びにいく選択は即時の小さな価値の選択であり，勉強する選択は遅延される大きな価値の選択である。価値が小さくても，すぐに得られる場合は選択する可能性が高まる。選択は，価値だけでなく，結果が得られるまでの時間と，得られる結果の価値（強化量など）の関係で決まる。即時の小さな価値の選択を衝動性（impulsiveness），遅延される大きな価値の選択をセルフ・コントロール（self-control）とよぶ。

　どのような場合に衝動的な選択が行われ，どのような場合にセルフ・コントロールが行われるのかについて予測するエインズリー・ラックリン理論（Aislie-Rachilin theory）が提示されている。物や事象の価値は，得られるまでの時間が長くなればなるほど低下する。これは遅延割引（delay discount）とよばれ，以下の式で表される。

4.12 選択行動

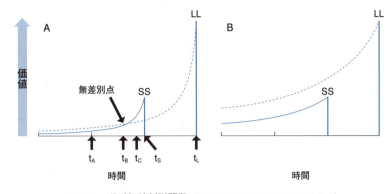

図 4.58 遅延価値割引関数（Mitchell et al., 2015 から作成）

$$V = \frac{A}{1 + kD}$$

Vは価値，Aは強化量，Dは遅延時間，kは遅延に対する感度を示している。kの値が大きければ大きいほど，時間経過に伴う価値の低下が大きくなる。図 4.58 は，遅延価値割引関数に基づいたより早く手に入る**小さな報酬**（smaller-sooner reward；SS）と待たなければならない**大きな報酬**（larger-later reward；LL）の時間経過に伴う価値の変化を示している。たとえば，図 4.58 の左側のAのグラフは，SSとLLの強化量の比を1対3，k = 0.128，時間軸を任意としたグラフである。図中の t_A の時点で，SSは $(t_S - t_A)$ 後，LLは $(t_L - t_A)$ 後に強化子が得られる。この時点では，SSの価値よりもLLの価値が高い。次に，t_B の時点（**無差別点**（indifference point））では価値が同じになり，t_C の時点では，$(t_S - t_C)$ 後に手に入るSSが $(t_L - t_C)$ 後に手に入るLLよりも価値が高くなる逆転が起きることを示している。これは，1年後にもらえる1,000円と1年2カ月後にもらえる3,000円を選ばせると，1年2カ月後にもらえる3,000円を選択するが，それぞれの待ち時間を1年短くして，今すぐもらえる1,000円と2カ月後の3,000円の選択をさせると，今すぐもらえる1,000円を選ぶ人が増えることと対応している。この価値の逆転は，遅延に対する敏感度と考えられるkの値が小さいと起きない場合も生じる。右のグラフBは，k = 0.021として描いたものであり，LLのほうが一貫して高く，

価値の逆転は起こらない。実は，Aのグラフは喫煙者，Bのグラフは非喫煙者から得られたk値（Mitchell, S. H. et al., 2015）を基に描いたグラフで，喫煙者のほうが衝動的選択をしやすいことがわかる。注意欠陥多動性障害と診断されている実験参加者のほうが，診断を受けていない実験参加者よりもk値が高いことが報告されている。また，グリーン他（Green, L. et al., 1994）は，若年者のほうが年齢の高い実験参加者よりも遅延割引率が高いことを見出している。

衝動的な選択は，SSが得られるまでの時間が短いほど生じやすいが（図4.58のAのt_C），早めに選択をする場合にはセルフ・コントロールが生じやすい（図4.58のAのt_A）。今すぐ起きるか，もうちょっと寝るかという選択を朝の時点で行うと，つい眠気に負けて二度寝をしてしまい遅刻する。これを避けるために，事前に衝動的な選択ができないように状況を設定することが可能である。たとえば，寝る前に，枕元から遠いところに複数の目覚まし時計を設置すると，手を伸ばしても届かないので，必ず起きださないと止めることはできない。このように，事前にセルフ・コントロールを行うように選択を狭めるやり方を**先行拘束**（commitment）とよぶ。

ラックリンとグリーン（Rachlin, H., & Green, L., 1972）は，反応キーが2つあるスキナーボックスを用いて，一方のキーへの反応は，一定時間後にSSとLLの選択を迫られるが，他方のキーへの反応は，LLの選択のみが可能な強化スケジュールでハトの選択行動を検討した。まず，2つのキーに白色光が点灯され，どちらか先にFR 25を充たした場合，右キーの場合は，T秒の遅延時間後に左右のキーに赤と緑の色光が点灯された。左右の位置はランダムとされた。赤のキーを1回つつくと即時に餌が2秒間摂取可能になり，6秒の暗間隔の後，最初に戻った。緑のキーを1回つつくと4秒間の暗間隔の後，4秒間餌が摂取可能になった。左キーが選択された場合は，T秒の遅延時間後に左右のキーに黒（消灯）と緑の色光が点灯され，左右の位置はランダムとされた。緑のキーを1回つつくと4秒間の暗間隔の後，4秒間餌が摂取可能になった。黒のキーへ反応しても何も生じなかった。右の反応キーへの反応は，T秒後に再度選択が要求されるのに対して，左のキーへの反応は，T＋4秒後に，強化量の多いLLへの選択のみが要求されるように事前に選択する先行拘束反応である（図

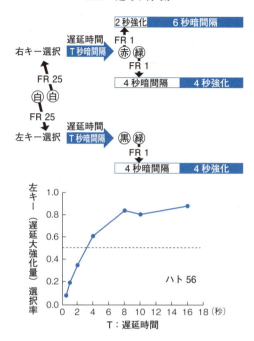

図 4.59 ラックリンとグリーン（1972）の先行拘束手続きと 1 羽のハトの選択結果
(Rachlin & Green, 1972 の表 1 から作成)

4.59 上）。10 試行は，右と左のどちらかのみが選択可能な強制試行を行い，その後両キーが点灯される自由選択試行を 40 試行行ったところ，遅延時間 T が増加するに従って，先行拘束キーである左キーへの反応が増加した（図 4.59 下）。遅延割引関数で，SS と LL の価値が同値になる点（図中の無差別点）よりも前の時点では LL の価値が高いが，このような時点は，先行拘束実験での遅延時間 T 値が十分長いときであり，LL の価値が高い時点では，先行拘束が生じやすいといえる。

4.12.3 行動経済学

　何が強化子となるのかを説明する行動制限理論（4.4.2 参照）で，経済学の用語である「至高点」を用いた説明がなされているが，選択場面でも経済用語を取り入れ，選択行動を説明・予測しようとする分野として**行動経済学**

(behavioral economics) が発展している。

　物の価格が上昇した場合，コーヒーなどの嗜好品はてきめんに消費が減少するのに対して，米などの生活必需品はそれほど減少しない。需要と供給の関係である価格変化の消費への影響度を**需要弾力性**（demand elasticity）とよぶ。価格は入手するのに必要な反応コスト（たとえば1強化子あたりのFRの値やVIの値），消費は実際に得られた強化量に対応づけることが可能である。ハーシュとネイテルソン（Hursh, S. R., & Natelson, B. H., 1981）は，反応コストを変化させたときにラットにとって脳内刺激と餌が同じように機能するかどうか，ラットが24時間生活している飼育ボックスを利用して検証した。飼育ボックスには2つのレバーがついており，一方のレバーへの反応は脳内電気刺激，他方への反応はペレットが提示された。水は自由に摂取可能であった。両方のレバーへの反応に対する強化スケジュールは同一のVIスケジュールであり，それぞれ独立して動いていた。VI値は3〜60秒の間で変化した。また，左右への反応を連続して行ったときに，偶発的な強化が起こり，左右のレバーを頻繁に切り替える連鎖反応が生じるのを防ぐために，一方のレバーを押して，他方のレバーを押してから最低2秒以内の反応は強化されない**切替え遅延**（changeover delay）が行われた。反応は24時間可能であった。VI値を上げた結果として1回の強化を得るための反応数が増加するのに伴って，脳内電気刺激が提示されるレバーで得られた1時間あたりの電気刺激の回数（消費）は急激に低下するのに対し，餌が得られるレバーで得られた1時間あたりの餌の個数（消費）は，やや低下するもののほぼ一定であった（**図4.60**）。これは，電気刺激は餌に比べて需要弾力性が高いことを示している。一方，餌は，価格（反応コスト）が上昇しても消費はそれほど減少せず，需要弾力性が低い。

　われわれは限られた予算の中で生活している。その予算の中で複数の商品を購入する。そのとき，どの商品をどれくらい購入するかという選択がある。経済学の**効用最大化**（utility maximization）**理論**では，2つの財（商品など）があった場合，A財をX割，B財をY割消費した場合に効用（満足度）が最大になる組合せがあると仮定する。財には，ステーキとハンバーグのように互いに置き換え可能な代替財と，2つ揃ってはじめて成り立つような左右の靴のよ

4.12 選択行動

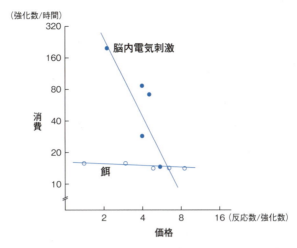

図 4.60　脳内電気刺激と餌の需要弾力性（白丸は餌，色丸は脳内刺激）
（Hursh & Natelson, 1981 の図 4 から作成）

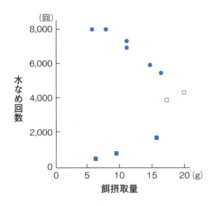

図 4.61　餌と水の摂取量の変化（Allison & Mack, 1982 から作成）

うに置き換えが難しい補完財がある。補完財の場合は，右側の靴をいくら増やしても左側の靴がないと効用は高まらない。選択実験においては，餌と水がよく使用される。アリソンとマック（Allison, J., & Mack, R., 1982）は，自由に餌と水が摂取可能な状態でラットの餌と水の摂取量を計測した後（図 4.61 の白丸），餌の提示量を変化させ，水の摂取量を測定した。餌の提示量が減少す

ると水の摂取量が増えた（図 4.61 の色丸）。一方，自由摂取後（図 4.61 の白四角），水の提示量を減少させると餌の摂取量も減少した（図 4.61 の色四角）。水で餌の代替えは可能であるが，餌で水の代替えは難しいことがわかる。

需要弾力性や代替え・補完性という概念を導入することにより，脳内電気刺激と水と餌のような質の異なる強化子間の選択行動の予測・分析が可能になりつつある。

4.13 オペラント条件づけに内在するレスポンデント条件づけ

オペラント条件づけは，弁別刺激→反応→強化という三項随伴性により反応が形成・維持される。一方，レスポンデント条件づけは，条件刺激→無条件刺激の対提示によって条件反応が形成・維持される。オペラント条件づけにおいても弁別反応が形成されると，弁別刺激の後に強化子が時間的に接近して対提示されるようになる。オペラント条件づけに，レスポンデント条件づけが内在している。

ブラウンとジェンキンズ（Brown, P. L., & Jenkins, H. M., 1968）は，ハトの反応とは無関係に，平均 60 秒間隔でキーライトを 8 秒間点灯直後に，4 秒間穀物を提示した。対提示を繰り返すと，36 羽全ての個体でキーライトへの反応が生じた。実験者が反応を手動で形成する反応形成（4.6 参照）をしなくても，自動的に反応の形成が可能であったことから，自動反応形成（autoshaping）と名づけられた。

その後，ウィリアムズとウィリアムズ（Williams, D. R., & Williams, H., 1969）は，キーライト点灯中に反応するとキーライトは消灯し強化子は提示されず，反応しなければキーライト消灯後に強化子が提示される手続きでも反応し続けることを報告している。この現象は自動反応維持（automaintenance）とよばれている。また，ジェンキンスとムーア（Jenkins, H. M., & Moore, B. R., 1973）は，一方の刺激の後には穀物，他方の刺激の後には水を提示したところ，対提示されるそれぞれの強化子を摂取する反応に類似した反応が，対にされた刺激に対して生じることを報告している（図 4.62）。これは，レスポン

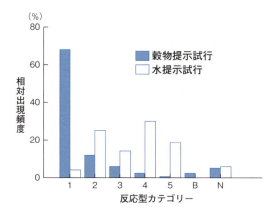

図 4.62 穀物提示試行と水提示試行における 1 羽のハトのキーつつき反応の反応型の相対頻度（Jenkins & Moore, 1973 の表 6 から作成）
1：明白な摂食型，2：ほとんど摂食型，3：どちらか不明，4：ほとんど摂水型，5：明白な摂水型，B：両方型，N：評定不能。

デント条件づけで提唱されている，条件刺激と無条件刺激の置き換えで生じるという刺激置換仮説（stimulus substitution hypothesis）に一致している。

一方，ティンバーレイクとグラント（Timberlake, W., & Grant, D. L., 1975）は，ラットに対して生きたラットを提示し，その直後に餌を提示すると，提示されたラットを前足でなでたり，毛繕いするなどの社会的行動が生じることを報告している。ティンバーレイク（Timberlake, W., 1994）は，条件づけられるのは，生態学的に備わっているその種に特有な行動システムであり，この行動システムに含まれるいずれかの行動が，自動反応形成された反応として現れるという行動システム理論（behavior system theory）を提唱している。

4.14 オペラント条件づけの応用

オペラント条件づけは，医療・臨床現場，教育現場，企業のマネージメントなど，さまざまな現場で応用されているのに加えて，オペラント条件づけを用いて，発達現象や比較認知などの研究に利用されている。

4.14.1 さまざまな現場での応用

オペラント条件づけに基づいた行動変容の手続きは，以下のような手順で行うのが一般的である．

1. 目標行動の決定
2. データの収集とグラフ化および**関数分析**（functional analysis）
3. 介入
4. 介入効果の評定と介入方法の修正・改善

　目標行動を決定するときに注意すべき点は，下記のことである．まず，倫理的・社会的に問題にならないかどうか検討し，適切な目標行動を見出す．次に，誰が行っても行動を客観的に計測できるように定義する．どの程度行動が増加，あるいは低下した場合に効果があったというのか，その基準を事前に明確にする．また，目標行動の生起する場所やタイミング，行動の主体を明確にする．

　介入を行う前に，現状では目標行動がどの程度生じているのかをみるためにベースラインの行動レベルを測定する．測定結果はグラフ化し，問題行動の行動随伴性を記述する．その行動随伴性に基づいて目標行動の維持あるいは抑制する行動随伴性の分析・発見を行う．この行動随伴性に基づいた分析を**関数分析**（functional analysis）という．

　介入では，関数分析により推定された目標行動の行動随伴性をもとに，行動の原理を用いて目標行動の変容を実施する．ベースラインに比べて，介入による変化がみられるかどうか目標行動の測定を続ける．このとき，少数例の実験デザインに基づいて効果検証を行う．少数例の実験デザインの代表的なものとして，ベースライン（A）→介入（B）→ベースライン（A）の順で実施し，介入期に目標行動が変容し，再度ベースラインに戻すと，再度目標行動が元に戻るかどうかを検証する **ABAデザイン**や，複数の対象者や行動や場面で介入時期をずらしながら実施する**多層ベースライン**（multiple baseline）**デザイン**が使用されている（図 4.63）．

　少数例の実験デザインなどに基づいた分析から行動変容がみられない場合は，再度関数分析を行い，介入方法を修正し，再度介入を試みる．

4.14 オペラント条件づけの応用

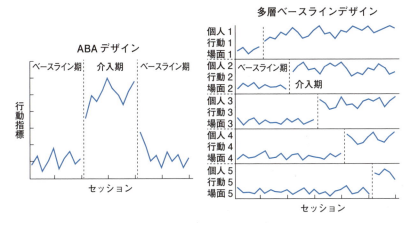

図 4.63　少数例の実験デザイン

1. 医療・臨床現場

エイロンとアズリン（Ayllon, T., & Azrin, N. H., 1965）は，**トークンエコノミー**（token economy）を用いて，44名の統合失調症の患者の病棟内での奉仕作業を強化することで，作業が増加するかどうかを検討した。トークンは代用貨幣ともよばれ，病棟内の給仕の手伝いをしたり，電話に出たりするとトークンが与えられた。トークンは，ある程度たまった段階で，好きな部屋が選べたり，奉仕作業が短縮されたりなど，それらの権利と交換可能であった。まず，トークンエコノミーを実施し，次に一旦トークンエコノミーを停止し，再度導入する順で行った。トークンエコノミーを実施している最初と再度導入した介入期では，作業の従事時間が長いが，トークンエコノミーを停止した時期の作業の従事時間は短くなっている。これは病棟におけるトークンエコノミーの有効性が示された実験である。最初に介入を行い，その後，介入を止め，再度介入期に移行するこのような実験デザインを **BABデザイン** とよぶ（図 4.64）。

トークンエコノミーを導入する場合は，以下の点を事前に決める必要がある。まず，目標行動を定め，使いやすいトークン（シールなど）を決め，交換できるバックアップ強化子を定める。さらに，毎回トークンで強化するのかあるいは間欠的に強化するのかという強化スケジュールを決定する。さらに，どのく

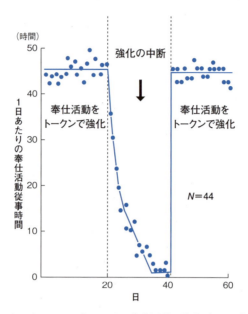

図 4.64　トークンエコノミーによる奉仕活動の強化（BAB デザイン）
（Ayllon & Azrin, 1965 から作成）

らいトークンがたまったらバックアップ強化子と交換するのかそのレートを決定する．最後に，トークンをバックアップ強化子と交換する時間や場所をあらかじめ決めておく必要がある．

2. 教育現場

　ホプキンス他（Hopkins, B. L. et al., 1971）は，あまり積極的に課題をやろうとせず，課題を完了するのに時間のかかる 14 名の小学 1 年生に対して，プレイルームで遊べることを強化子（**活動性強化子**；activity reinforcer）とした場合，与えられた課題を早く完了できるようになるかどうか検討した．まず，ベースラインとして，課題を黒板に板書し，その課題の清書が終わると，生徒は教員の机に提出し，点数をもらったら他の全ての生徒が終わるまで席で待つことが要求された（図 4.65 のベースライン）．次に，50 分の授業時間中に早く終わったら，残りの時間はプレイルームで遊べることを告げた．早く課題が終わると，その分，多めにプレイルームで遊ぶことができた（図 4.65 の PR-

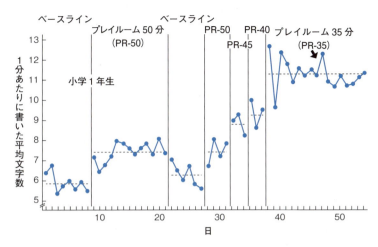

図 4.65 プレイルームでの活動を強化子とした介入 (Hopkins et al., 1971 から作成)

50)。再度,ベースラインに戻した後,50分の残りの時間を遊べる条件に再度戻した。その後は,45分,40分,35分以内に完了した場合,その残りの時間をプレイルームで遊べる条件で実施した。プレイルームで遊べるという条件に移行すると,1分あたりの書いた文字数が増え(課題の完了時間が早くなった),強化をやめると低下していることから,プレイルームで遊べるという随伴性が効果があるといえる。この研究の最初の3条件のみを取り上げると,ABAデザインになっている。

医療・臨床現場で用いられてきたトークン経済は教育現場でもよく使用される。教育現場では,シールやビー玉などがトークンとして用いられ,バックアップ強化子としては,前述のようなプレイルームでの遊びなどが用いられる。

3. 日常生活

ホールとフォックス(Hall, R. V., & Fox, R. G., 1977)は,22歳の女性が禁煙するために自身で随伴性を設定してタバコを止めることができた事例を紹介している。彼女はぜんそくの既往歴があり,今まで,3度タバコを止めようとしたが失敗していた。朝起きたときと寝るときの2回,ケースの中のタバコの本数を数え,その日に吸った本数を記録した。本数を正確にカウントする

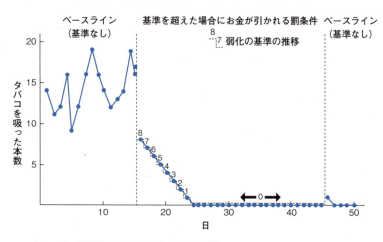

図 4.66　基準変更デザインを用いた禁煙（Hall & Fox, 1977 から作成）

ために，友人が定期的にチェックした．2週間，ベースラインとして1日の本数を記録した後，友人に 25.99 ドル渡した．この金額は，彼女が欲しいと思っていた靴と同じ金額で，実験が成功したら買うことにしていた．15日めから1日の本数の上限を定め，8本から毎日1本ずつ減らして，9日かけて0本になるように基準を変更した．もし，この基準を超えた場合は，預けた 25.99 ドルから3ドルずつ友人がもらえるという**行動契約**（behavioral contract）を交わした．0本になっても 22 日間は引き続き実施し，実験の開始から 46 日めに，預けた 25.99 ドルを友人から返してもらい，欲しかった靴を買った．その後，買った当日に1本吸ったが，その後は吸っていない（図 4.66）．これは，セルフ・コントロール（4.12.2 参照）を行うために，自分で弱化の手続きを設定した事例である．この実験のように基準を徐々に変化させるやり方を，**基準変更**（changing criterion）**デザイン**とよぶ．

4.14.2　研究での利用

言語が利用できない乳児の発達現象やヒト以外の動物の認知機能の解明のために，オペラント条件づけを用いたさまざまな研究方法が開発されている．

4.14 オペラント条件づけの応用

1. 発達心理学

ワーカー他（Werker, J. F. et al., 1997）は，乳児の音声知覚の研究に，頭部回転反応をオペラント反応とするオペラント条件づけ手続きを用いている。養育者・乳児のペアおよび実験助手は，防音室の中に座り，乳児は実験助手とテーブルをはさんで養育者の膝に座らされた。第2の実験者は，防音室の外におり，コンピューターを操作し，マジックミラー越しあるいはモニター画面で乳児の様子を観察した。乳児に対して提示される音声が聞こえないように，養育者および実験助手に対してヘッドフォンから音楽が流された（乳児に対して養育者や実験助手が反応の手がかりを与えないように配慮されている）。防音室にスピーカーと暗い半透明のアクリルの箱が養育者と乳児から見て横の壁の一方に設置されていた。乳児を楽しませるために，実験助手は明るい色で彩色されたおもちゃを見せ，実験助手が見せているおもちゃを見ているが，完全には気を奪われてはいない準備状態になった場合にボタンを押した。ボタンが押されると，コンピューターは音声が変化する実験試行か，あるいは，音声が変化しない統制試行のどちらかを決定し，スピーカーから音声が提示された。音声の提示中に音声が変化した場合に，乳児が半透明箱のほうを向いた場合は，暗い箱に照明がともり，おもちゃの動物が動く感性強化子によって強化した。

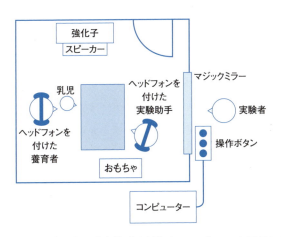

図 4.67　乳児の頭部回転反応条件づけ実験（Werker et al., 1997 から作成）

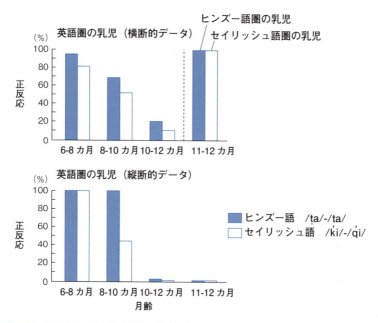

図 4.68　乳児の母語以外の言語の音素の弁別能力（Werker & Tees, 1984 から作成）

　これに加えて，実験助手は乳児に対してほほえみ，褒めた。誤反応は強化されなかった。実験者は，乳児の反応を観察し，頭部回転反応が生じた場合，ボタンを押し，そのボタン押し反応が乳児の反応として記録された（図 4.67）。
　ワーカーとティーズ（Werker, J. F., & Tees, R. C., 1984）は，同様な手続きで英語圏の大人は弁別できないアメリカ先住民の言語の音素やヒンズー語の音素を用いて，生後 6〜12 カ月の乳児に弁別実験を行ったところ，生後 6 カ月の乳児は弁別できるが，生後 12 カ月になる頃には弁別できなくなることを発見した（図 4.68）。乳児は，全ての言語の音素を弁別できるが，生後 1 年を経過する頃には，母語にない音素の弁別能力（たとえば，日本人では /ra/-/la/ の弁別）が失われていくことが明らかになった。この発見は，発達とはできなかったことができるようになることだというそれまでの発達観を覆す発見で，発達研究に多大な貢献をしている。

2. 動物精神物理学

オペラント条件づけは動物精神物理学によく利用される。ブラウ（Blough, D. S., 1958）は，ハトの明るさの刺激閾や弁別閾を測定するための方法を開発している。ヒトの聴力測定には上下法（up-down method）がよく使用される。この方法では，特定の周波数の純音が，かすかな音量からの提示で始まり，徐々に音量が増大していく。実験参加者は音が聞こえた時点でボタンを押し，ボタンが押されると今度は逆に音量が小さくなっていき，聞こえなくなった時点でボタンを放すことが要請される。ボタンが押されなくなると，再度音量が増大する。これを繰り返すと，ちょうど聞こえるか聞こえないか，ぎりぎりの音量である刺激閾付近を音量が上下するようになる。この刺激閾が聴力として採用される。ブラウは，この上下法で要請されるボタン押し反応の代わりに，オペラント条件づけで形成・維持したキーつつき反応を利用した。以下は，ハトの暗順応時の刺激閾を測定した実験である。

ハトは，A と B の反応キーの上側に点状に提示される光点が見えた場合は，キー A に反応し，見えなくなった場合はキー B に反応するように訓練された。ハトにとって輝度が閾値以上なのか以下なのかは実験者からはわからないため，光源がシャッターで閉ざされたとき（確実に見えないとき）のキー B への反応のみが強化された。キー A へは 1～8 回反応することが要求され，この条件を満たすとシャッターが閉ざされ，キー B に反応すると強化された。強化後，反応がなくてもシャッターが閉じられる場合があった。この場合の設定時間は，平均 7.5 秒（0～15 秒）であった。十分，訓練が進んだ段階で，キー A への反応は光源の輝度をわずかに低下させ，キー B への反応は輝度をわずかに上昇させる上下法に移行した。十分光源が見える場合は，キー A への反応が多いため，輝度が低下し，見えなくなるとキー B への反応が生じるため，輝度が再び増大する。テストセッションでは，暗箱の中で暗順応させた後，一定の明るさの光を一定時間点灯し明順応させた後，暗くされた実験箱の中で実験を行った。実験中のハトの反応によって変化した光源の輝度が自動的に記録された（図 4.69 の左）。図 4.69 の右のグラフは，光源の輝度の変化の記録であり，最初にあまり輝度が低下せず，ある時点を超えたところで急激な低下を示して

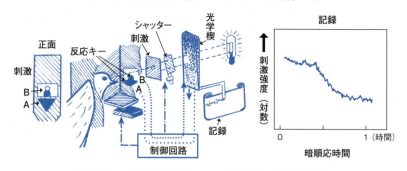

図 4.69 ハトの暗順応（Blough, 1956, 1958 から作成）

いる。初期のあまり変化しない部分は，錐体細胞の順応，急激に低下を示している部分は桿体細胞の順応に対応しており，ヒトに類似した暗順応を示すことが明らかになった。

●練習問題

1. 三項随伴性とはどのようなことか，具体例で説明してみよう。
2. 反応の頻度を増加させる反応結果と，低下させる反応結果にはどのようなものがあるか具体例をあげてみよう。
3. 提示型強化と除去型強化の違いについて説明してみよう。
4. 自発的回復と反応復活の違いについて説明してみよう。
5. 迷信行動とは何か，日常生活の例をあげて説明してみよう。
6. 関数分析とはどういうことなのか説明してみよう。
7. 強化子として機能する刺激にはどのようなものがあるのか具体例をあげてみよう。
8. 反応機会が強化として機能する現象を説明するものとしてはどのようなものがあるのか説明してみよう。
9. 強化の生物的制約と本能的逸脱について説明してみよう。
10. スキナーボックスの構造について説明してみよう。
11. 反応形成に必要な要因を3つあげてみよう。
12. 代表的な4つの強化スケジュールについて説明してみよう。
13. 消去抵抗と変化抵抗の相違について説明をしてみよう。
14. 正の行動対比と負の行動対比の違いについて説明してみよう。

15. 無誤学習の手続きを説明してみよう。
16. 般化と頂点移動と領域移動は，どのような現象なのか説明してみよう。
17. レイノルズの「注意」実験の手続きと結果について説明をしてみよう。
18. ヒト以外の動物における概念学習の訓練手続きについて説明してみよう。
19. 時間弁別訓練の方法について説明してみよう。
20. 刺激等価性が形成される手続きについて説明してみよう。
21. 動機づけ操作の具体例をあげてみよう。
22. 日常生活における言語条件づけの具体例をあげてみよう。
23. 嫌悪性制御の副作用について列記してみよう。
24. 学習性無力感における免疫化とはどのようなことを指すのか説明してみよう。
25. 選択行動に影響を与える要因として何があるかあげてみよう。
26. 強化の対応法則は何を予測するのか説明してみよう。
27. 衝動性とセルフ・コントロールの具体例をあげてみよう。
28. 行動経済学における需要弾力性とは何か説明してみよう。
29. オペラント条件づけの応用の事例をあげてみよう。

●参考図書

アルバート, P. A.・トルートマン, A. C. 佐久間 徹・谷 晋二・大野裕史（訳）（2004). はじめての応用行動分析 日本語版 第2版 二瓶社

ボールドウィン, J. D.・ボールドウィン, J. I. 内田雅人（訳）(2003). 日常生活の行動原理——学習理論からのヒント—— ブレーン出版

広田すみれ・増田真也・坂上貴之（2018). 心理学が描くリスクの世界 [第3版]——行動的意思決定入門—— 慶應義塾大学出版会

伊藤正人（2005). 行動と学習の心理学——日常生活を理解する—— 昭和堂

岩本隆茂・高橋雅治（1988). オペラント心理学——その基礎と応用—— 勁草書房

実森正子・中島定彦（2019). 学習の心理 [第2版]——行動のメカニズムを探る—— サイエンス社

メイザー, J. E. 磯 博行・坂上貴之・川合伸幸（訳）(2008). メイザーの学習と行動 [日本語版 第3版] 二瓶社

日本行動分析学会（編）(2019). 行動分析学事典 丸善出版

小野浩一（2005). 行動の基礎——豊かな人間理解のために—— 培風館

レイノルズ, G. S. 浅野俊夫（訳）(1978). オペラント心理学入門——行動分析への道—— サイエンス社

渡辺 茂（編）(2000). 心の比較認知科学 ミネルヴァ書房

連合学習（3）
——感覚運動学習

　感覚運動学習は，技能学習ともよばれ，タイピング，ピアノ，書道など，感覚系（視覚や聴覚）と運動系の供応によって行われる技能の学習を指す。本章では，感覚運動学習における効果的な学習法や，効果的なフィードバックの与え方について概説する。

5.1 練習方法の効果

スポーツや習字などの技能は，最初から上手くできることはまれで，練習を必要とする。練習をするときに，集中して練習したほうが効率がよいのか，あるいは休みを入れながら練習したほうがよいのか，どのようなフィードバックを与えたらより早く習得できるのかなど，さまざまな学習方法の比較検討が行われている。

5.1.1 全習法と分習法

全習法（whole method）とは，その技能に含まれる一連の反応をひとまとめにして初めから終わりまで練習し，それを反復する方法であり，**分習法**（part method）は，それぞれの部分反応を別々に練習していく方法を指す。

クルツとリー（Kurtz, S., & Lee, T. D., 2003）は，36名の右利きの22～28歳の実験参加者を，2つの異なるリズムが同時に進行する**ポリリズム**（polyrhythm）を指でタップするスキル訓練を左右どちらかの指のみで行う分習法と，最初から両手でタップする全習法で訓練した。左手は900ミリ秒間隔でタップし，右手は600ミリ秒間隔でタップする課題で，左手の2回めのタップと右手の3回めのタップが同期するリズムであり，右手は左手の1.5倍タップすることが必要であった。それぞれのタイミングは，1,900Hzと4,500Hzの短音を提示して知らせた。分習法のグループの半数は，まず900ミリ秒間隔のタップを左手でのみ1試行40秒の試行を20試行行い，600ミリ秒の右手のみの試行を20試行行った。残りの半数は，逆の順で行った。全習法のグループは，左右同時に20試行実施した。また，第3のグループ（分習／全習）は，左右どちらかの手のみで行うが，他方のタイミングを知らせる音も同時に提示した。翌日，同じ試行を5試行行った後，3グループとも，左右それぞれ3試行，両手で3試行のテスト試行を行った。テスト試行では最初の10秒のみタイミングを告げる短音を流し，残りの30秒は無音であった。片手のみのテスト試行では，左手のタップ数と右手のタップ数の比はほぼ1.5で3グループで差がなかったが，両手の課題では，全習法グループが最も1.5に近く，より正

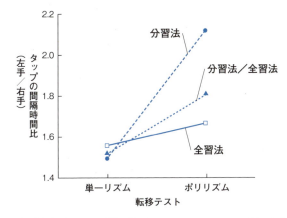

図 5.1　左手と右手のタップ数の比（Kurtz & Lee, 2003 の図 1 から作成）
正確なタップ数の比（左手／右手）は 1.5 である。

確であったのに対し，分習法のグループは比が 2.0 を超えており，かなりずれが生じた。片手のみの分習法であるが，両手のタイミングを告げる短音を聞いて訓練したグループは，全習法と分習法の中間になった（図 5.1）。この課題では，全習法のほうが分習法に比べて優れている。分習法は，航空機の操縦などきわめて複雑なスキル訓練に使用されることがあるが，概して全習法のほうが効果的である。

5.1.2　分散練習と集中練習

　休みを入れずに連続的に行う練習を **集中練習**（concentrated practice），一定の休憩を入れて練習する方法を **分散練習**（distributed practice）とよぶ。

　ロージ（Lorge, I., 1930）は，左右に反転して見える鏡に映った映像を見ながら，星形の細い回廊をはみ出さないようになぞっていく鏡映描写課題（図 5.2）を用いて，休みを入れずに練習を続ける集中練習と，試行ごとに 1 分間の休憩を入れる条件と，1 時間の休憩を入れる条件での学習速度を比較した。その結果，休みを入れない集中訓練に比べて，休憩を入れる 2 条件のほうが同一試行数で比較すると速く描けるようになっている（図 5.3）。

　キンブルとホールンスタイン（Kimble, G. A., & Horenstein, B. R., 1948）は，

第5章　連合学習（3）——感覚運動学習

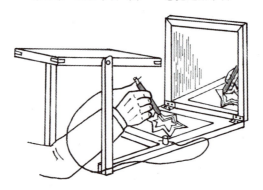

図 5.2　鏡映描写課題（Lorge, 1930 から作成）

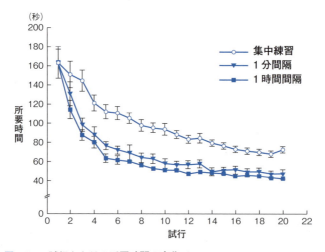

図 5.3　1試行あたりの所要時間の変化（Lorge, 1930 の表5から作成）

1秒間に1回回転する直径15インチの円盤の上に銀製の10セント大の円があり，そこに先端が90°に曲げられ，その先端の長さが3/4インチの全長6.5インチの銅製のタッチペンで触り続けると電流が流れて通電している時間がタイマーで測定できる装置を使い，長く触り続けられように練習する回転追跡技能学習課題を男子大学生に実施した。タッチペンの持ち手側は木製で，水平方向には動かせるが上下方向には動かないように固定されていて，触っている間

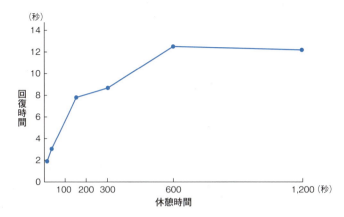

図 5.4 **休憩時間の効果**（Kimble & Horenstein, 1948 の図 1 から作成）

はブザーが鳴った。実験参加者は，50 秒間の練習と 10 秒間の休憩からなる練習試行を 10 試行行った後，10, 30, 150, 300, 600, 1,200 秒のいずれかの休憩時間後に 10 秒の休憩をはさんだ 2 回の 50 秒のテスト試行を実施した。2 回のテスト試行のタッチ時間の平均から練習試行の 10 試行めの平均タッチ時間を引いた回復指標が図 5.4 に示されている。600 秒休憩した条件が最も回復し，それ以上では若干低下している。課題により，挿入する最適な休憩時間は異なり，あまり休憩時間を長くすると，忘却が起き，かえって不利になることが知られている。

キンブルとビロドウ（**Kimble, G. A., & Bilodeau, E. A., 1949**）は，回転追跡技能学習において，練習時間が 10 秒あるいは 30 秒，休憩時間が 10 秒あるいは 30 秒の計 4 グループで学習曲線を比較した。両休憩時間とも，より練習時間が短い条件のほうの練習効果が高く，また，練習時間を固定した場合には，休憩時間が長いほうの練習効果が高くなっている（図 5.5）。

上述の結果を総合すると，分散練習のほうが集中練習に比べて学習が効率的であるように思えるが，集中練習を行った後，分散練習を行わせると，それまで分散練習のみを行っていた実験参加者と同等の反応遂行を示すことが報告されており，両者の差は一時的なものであることがわかっている。

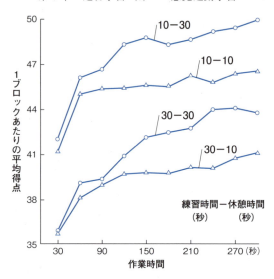

図 5.5　異なる練習時間と休憩時間における回転追跡技能の学習曲線
（Kimble & Bilodeau, 1949 の図 1 から作成）

5.2　技能の保持

　一般的に単純な技能は，一旦学習すると，比較的長期にわたって保持される（覚えている）。たとえば，子どもの頃に自転車に乗る練習をして乗れるようになった人は，数年乗っていなくても問題なく乗れる。

　スウィフト（Swift, E. J., 1905）は，2 名の実験参加者に片方の手だけで 2 個のボールを投げては取るジャグリングのスキルを練習させた後，練習を完全に中断し，1 名は 481 日後，もう 1 名は 463 日後に保持テストを行った。練習の最終 10 試行の総投げ上げ回数と保持テストの 10 試行の総投げ上げ回数は，前者が練習最終 10 試行で 1,051 回であったのに対して保持テストでは 1,187 回，後者が 1,268 回対 1,519 回で，1 年以上の休止期間があってもスキルが維持されていた。

　運動技能学習は，ヒト以外の動物でも長期にわたって保持されることが報告されている。彦坂他（Hikosaka, O. et al., 2002）は，ニホンザル（*Macaca fuscata*) の運動学習の長期にわたる保持について検証している。被験体がスタートボタンを押すと，目の前に置かれている縦横それぞれ4個ずつ配置された16個のLEDが点灯するボタンのうちの2個（1セットめ）が点灯し，あらかじめ決められた順でその2つのボタンを指で押すと水で強化され，さらに別の2個のボタン（2セットめ）が点灯し，正しい順序で2つのボタンを押すと強化されるという繰り返しが5セット続いたところで一連の訓練セット（ハイパーセット）が終了した。強化子の量は，最初のセットが最も少なく，最後の5セットめが最も多くなるように徐々に増やされた。もし，押す順番を間違えた場合は，全てのボタンのLEDが短時間点灯し，ブザーが鳴り，再度，スタートボタンを押して1セットめから開始しなければならなかった。1頭のニホンザルは，12種の異なるハイパーセットをそれぞれ4回繰り返す訓練を長期にわたって実施し，十分に正確に反応できるようになった時点で訓練を中断した。7カ月後の保持テストでは，以前に学習したハイパーセットと，未学習のハイパーセットを実施し，その両ハイパーセットでの誤反応数を比較すると，7カ月も前に学習したハイパーセットの誤反応数は0に近く，新たなハイパーセットでは10倍近い誤反応が生起した（図 5.6）。これは，ニホンザルが過去に習熟した運動学習を7カ月にわたって保持していることを示している。

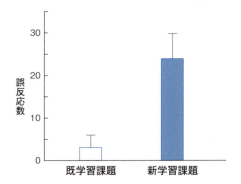

図 5.6　1頭のニホンザルが学習7カ月後に12個の既学習ハイパーセット課題と6個の新たなハイパーセット課題を遂行したときの誤反応数
（Hikosaka et al., 2002の図2から作成）

5.3 運動技能学習の転移

先に学習した別の学習が次の学習を促進する場合は正の転移（positive transfer），逆に妨害する場合は負の転移（negative transfer）とよぶ。右手で練習した効果が，左手の作業の練習を促進する場合（あるいは左右が逆の場合）は，両側性転移（bilateral transfer）とよぶ。右手で鏡映描写課題の学習を行うと，左手での反応遂行が促進される。また，他方の手でのピアノの練習が，反対側の手の学習を促進する。両側性転移は，サッカーやバドミントンなどのスポーツの練習においても認められている。

5.4 フィードバックの効果

運動学習の速度は，フィードバックの与え方により影響を受ける。フィードバックには自己の手足を動かすことによって生じる内的な感覚である内的フィードバック（internal feedback）と，スポーツのコーチや観客から与えられる外部からの外的フィードバック（external feedback）がある。また，反応遂行の結果がどうであったかを知らせる結果の知識（knowledge of results；KR）と，どのように反応遂行を行ったかを知らせるパフォーマンスの知識（knowledge of performance；KP）がある。KRには，単に正しい／間違い，当たった／外れたなどのフィードバックを与える質的フィードバックと，間違いの程度や外れた誤差などの量的な情報を与える量的フィードバックがある。

フィードバックを与えない場合に比べて，KRを与える場合のほうがより反応遂行の精度が高まり，さらに，質的なKRより量的なKRのほうが反応遂行の精度が高まることが知られている。ただし反応遂行の誤差の，フィードバックの精度を高くしすぎると逆に反応遂行の精度が低下する場合がある。ロジャース（Rogers, C. A., 1974）は，目盛りが見えない状態で，板金などの厚さを測るマイクロメータのダイヤルを回して，ちょうど4±0.5インチになったところで止める訓練を行った。ダイヤルは1回転で0.25インチ動かすことができた。実験参加者にはターゲットの値は知らせずに，ターゲットからど

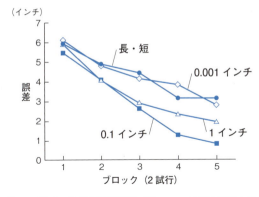

図5.7 フィードバックの精度の効果 (Rogers, 1974の表1から作成)

れくらいずれているかについて，4種のフィードバックを行った。第1群の実験参加者には，ターゲットより長かったかあるいは短かったかのフィードバックのみを行い，他の3群に対してはそれぞれ1インチ単位，0.1インチ単位，0.001インチ単位でその誤差のフィードバックを行った。計10試行実施したところ，いずれのグループも誤差が小さくなった。最も誤差が小さくなったフィードバックは0.1インチであり，最も精度の高い0.001インチは，単に長短のみを知らせた群と同様であった（図5.7）。ブルーのライトが点灯してから，一定時間で電鍵を押す作業においても，中程度の精度のフィードバックのほうが高精度のフィードバックよりも精度が高くなっている。フィードバックの精度を高くしたほうが，反応遂行の精度が上昇するが，高くしすぎるとかえって精度が落ちることを示している。

フィードバックをなくした保持テストでは，フィードバックの頻度が高いほうが，フィードバックが少ない訓練に比べて反応遂行の精度が低下する場合があることが知られている。ウルフ他（Wulf, G. et al., 1993）は，手元が見えない状態で，レバーを決められた動きに合わせて水平方向に動かす学習課題で，KRを毎試行提示する100％条件と，徐々にKRの頻度が減少し，トータルすると67％になるように設定された67％条件でフィードバックの頻度の効果を比較している。KRは，白色で描かれたターゲットとする動きの軌跡

と，黄色の実験参加者の動かした軌跡の両方と2つの軌跡の差の平均平方根（root-mean-square；RMS）偏差の数値のモニター画面上への5秒間の提示であった。練習試行および，訓練されていない動きへの転移テストでは両群で有意な差はみられなかったが，1日後の，KRをいっさい提示しない既学習の動きの保持テストで67％条件群の成績のほうが100％群に比べて有意に高くなった。フィードバックを与えすぎると，フィードバックに依存して反応遂行するようになるため，フィードバックがなくなると上手く実行できなくなることを示している。

ヒト以外の動物のオペラント学習の場合，反応と強化子の提示の間に遅延時間を入れると，強化力が急激に低下する（4.2.4参照）。しかし，ヒトでは反応とそのフィードバックであるKRの間に遅延時間を入れても，急激な反応遂行の低下は生じないことが報告されている。これは，ヒトの場合，自身の反応を言語的に記述し，記憶し，遅延されたフィードバックと照合することが可能であることによるものかもしれない。

KRとKPも運動学習に効果的であるが，反応遂行の仕方についてのフィードバックを与えるKPが，より効果的であるという報告がスポーツコーチングなどの分野で報告されている。ジェネル他（Janelle, C. M. et al., 1997）は，非利き手でハンドボールをターゲットに向かって投げる訓練を行った。ボールの到達地点に関する情報を与えるKR群と，ボールのスローイングフォームの問題点についてコーチからフィードバックを受けるKP群を比較したところ，KP群のほうがよい成績を収めている。

フィードバックには，情報提供機能に加えて，正しいあるいは正確な反応を行った後に与えると，その反応遂行を強化し，維持する動機づけ効果もある。適切な頻度と適度な精度のフィードバックは，感覚運動学習に有効である。

●練習問題

1. 練習方法にはどのようなものがあるかあげてみよう。
2. 運動学習の保持の特徴について説明してみよう。
3. 正と負の転移および両側性転移について説明してみよう。
4. 運動学習において効果的なフィードバックはどのようなものか説明してみよう。

●参考図書

実森正子・中島定彦（2019）．学習の心理［第2版］――行動のメカニズムを探る――　サイエンス社

メイザー, J. E.　磯　博行・坂上貴之・川合伸幸（訳）（2008）．メイザーの学習と行動［日本語版　第3版］　二瓶社

社会的学習

　非連合学習や連合学習では，学習する主体（個人や個体）が，刺激の繰り返し提示や，刺激－刺激随伴性，刺激－反応－強化随伴性などを直接経験することが必要である。しかし，他者（他個体）が，上述の経験をしているのを知覚する（見る，聞く，嗅ぐなど）ことによって学習が行われる場合がある。これは，社会的学習（social learning）とよばれる。本章では，ヒト以外の動物の社会的学習とヒトの社会的学習について解説する。

6.1 ヒト以外の動物の社会的学習
6.1.1 局所強調と刺激強調

　他個体が特定の場所で強化される状況を観察することにより，その場所に対して注意する確率が高まり，学習が促進される場合がある．この現象は**局所強調**（local enhancement）とよばれている．

　エイブリー（Avery, M. L., 1994）は，46×46 m の天井のついた囲いの中の畑の一画に無害な種もみを撒き，別の箇所には食べると嘔吐や痙攣を引き起こす農薬であるメチオカルブを加えた有害な種もみを撒いた後，12羽のハゴロモガラス（*Agelaius phoeniceus*）を放鳥した．有害な種もみを食べることにより味覚嫌悪条件づけ（3.13.1 参照）が形成され，無害な種もみが撒かれている場所への滞在時間が，有害な種もみが撒かれた場所の滞在時間の5倍になった時点で，無害な種もみが撒かれた一画への飛来が多くなった経験が済んだ6羽を残し，半数を未経験な6羽と入れ替えた．さらに，経験が済んだ個体の数を減らしながら，未経験の個体を増やした群れや，未経験の個体のみの群れの種もみが撒かれた一画への飛来数や，種もみが撒かれた場所への滞在時間などを比較した．1羽でも経験済みの個体がいる群れは，放鳥された初日の種もみを見つけるまでの時間が短かった．未経験の個体のみからなる群れは，1時間以内に種もみを見つけることができなかった．また，経験済みの個体が1羽でもいる群れは，最初の放鳥時の最初の飛来区画はほとんどが無害な種もみが撒かれた一画であったのに対して，未経験の個体のみからなる群れは，すべて有害な種もみが撒かれた一画へ飛来した．これは，経験済みの他個体が特定の場所で採餌する行動を観察することにより，未経験の個体が無害な種もみが撒かれた場所を見つける発見学習が促進される局所強調の例である．

　また，他個体が触れたり動かしたりして特定の刺激にかかわっているのを観察することにより，その刺激と物理的に同じ刺激とかかわる確率が高まる場合がある．この現象は**刺激強調**（stimulus enhancement）とよばれている．

　花の蜜は花の種類や時期や時間帯によって，いつも満たされているとは限らない．どの花に蜜が満たされているかを知る手がかりとして最も有効なも

のは，同種のハチがどの花で採蜜しているかを観察することであろう。アバーガス-ウェバーとチトカ（Avarguès-Weber, A., & Chittka, L., 2014）は，縦横25×25mm，厚さ5mmのプラスチック板の中央に30％濃度のサッカリン溶液が40μL入った直径5mmのくぼみがある人工の「花」を使用して，セイヨウオオマルハナバチ（*Bombus terrestris*）の人工の「花」への飛来の仕方への他個体の存在の影響を検討した。ハチを，①他個体と一緒に6個の緑色の人工の「花」で採蜜する条件，②6個の緑色の人工の「花」のうち3個の「花」に粘土を焼き，彩色して作成したモデルバチを付けた「花」で採蜜する条件，③モデルバチの代わりにほぼ同じ大きさの白色の木製の立方体を付けた「花」で採蜜する条件，④統制群として，何も付いていない6個の緑色の「花」を単独で採蜜する条件のいずれかの条件を経験する4グループ（各20匹）に分け，1匹ずつ巣箱を出て採蜜し，巣箱へ戻る試行をそれぞれ5回行った。①の他個体と一緒に採蜜する条件の個体は，もう1匹のハチと一緒に採蜜を行わせた。2匹が同じ「花」で同時に採蜜した回数は5回の試行で平均8.7回，最少5回であった。その後，人工の「花」をこれまで採蜜したことがない赤色8個とクリーム色4個，あるいは，クリーム色8個と赤色4個の組合せで，8個の同色の「花」の半数にハチのモデルを付け，どの「花」で採蜜するのかを観察するテスト試行を個体ごとに行った。ただし，白色の木製の立方体を付けた「花」で採蜜したグループでは，モデルバチの代わりに白色の木製の立方体を付けた。テスト試行では，ハチが巣箱を飛び立ち，モデルバチあるいは木製の立方体が付けられた「花」の3cm以内に近づいて，モデルバチあるいは木製の立方体の存在を視認したと推定できた以降の，①モデルバチあるいは木製の立方体が付けられた「花」，②モデルバチあるいは木製の立方体が付けられた「花」と同色の「花」，③色の異なる「花」への飛来数，をそれぞれ計数した。他個体と一緒に人工の「花」の採蜜をした経験のあるハチは，モデルバチが付けられた「花」とそれらが付けられた「花」と同色の「花」の両方へ，異色の「花」に比べて有意に多く飛来したが，モデルバチあるいは木製の立方体の付けられた「花」で採蜜した経験のあるハチは，モデルバチあるいは木製の立方体の付けられた「花」に有意に多く飛来した。統制群のハチはとくに差はなかった。

他個体と一緒に人工の「花」で採蜜した経験のあるハチでは、モデルバチがとまっている（採蜜しているように見える）同じ色の人工の「花」に飛来先が般化する刺激強調が生じた。一方、動かないモデルバチや木製の立方体の取り付けられた人工の「花」で採蜜した経験のあるハチでは、モデルバチがとまっている人工の「花」の位置に注意が向けられる局所強調が生じた。

　マックオイドとガレフ（McQuoid, L. M., & Galef, B. G., 1993）は、ビルマセキショクヤケイ（*Gallus gallus spadecius*）の2羽の幼鳥に、餌は見えないように幼鳥の視線から撮影した①赤い印が付けられた皿、②青い印が付けられた皿、③赤い印が付けられた皿から2羽の幼鳥が採餌している様子、④青い印が付けられた皿から2羽の幼鳥が採餌している様子、のいずれかをTVモニターで餌をついばむ音と鳴き声の音声付きと音声なしの2条件で提示した。ビルマセキショクヤケイの幼鳥は、1羽のみで実験箱に入れると、危険を知らせるディストレスコールを鳴き続けるため、落ち着いた反応が得られる2羽のペアで実施した。その後、餌が入れられているが餌は新聞紙の短冊で完全に覆われて見えなくなっている赤い印の付いた皿と、青い印の付いた皿を左右ランダムに置き、どちらの皿で採餌を始めるかテストした。2羽の幼鳥が採餌している様子を観察した2羽の幼鳥は、餌皿のみを観察した2羽の幼鳥に比べて有意に早く餌皿から採餌を始め、さらに、音声付きの2羽の幼鳥が採餌している様子を観察した2羽の幼鳥のみが、採餌していた皿と同じ色の印が付いた皿から有意に多く採餌した。同種の個体の音声付きの採餌行動を見ることにより同じ印の付いた皿への刺激強調が生じた。

6.1.2　観察条件づけ

　他個体が特定の刺激に対して条件反応を示している状況を観察することにより、観察した個体もその刺激に対して同じ反応を示すようになる現象を**観察条件づけ**（observational conditioning）、あるいは**代理的条件づけ**（vicarious conditioning）とよぶ。

　ミネカ他（Mineka, S. et al., 1984）は、野生で育ったアカゲザル（*Macaca mulatta*）と研究室で育ったアカゲザルに、実物のヘビであるボアコンストリ

クター（*Boa constrictor*）やヘビのモデル，ゴム製のおもちゃのヘビ，黒や黄色のコード，無色および彩色されたブロックなどを見せ，接近反応などを観察したところ，野生で育った個体は本物のヘビやおもちゃのヘビに恐怖反応を示すが，研究室で育った個体は恐怖反応を示さないことを確かめた。その後，恐怖反応を示さない研究室で育った個体に対して，野生で育った個体がヘビに恐怖反応を示している様子を観察させ，ヘビに恐怖反応を示すかどうかテストしたところ，恐怖反応を示すようになったことを報告している。

母親が，ゴキブリに恐怖反応を示す様子を観察した子どもが，母親と同様にゴキブリに恐怖反応を示すようになるのは，この観察条件づけによって形成された恐怖反応であると考えられる。

6.1.3 観察学習

他個体が特定の刺激に対して反応した直後に強化されるのを観察することにより，刺激—反応—強化随伴性の学習が行われる学習を**観察学習**（observational learning）とよぶ。観察学習によって，反応レパートリーにない行動が獲得される場合と，すでに反応レパートリーにある反応の生起頻度が変化する場合がある。他個体が強化されているのを見ると反応が増加し，他個体が弱化や消去されているのを見ると反応が減少する。直接強化されなくても，他個体が強化されているのを観察することで，観察個体の行動が変化する学習は，**代理強化**（vicarious reinforcement）ともよばれる（Bandura, A. et al., 1963）。

他個体が，何かに対して反応して強化されている様子を観察して，その反応と同様な反応を獲得したとしても，局所強調による反応形成の促進や，刺激強調によって反応が形成された可能性を排除できず，反応の型（反応の仕方）と強化子との関係を学習したとは断定できない。観察個体の模倣の対象となるデモンストレーターが反応する対象（実験場面では，レバーや反応キー）の位置や，反応対象の刺激特徴が同じであり，反応の結果も同じであるが，複数の異なる反応が可能な条件で，デモンストレーターが自発し，強化された反応と同じ反応を観察個体が**模倣**（imitate）するかどうかを調べることにより，反応と強化の随伴性が獲得されたかどうかの検証が行われている。

ヘイズとドーソン（Heyes, C. M., & Dawson, G. R., 1990）は，天井からぶら下がったレバーをデモンストレーターが左側に動かして強化される様子を観察したグループは，どちらの方向に動かしても強化されるテスト試行において有意に左側に動かし，右側に動かして強化される様子を観察したグループは，右側に有意に動かした（図6.1）。この検証方法は，**双方向操作手続き**（bidi-rectional control procedure）とよばれている。

ヘイズとドーソン（Heyes, C. M., & Dawson, G. R., 1990）の実験では，両個体が向き合っているため，デモンストレーターが左側にレバーを動かすと，観察個体から見るとレバーは右側に向かって動く（図6.2）。デモンストレーターと同じ方向に動かした観察個体は，レバーの見かけの動きを再現しているのではなく，デモンストレーターの動作を模倣していると考えられる。ただし，デモンストレーターの一方向への反応によってついたレバーの片側の匂いが手がかりとならないようにする必要がある。

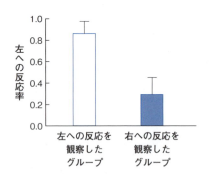

図6.1 双方向操作手続きの結果（Heyes & Dawson, 1990の本文中の値から作成）

図6.2 双方向操作手続きに用いられた装置（Heyes & Dawson, 1990の図1から作成）

6.1　ヒト以外の動物の社会的学習

ホシムクドリ（*Sturnus vulgaris*）に，ミールワームの入った餌箱のフタの栓をくちばしで押し入れて，餌を手に入れるデモンストレーターと，くちばしで栓を引き抜いて，餌を手に入れるデモンストレーターを，2 群の観察グループの個体に見せた。その後，観察群の個体がどちらのやり方で栓をはずすのかテストすると，36 羽中 30 羽が明確な反応を示し，その中で押す反応を観察した個体は，16 羽中 15 羽が押した。一方，引く動作を観察した個体は，14 羽中 7 羽が引く反応を行った。栓に釣糸を付け，実験者が隠れたところから釣り糸を上に引っ張って外れる様子と，下側に引っ張って栓が餌箱の内側に入る様子を見せたテストでは，24 羽中 14 羽がくちばしを明確に使用し，引く反応と押す反応を示した。栓が餌箱の内側に入る様子を観察した個体は，9 羽全個体が押す反応を示した。上に引っ張られて外れる様子を観察した個体は，5 羽中 1 羽のみが引く反応を示した。ホシムクドリの行動を観察した個体では，観察した反応の方向の違いで有意な差がみられたのに対し，釣り糸を使った遠隔操作による物理的な栓の動きを見た個体では，有意な差がみられなかった（Fawcett, T. W. et al., 2002）。この結果は，ホシムクドリの観察学習には同種の個体の反応を観察することが必要であることを示している。

双方向操作手続きと同様に，反応が模倣反応であるかどうかを確かめる方法として，2 種反応法（2-action method）が考案されている（図 6.3）。エィキンスとゼンタール（Akins, C. K., & Zentall, T. R., 1998）は，デモンストレーター

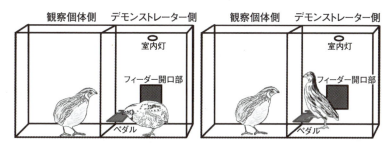

図 6.3　2 種反応法実験（Akins & Zentall, 1998 から作成）
左側に示されているペアの観察個体は，ペダルをつついて強化されている様子を観察し，右側に示されているペアの観察個体は，ペダルを踏んで強化されている様子を観察している。

がペダルをつついて強化される様子を観察した個体と，足で踏んで強化される様子を観察した個体を，ペダルのあるデモンストレーターが反応していた部屋に入れると，それぞれデモンストレーターと同じ反応を 80％以上行ったのに対し，反応しても強化されない様子を観察した個体は，一方の反応を多く行うという傾向はみられなかった。特定の反応の型と強化との随伴性の学習が，観察学習によってウズラでも生じることが示されている。

他個体の反応が消去される様子を観察すると，獲得された反応がより速く消去されやすくなる（消去抵抗が低下する）。ヘイズ他（Heyes, C. M. et al., 1993）は，レバーを左右いずれかに動かす反応を強化した後，他個体が，①観察個体が強化された方向と同じ方向にデモンストレーターが反応するが，強化されずに消去される様子を観察したグループと，②強化された方向とは逆の反応が消去される様子を観察したグループ，③レバーが取り外され，単に他個体がいる様子を観察したグループ，の3グループのラットに対し，消去テストを実施した。自身が強化された反応と同じ方向に他個体が反応し，消去される様子を観察した個体の反応数が最も少なく，消去テスト中の自発された総反応数は，①＜②＜③の順になった。自身が獲得した反応が他個体で消去される（強化されない）ことを観察すると，その反応が消去されやすくなる。この結果は，反応と消去随伴性の観察学習がラットで可能であることを示している。

AはBよりも強く（A＞B），BはCよりも強い場合（B＞C），AはCよりも強い（A＞C）ということをわれわれヒトは推論することができる。このような推論を**推移的推論**（transitive inference）とよぶ（4.8.7の2参照）。もし，Cが自分だと仮定した場合，過去に，Bと戦って負けたことがあり，その負けた相手であるBがAと戦って負けているのを見ると，自分（C）は，Aには勝てないということを推測し，無謀な戦いをAに挑むことは一般的に行わない。実際にAと戦うことなしに，AがBに勝つということを観察するだけで，われわれヒトは，Aは自分（C）よりも強いということを推論することが可能である。このような観察に基づく推論は，ヒト以外の動物でも可能である。

堀田他（Hotta, T. et al., 2015）は，アフリカのタンガニーカ湖に生息し，縄張りをもつシクリッド魚の一種（*Julidochromis transcriptus*）の個体（C）に，

一度縄張り争いで戦って負けた同種の相手（B）が，別の個体（A）に負けている場面を観察させた後，Aと対面させると，Aに対する攻撃行動が，観察がない場合の他個体との対面時に比べて，有意に少なくなることを報告している。すなわち，C＜Bを実体験で経験し，B＜Aを観察すると，推移的推論であるC＜Aが自動的に形成されることを示している。

6.2 ヒトの模倣学習

これまで，ヒト以外の動物でも社会的学習がなされることを概観した。ヒトの社会的学習とヒト以外の動物の社会的学習の主たる相違は，ヒトは模倣するデモンストレーターの行動を言語的に記述し，その記述された言語内容を記憶し，言語によって記憶された内容に従って，より正確に模倣が行える点にあるだろう。本節ではヒトの社会的学習について述べる。

6.2.1 モデリング

バンデューラ（Bandura, A., 1965）は，倒すと自然に起き上がる，中に空気が入ったビニール製のボボ人形とよばれる人形を，デモンストレーター（バンデューラはモデルとよんだ）の女性が叩く反応を行った後，褒められるなどの社会的強化子を得るビデオと，逆にモデルの叩く行動が叱られ，弱化されるビデオを別々の子どもたちに見せた。すると，強化子を得るビデオを見た子どもたちは，弱化されるビデオを見た子どもたちよりも，人形をより多く叩くようになった。このように，バンデューラは，観察によって攻撃行動が促進される現象を報告している。彼は，著書『社会的学習理論（*Social learning theory*）』（1971）の中で，模倣行動を行うことを**モデリング**（modeling）とよび，モデリングの過程は，①観察対象の反応の特徴に注目し，認知，弁別を行う「注意過程」，②対象の行動をイメージ記憶や言語的に記述された記憶として記憶する「保持過程」，③保持されている記憶に従って，その行動を実行する「運動再生過程」，④学習した行動が出現するための「強化と動機づけ過程」，の4つの過程で説明している。

6.2.2 般化模倣

　模倣は，反応形成などの訓練が必要とされないため，新たな行動の学習にたいへん有効である。一方，模倣がほとんど生じない自閉症児では，新しい行動の獲得に時間がかかるが，訓練によって模倣行動は学習可能である。デモンストレーターの複数の行動の模倣を強化した後，別の行動を観察させると，強化しなくても模倣が生じる（般化模倣；generalized imitation）。

　ベアーとシャーマン（Baer, D. M., & Sherman, J. A., 1964）は，腹話術師が使用するパペット人形の複数の動きや発話を幼児が模倣するように強化すると，直接強化しないレバー押し反応の模倣が生じることを示した。パペット人形の声は，パペット人形の背後に設置されたスピーカーから実験者が提示し，パペット人形の首や目やあごや手は，実験者が動かすことができた。実験が開始されると，まずパペット人形が自己紹介した後，パペット人形の手元と幼児の手元に置かれているレバーをパペット人形が指さして幼児に確認させ，パペットがレバーを押すのを見せただけでどの程度レバー押し反応が生じるかどうか，幼児のレバー押し反応のオペラントレベルを測定した。その後，「これできる？」と言った後，パペットがうなずいたり，口をぱくぱくする様子を見せたり，無意味文（「グラブ—フラブ—バッグ」や，「1—2—3—4」や「アカコマドリ速く走る」など）を言い，幼児がパペットの動作や音声を模倣すると，「いいね」や「たいへんいいね」や「すばらしい」という言葉で強化した。その後，「これできる？」と言われなくても模倣するようになった後，幼児とパペットは会話を続け，幼児がレバー押し反応以外のうなずくなどの反応の模倣を引き続き言語的に強化した。その最中，手元のレバーをパペットが速い速度で押したり，ゆっくり押したりすると，11名の幼児のうち，7名がオペラントレベルに比べて程度の差はあるが，直接の強化なしにパペットのレバー押し反応の模倣を行うようになった。

　子どもの模倣行動が強化なしに生じるように見えるのは，それまでに他の行動の模倣が強化されていて，それらの模倣行動が新しい反応に般化して生じている可能性が考えられる。

6.2.3 モデルの行動の言語的記述の効果

バンデューラ他（Bandura, A. et al., 1966）は，観察中にモデルの行動を言語的に記述すると，より正しく模倣できることを示した。6～8歳の男児と女児各36名に，実験参加児が普段は行わない新奇な行動を，大人の男性が行う4分間のカラー映像を見せた。その映像には，モデルが部屋に右手で目を覆いながら入ってきて，次に，両手を後ろで組んで遊び道具を眺めるところから始まり，さまざまな道具を普通ではないやり方で扱う様子（38種の反応）が映っていた。①モデルがどのように行動を行っているのかそのたびに言語化するように指示された幼児と，②ただ黙って観察するように指示された幼児と，③言語化を妨げるために数字をカウントするように指示された幼児では，そのたびに言語化するように指示された幼児が最も多くの正しい模倣を行った。①モデルの行動を正しく真似ることができた場合，キャンディがもらえることを告げ，実際にできた場合，そのたびに褒めてキャンディをあげた場合と，②なにもあげなかった場合では差はみられなかった（図 6.4）。このように，行動を言語的に記述すると，反応の正確な獲得が促進される。

バンデューラ（Bandura, A., 1971）は，ヒトが社会的な学習によって新たな行動を獲得するモデリングとして以下の3種をあげている。①ヒトが目の前で望ましい行動を実際に行うのを観察して模倣する「行動的モデリング」，②言語的教示やマニュアルに書かれている内容に従って行動する「言語的モデリン

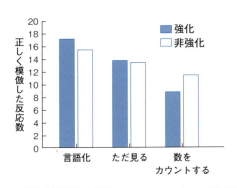

図 6.4　モデルの行動の言語化の効果（Bandura et al., 1966 の表 1 から作成）

グ」、③テレビや映画や写真などをとおして模倣する「シンボリックなモデリング」、である。この中の①と③は、前述したようにヒト以外の動物でも生じる観察学習であるが、②は言語的教示による学習であり、ヒトに特有である。

モデルの行動を言語化することにより、行動の内容（やるタイミングや場所、やり方や、やった結果など）がより正確に記憶され、正確に再生されやすくなる。ヒトの場合、どのようなときにどのようにするとどんな結果が得られるかということを言語的に提示されると、それに従って行動する場合がある。言語的な提示は、他者からなされる場合だけでなく、自分で思いつく場合や、モデルの観察の事例のように、自身で言語的に記述したものである場合もある。ヒトが、言語的教示に従う行動は、**ルール支配行動**（rule-governed behavior）とよばれている（第7章参照）。

6.3 社会的学習の応用

社会的学習が可能であれば、反応形成の必要がないため、実体験の学習に比べて訓練の時間や労力が節約できる。そのため、ビデオなどを用いて社会的学習を利用した教育や職業訓練および問題行動の変容などの実践が行われている。

6.3.1 教育現場での応用

言語的な教示では十分な指導が難しい幼児や発達障害児に対して、モデルを見せることで、適切な行動の学習や、問題行動の低減が行われている。

エバースとシュワルツ（Evers, W. L., & Schwarz, J. C., 1973）は、他の幼児と社会的相互作用が少なく社会的に孤立している幼稚園児を観察によって13名選んだ。そして、他の幼児（モデル）が幼稚園で他の子どもが遊んでいる様子を注意深く観察し、近づいていってその子どもや子どもたちと相互作用する場面を映した11種類23分のビデオを見せた。そこには、モデルの子どもが、遊びに参加してくれたことに対して一緒に遊ぶ子どもから提示型強化を受けているシーンが必ず含まれていた。また、ビデオには他の子どもと遊ぶことや他の子どもを助けることの利点について言及し、適切な遊びへの参加の仕方を強

調するナレーションが付いていた。ビデオを見た2日後，再度2日間の観察を行い，社会的相互作用の頻度を測定したところ，ビデオを見る前に比べて有意に増加していた。また，その4週間後に測定したところ，さらに社会的相互作用が増加していた。このフォローアップ期における増加は，一旦，他の幼児と遊ぶようになった幼児が，その遊びの中で他の幼児から提示型強化を受け，さらに社会的相互作用の頻度が増加していったと考えられる。

メッシェンバウムとグッドマン（Meichenbaum, D. H., & Goodman, J., 1971）は，「急ぐ必要はなく，ゆっくり，注意深くやってごらん」という言語的教示を行っても衝動的に振る舞う幼稚園児と公立小学校の1年生からなる15名の幼児と児童を，モデリングのみのグループと，モデリングに自己教示を加えたグループ，そして，注意制御を行うグループの3群に分けて訓練を行った。モデリングのみのグループは，実験者がモデルとなり，絵のマッチングテストを受けているシーンを見せた。その中では，モデルが「私は正しくやれるように，ゆっくりやることを覚えていなければならない。1つの絵（標準刺激）を注意深く見て，そして，これらの絵（比較刺激）を注意深く見る。これは違うかな？　そうだ！　葉っぱが1枚多い。よし，この1枚をのけることができた。次に，これを見てみよう。これだと思うけど，でも他のもチェックしてみよう。よし，私はゆっくり注意深くやっている。よし，これだと思う」というようなことを言いながら絵のマッチングテストを受けていた。また，誤反応もして見せ，そのときに慌てないで，どうやって次の課題につなげるかを示した。たとえば，「大丈夫だ。注意深くしていれば。私はもっと注意深く見るべきだった。よし，ゆっくりやっていこう」というようなことを言っているシーンを示した。その後，実験参加児は，類似した課題が与えられ，実験者がやって見せたやり方と同じようにやったら励まされ，社会的に強化された。ただし，自己教示のやり方の明示的な訓練は受けなかった。モデリング＋自己教示群は，モデリングのみのグループと同じようにモデリングを行った後，明示的に実験者が言っていたように声に出して自己教示する訓練を受けた。注意制御群は，モデルが単に「ゆっくりやり，注意深くして，注意深く見る」と言うところを観察させた。この群には，刺激をゆっくり眺めながら選択していくという方略は提示し

ないでゆっくり注意深くやることを励まし，社会的に強化したが，自己教示の訓練は行わなかった。

モデリングのみのグループとモデリングに自己教示訓練が加わったグループの課題遂行の判断時間は教示のみのとき，および注意制御群の訓練後の時間に比べて有意に長くなった。すなわち，モデリングあるいはモデリング＋自己教示でゆっくり反応することができるようになった。また，誤反応数はモデリング＋自己教示群のみで有意に減少した。これは，少なくとも，観察学習により，ゆっくり反応することの学習は促進されることを示している（自己教示の効果については，7.3 参照）。

6.3.2　スキル訓練への応用

コミュニケーションスキルのような全ての人に共通に必要とされる社会的スキル以外に，美容師にとってのカット技術や，蒔絵師の金粉を撒く粉撒きの技術など，特定の職業において必要とされるスキルがある。日本の伝統技術の継承は，師匠の背中を見て育つという言葉があるように，モデリングがこれまで主な学習手段であった。一方，最近のスキル訓練は，モデリングのみを単独で用いるのではなく，教示やリハーサルや訓練者による即時フィードバックなどと併用するパッケージになった訓練が多い。

サロコフとスターミィ（Sarokoff, R. A., & Sturmey, P., 2004）は，児童と1対1で行うときの特殊教育担当教師の教育スキル訓練を，モデリングを含む訓練パッケージで実施している。教師が学習すべきスキルとしては，以下のようなスキルが含まれていた。言語的に教示するときは児童の目を1秒以上見ながら行う。児童が反応の準備ができるようになるまで教示は行わない。教育プログラムに沿った教示を行い，明確な発音で一度だけ行う。もし，児童が間違ったら3〜5秒以内に前もって決められた反応修正法を実施する。正しい反応には，その正しい行動が明確になるように適切に即時に褒める。訓練は，3名の教師に対して実施され，自閉症の児童の自宅で児童とテーブルをはさんで座って行われた。児童が実施する課題は，教師から手渡された2次元のピクチャーカード（あるいは3次元の物体）をその手渡されたものとマッチした絵の上に

置く課題であった。正しく反応すると，食べ物かおもちゃが与えられた。児童が反応した時点で1試行が終わる離散試行で行われた。試行と試行の間の試行間間隔は5秒とされた。複数回のベースラインセッションでは，単に最善を尽くすようにというインストラクションだけが与えられ，そのときの教師の反応をビデオに記録した。訓練期では，教師のベースライン期から直前のセッションまでのスキルを評価したグラフを見せ，直前のセッションの教師の反応についてフィードバックを与え，グラフの結果について教師と話をした。その後，児童を前にして3回リハーサルを行い，その終了直後に教師に対して教師の反応の仕方についてのフィードバック（よい反応の賞賛や，どのスキルについてさらに練習すべきかという教示など）を与えた。その後，実験者がモデルとなり，児童を前に3回の試行を実験者が行い，教師が正しくできなかった点について例示した。その後，再度3回のリハーサル試行を教師が行い，さらに実験者が3試行例示することを，10分経過するまで繰り返した。これらの訓練の後，教師は10回のテスト試行を実施し，そのときにビデオで記録された教師の反

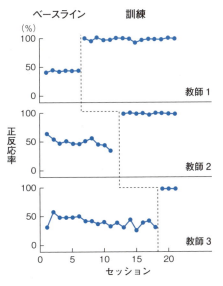

図6.5　教師の正反応率（正反応数／総反応数）（Sarokoff & Sturmey, 2004から作成）

応が評価された。この実験は，訓練セッションの導入時期を3名の実験参加者（教師）でずらす，個人間多層ベースラインデザインで実施されている。このデザインは，それぞれの実験参加者のパフォーマンスが，ベースライン期と比べて訓練の導入直後に明確に上がっていて，まだ訓練期に移行していない実験参加者のベースライン期の値に比べて明らかに高くなっていれば，効果があると推定できる。3名の教師とも訓練期に移行すると他のベースライン期の教師に比べて急激にスキル得点が上昇し，最後の1名も訓練期で明確なスキルの上昇がみられる（図6.5）。この実験のスキル上昇は，モデリング単体の結果ではないが，**社会的スキル訓練**（social skill training；SST）で行われているように，モデリングは他の訓練と併用するとより効果的である。モデリングを組み込んだ社会的スキル訓練は，統合失調症などの精神疾患の治療にも適用されている。

●練習問題

1. 局所強調と刺激強調の具体例をあげてみよう。
2. 日常生活における観察条件づけの例をあげてみよう。
3. ヒト以外の動物でも観察学習が可能かどうかを検証する実験について説明してみよう。
4. 強化がなくても模倣が生じるのはなぜか。般化模倣について説明してみよう。
5. バンデューラがあげた3種のモデリングについて説明してみよう。

●参考図書

バンデューラ，A.（編）原野広太郎・福島脩美（訳）（1975）．モデリングの心理学——観察学習の理論と方法——　金子書房

実森正子・中島定彦（2019）．学習の心理［第2版］——行動のメカニズムを探る——　サイエンス社

メイザー，J. E.　磯　博行・坂上貴之・川合伸幸（訳）（2008）．メイザーの学習と行動［日本語版　第3版］　二瓶社

7

ルール支配行動

　ヒトは，自身が実体験した「いつ，どんなことをしたら，どのような結果になる」というような三項随伴性（4.1 参照）を言語で述べることができ，他者に教示することが可能である。その結果，前述の章で述べてきた実体験や観察学習を経なくても，他者から言葉での教示を受けることにより，新たな行動を獲得したり，これまで行っていた不適応的な行動を止めたりすることができる。このように，三項随伴性（弁別刺激と反応と反応結果）を言語で表現したルールを示されると，そのルールに従う行動をルール支配行動（rule-governed behavior）とよぶ。本章では，ヒトに特有なルール支配行動について解説する。

7.1 ルール支配行動の種類

ヘイズ他（Hayes, S. C. et al., 1989）は，ルール支配行動を，次の3つに分類している。それは，提示された教示に従って行動すると，教示のとおりに強化されることにより行動が維持される**トラッキング**（tracking），提示された教示に従って行動すると，社会的に強化されることにより行動が維持される**プライアンス**（pliance），さらに，何らかの言語的提示により，反応の生起頻度が変化したり，強化子や弱化子の強度が変化したりする**オーギュメンティング**（augmenting），である。

7.1.1 トラッキング

トラッキング（tracking）は，たとえば，TVの天気予報で気象予報士が「『今日は午後から雨になるので，傘を持ってお出かけになってください』と言っていたため，傘を持って出かけたら雨に濡れないですんだ」などの事例がこれにあたる。このアナウンスでは，「今日の午後に，傘を持っていると，濡れないですむ」というような明確な三項随伴性を言っているわけではないが，視聴者は，このアナウンスから，この三項随伴性を了解した上で，傘を持って出かける。サンタからのクリスマスプレゼントを心待ちにしていた子どもが朝目覚めたとき，父親に「クリスマスツリーの所に行ってごらん」と言われたので行ってみると，プレゼントが見つかったという事例のように，父親の言うことに従ったらプレゼントで強化される行動もトラッキングにあたる。父親の言うことに従う子どもの事例は，従うことにより提示型強化がなされる場合である。これに対して，傘を持っていく事例は，従わないと嫌悪事態が生じたり損をしたりするので，教示に従う除去型強化によって維持されたトラッキングである。

模倣すると強化されることが続くと，強化なしでも模倣する般化模倣（6.2.2参照）が生じるようになるのと同様，言われたことに従った結果，その随伴性に沿って強化されることが続くと，言語的教示や書かれていることに従って行動するようになる**般化トラッキング**（generalized tracking）が生じる。

7.1.2 プライアンス

プライアンス（pliance）は，命令や要求に従うという意味の英語の compliance に由来した用語である。誰かに言われたことを実行すると，その話者から感謝されたり褒められたりというような社会的強化により維持されている言語的に提示されたルールに従う行動を指す。たとえば，食事中に，目の前にある塩やソースを取ってくれるように頼まれ，取ってあげると「ありがとう」と感謝される。掃除をしなさいと先生に言われ，掃除をやったら「よくやった」と褒められる。これらは，社会的な提示型強化によって維持されるプライアンスである。これに対して，従わなかった場合は評価が下がるので，社会的評価の低下を避けるために命令に従う社会的な除去型強化によって維持されるプライアンスもある。

個々の命令や要請にそれぞれ個別に対応するのではなく，どんなことを言われてもすべて同意し，言われたことをすべて実行する場合がある。この場合は，相手の言うことに逆らわず，同意することにより話者から社会的強化をされる経験（褒められたり，認められたり，あるいは除去型強化としてひどい叱責を避けられるなど）の結果，相手の言うことに逆らわず，すべて同意するという学習がなされた結果で，**般化プライアンス**（generalized pliance）とよばれる。

また，話者の言ったことに逆らうと，話者からの関心を引ける（社会的に強化される）ため，わざと話者が言ったことと反対のことをする**反プライアンス**（counter pliance）が生じる場合もある。

7.1.3 オーギュメンティング

言語的に随伴性や結果についてのルールは提示しないが，オペラント条件づけにおける動機づけ操作（4.9 参照）と同様に，その表明により，すでに強化子や弱化子として確立されている強化子や弱化子の効力を増大させる言語提示のことを**動機づけオーギュメンティング**（motivative augmenting）とよぶ。たとえば，TV コマーシャルでタレントが化粧水のビンを持って「最近，潤っていますか？」と視聴者に語りかけると化粧水の売上げが伸びたりする。このコマーシャルでは，「お肌が乾燥しているとき，この化粧水を使用すると，お肌

が潤います」という三項随伴性を述べていないため，化粧水を購入する行動はトラッキングではない。また，購入しても誰かから褒められるわけでもないのでプライアンスでもない。その化粧水を購入するまでには，お肌の乾きに気づかせ，その商品に目を向かわせるなどの機能があると思われるが，結果的に，「最近，潤っていますか？」という言語提示は，その商品の購買行動を喚起する動機づけ操作と同様な機能がある。

　また，その表明により強化子や弱化子を新たにつくり出す言語提示のことを**形成オーギュメンティング**（formative augmenting）とよぶ。たとえば，実家の納屋にそれまで何の関心もなかったどこかの子どもが描いたような絵があったとする。絵画コレクターがやってきて，「これは山下清画伯の絵だ！」と驚きとともに叫んだとたん，その絵はそれまでまったく価値を認めていなかった持ち主にとってたいへんな価値のある絵（強化子）に変化し，大きな金額と等価になるだろう。

7.2　ルール支配行動と随伴性形成行動

　ヒトは，個人が獲得した技術や知識を言語により教示できるため，他のメンバーが全て同じように経験しなくても，新たな技術や知識を手に入れることができる。その結果，科学技術や文化がおおいに発展した。また，実体験による随伴性形成行動の場合，反応遂行から結果の提示までに長い遅延があると反応の形成・維持は困難であるが，1週間後に報酬を支払うという「約束」や，この道を30分ほどまっすぐ行ったら目的地に到着するという「アドバイス」により，ルール支配行動の場合は反応開始から反応結果の提示まで長い遅延があっても反応遂行を行うことができる。このように，ヒトはルール支配行動の恩恵を受けてきた。一方，言語的教示に従うあまり，現実の随伴性に鈍感になり，騙されたり，誤った行動をし続けたりするように，他の動物では生じないような不利益を被る場合もある。

7.2.1 教示の随伴性形成行動への影響

　デンショバトやラットなどのヒト以外の動物では，さまざまな強化スケジュールで強化されるとその強化スケジュールの随伴性によって形成された適応的な反応パターンが生じるようになる（4.7参照）。しかし，ヒトの場合，教示が強化スケジュールを正確に記述している場合は，スケジュールに合った反応遂行を促進するが，誤った教示や偽の教示によって実際の強化スケジュールとは異なった不適応的な反応遂行が形成・維持されることがあるため，お金に交換可能な得られるポイントが，随伴性に従って反応するときに比べて少なくなる（損をする）場合があることが報告されている。

　アイロンとアズリン（Ayllon, T., & Azrin, N., 1964）は，教示が実際の行動をどの程度制御できるのかを検討している。統合失調症や精神疾患があり，食事が提供されるカウンターでナイフとフォークとスプーンをちゃんと全て受け取ることをしない患者25名を対象に，ベースライン測定の後，ナイフとフォークとスプーンを受け取るように教示した。その結果，50％程度の患者が全て受け取るようになったが，その後25％程度まで減少した。次の第3フェーズで教示を行い，さらに全て受け取ったら即座に食事ができるが，受け取らなかった場合は列の最後尾に並ばされ，すでに最後尾の場合は約5分間，列に並ぶのが遅延されるオペラント随伴性を加えると，ほぼ全員の患者が全て受け取るようになった（図7.1）。随伴性形成行動では，反応を形成するために反応形成（4.6参照）が必要であり，形成するために時間と労力を必要とする。これに対して，教示は簡便に実施でき，教示に従うある程度の対象者には行動を開始させることに有効である。ただし，教示に従わない対象者も存在し，また，行動を開始した対象者でも，ある程度長期にわたって行動を維持するためには教示のみでは不十分であり，その行動を維持するためのオペラント随伴性に基づいた強化が必要である。

　ヘイズ他（Hayes, S. C. et al., 1986）は，ノースカロライナ州立大学グリーンズボロー校の大学生を実験参加者とし，正しい教示に従って反応遂行を行った強化履歴があると，その後，強化スケジュールが変化しても，最初に教示された反応遂行パターンが維持されることを報告している。実験では，モニター

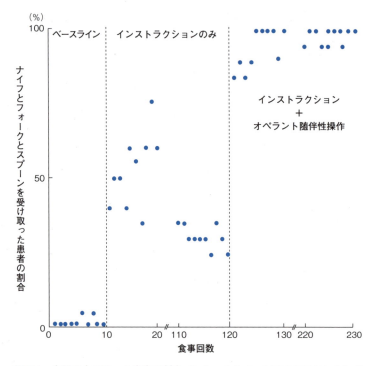

図 7.1 食器を全て取った患者の割合 (Ayllon & Azrin, 1964 の図 2 から作成)

に表示された 5 × 5 の表の左上の角のマスに＋サインが現れ，その＋サインを右下角のマスにボタンを押して移動させてポイントを稼ぎ，学期末にお金を得ることができた。黄色の四角が表の左下に提示された場合は，反応間時間が 6 秒以上の場合に強化される DRL 6 秒強化スケジュールに従って，左側のボタンを押すと 1 つ下の行に移動でき，右側のボタンを押すと 1 つ右の列に移動できた。青色の四角が表の右下に提示された場合は，18 回反応すると強化される FR 18 に従ってそれぞれのボタンを押すと，＋サインを移動できた。ただし，右端の列に移動しているにもかかわらず，さらに右に移動する右ボタンを押した場合と，一番下の行に移動しているにもかかわらず下へ移動させる左のボタンを押した場合はリセットされ，左上角のマス目に＋サインは戻された。強化スケジュールは 2 分ごとに交替した。随伴性では，黄色のときは 6 秒以上間隔

7.2 ルール支配行動と随伴性形成行動

を置いてゆっくりボタンを押し，青色のときは速くボタンを押すことが必要であった。

実験参加者は，①最小限の教示を受ける群 19 名，②ボタンを押す最善の方法は，各反応間に数秒の時間をおいてゆっくり押すことであるという教示を受けた Go Slow 群 13 名，③ボタンを押す最善の方法は，素速く押すことであるという教示を受けた Go Fast 群 7 名，および④上述のように提示される四角の色によって反応の仕方を変えるように教示を受けた正確なルールを教示された群 16 名，の 4 群に分けられた。実験は，3 回の 32 分のセッションからなっており，セッション間には 2 分間の休みが入れられた。最初の 2 回のセッションは，上述の多元 DRL 6 秒 FR 18 で実施され，最後の 1 セッションは，いずれの反応も強化されない多元 EXT EXT で実施された。不正確な教示を行った群（上述の①②③群）では，スケジュールへの感度の指標（第 2 セッションの後半の反応数が多いコンポーネントの反応数を後半の総反応数で割ったもので，値は 0 ～ 0.5 の間になる）と消去時の消去スケジュールへの感度の指標である反応の減少度（反応数が多いコンポーネントの消去時の後半の反応数を，第 2 セッションの後半のそのコンポーネントの総反応数で割ったもので，値は 0 ～ 1 の間になる）の間に高い相関関係がみられた。多元 DRL FR スケジュールへの感度が高かった実験参加者は，消去スケジュールにも感度が高いということを示している。一方，正確な教示を受けた群では，低い相関になった。これは，消去時には反応しても強化されないので，反応率が低下するのが一般的であるにもかかわらず，正確な教示を受けた 16 名中約半数の 7 名が消去スケジュール下でも，高い反応率を維持したためである。教示に従って反応すると，その教示のとおりに強化される履歴があると，強化スケジュールが変更されていても教示に従って反応し，結果として強化スケジュールに鈍感になることを示している。

ガリジオ（Galizio, M., 1979）は，実験 1 で強化スケジュールの正しいルールを教示するとその強化スケジュールに沿った反応が生じるようになることを確認した後，教示をなくしても反応傾向が維持されることを確認した。実験 2 では，同一の実験参加者に対して，偽の教示を提示したが，その教示に従って

も何の損失も受けない条件では，教示に従った反応が生起し，その後，その教示に従って反応すると損失が生じる条件に移行すると，実際の随伴性に沿った反応を行うようになり，教示に従わなくなった。さらにその後の条件で，再度その教示に従っても何の損失も受けない条件に移行したが，もはや教示には従わなくなった。偽の教示でも，教示に従うことが明らかな損失を招かない限りはその教示に従うが，一度，明らかに教示があてにならない（信用できない）ことが学習されると，それ以降は教示には従わなくなる。

いわゆる個性あるいは性格とよばれる行動傾向の個体差によって，教示に従う傾向が異なることが知られている。ウルファート他（Wulfert, E. et al., 1994）は，自己報告による「頑固さ」を測る質問紙で，高得点を得た「頑固な」実験参加者と低得点の「頑固でない」実験参加者に，FRスケジュールを最初に行い，その後DRLスケジュール下で得点を稼ぐことを要請した。実際の随伴性では，FRの場合は早く反応すると多く得点が得られ，DRLの場合は逆に一定の時間をおきながら反応しないと得点が得られない。このとき，FRとDRLにおいてどのように反応すると得点が得られるかについて正確な教示をした場合，両者に差はみられなかったが，DRLにおいても早く反応するほうがよいというFRに適した教示を提示した場合（嘘の教示），「頑固でない」実験参加者は，最初は教示に従っていたが，DRL下において得点が得られないことが続いた結果，教示から離れて，DRLの随伴性に従ってゆっくり反応するようになった。一方，「頑固な」実験参加者は，DRL下でもFRの教示に従って早く反応を続け，その結果得点がなかなか得られなかった。この実験は，教示が強化スケジュールの随伴性に対する適切な反応の生起を阻害する場合があることを示している。

7.2.2 ルール追従と非追従

上述したように，ヒトはすべての教示や教唆に従うわけではない。トラッキングの場合は，示された随伴性が，現実の随伴性と明確に異なる場合や，過去に自身が学習した随伴性と異なる場合，話者の過去の言語行動が，実際の随伴性と一致していなかった場合などでは提示されたルールに従わない。これらは，

提示された随伴性の信頼性が低い場合である。しかし，提示されたルールの信頼性が高くても従わない場合がある。たとえば，ルールに従っても，得られる強化子が少なく，従わなくても与えられる弱化子が小さい場合や，強化子や弱化子の生じる確率が小さい場合，あるいは強化子や弱化子が提示されるまでの時間が長い場合，ルールに従うには反応コストが高い場合などでも提示されたルールに従わない場合がある。これらのケースでは，実際の随伴性にさらされた場合でも，適切な反応を行わない場合が多い。

プライアンスの場合は，ルールを提示する話者の社会的強化力が高くない場合（たとえば，話者の社会的地位が低い場合や，魅力的でない場合など）や，強化確率が小さい場合（従ってもほとんど褒められない場合や，従わなくてもほとんど叱られない場合など）では，従わない確率が高まる。また，社会的強化力が高くても，社会的強化を得るためにあえて従わない反プライアンスを行う反抗期の子どものようなケースもある。迷惑条例に違反するような示威行動を繰り返す集団の行動も，ルールを破ることで他者からの注目などの社会的強化を得ることによって維持されている反プライアンスである。さらに，社会的強化者の存在が不明な場合にも従わないケースが増加する。たとえば，親や教師が見ている場合はルールに従うが，見ていない場合は従わないことがある。ただし，社会的強化者がその場に存在しなくても，社会的強化の存在を示す刺激を提示すると，ルールに従う傾向が高まることが示されている。バーティソン他（Bateson, M. et al., 2006）は，部屋の壁の目線の位置に他者の視線を連想させる両目の部分だけを切り取った写真を掲示した週は，花の写真を掲示した週に比べてミルクを消費した分だけルールに従って正直に支払う行動が促進されることを報告している。大学の心理学科の48名のメンバーは，自分が消費した分に相当する金額を「正直箱」に支払うことになっていた。両目の写真を掲示する週と，花を掲示する週を交互に繰り返したところ，両目の写真を掲示した週の1リットルあたりの支払い金額が増加した（**図7.2**）。これは，他者の視線の存在を連想させる両目の写真の掲示が，プライアンスの動機づけ操作として機能することで，正直な支払いが増加したことを示している。

社会的規範として提示されたルール（道徳や倫理）をあえて破ることで，金

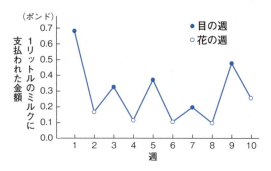

図7.2 目の写真の掲示による正直な自己申告の促進（Bateson et al., 2006 の図から作成）

銭的な利益を得る人の場合は，家族や知人からの社会的な除去型強化（ルールを守ることで，社会的な弱化である蔑視などを避けられる）より，ルールを破ることで金銭を得るという実利的な随伴性の制御のほうが勝っていると考えられる。

よく小学校や中学校の教室や廊下に「みんな，仲良し」や「人類平和」などのスローガンが掲示されているが，これらは，協力行動や平和的行動の促進を狙ったオーギュメンティングである。オーギュメンティングは，行動の仕方について具体的に示さない言語による動機づけ操作であるため，意図した行動がその個人の反応レパートリーの中にない場合，反応は生起しないし，また，具体的な強化子を想定できない場合や，強化子が抽象的すぎる場合も，反応の喚起には至らない。協力行動の仕方を知らない児童・生徒や，平和的行動によって得られる強化子を想像できない児童・生徒には上述のスローガンは効果がない。

7.3 他者教示と自己教示

ルールは他者から与えられるばかりではなく，自身で生成する場合がある。たとえば，観察学習において観察中にモデルの行動を自身で言語的に正しく記述すると，より正確に模倣できるように（6.2.3 参照），自己生成した正しい言

語的ルールは学習行動を促進する。一方，実際の随伴性の誤った自己ルールは，いわゆる「誤解」や「勘違い」になり，適切な反応の生起の妨げになる。

7.3.1 自己教示の形成と自己教示への追従

レイティスとウェイス（Laties, V. G., & Weiss, B., 1963）は，メーターの針の動きを検出してそのメーターの針をリセットする課題で，自己教示の非言語行動（強化スケジュール下での反応遂行）への効果を検証している。実験は暗室で行われ，実験参加者が1.7kg弱以上の力で押すとスイッチが入るレバーを押すと，メーターの明かりが0.13秒間点灯され，メーターの針が0の位置よりずれていた場合に，もう一つのレバーを押すとメーターの針の位置を0の位置にリセットできた。実験参加者はできるだけ早くメーターの針のずれを発見し，リセットするように教示されていた。また，1時間あたり2.5ドルが支払われるが，針がずれていた時間に応じて1秒あたり1セントその支払額から差し引かれるという教示もなされていた。5名の実験参加者の針のずれるタイミングはFI 100秒であった。針のずれは10秒間維持され，その間に反応がなかった場合は，FIタイマーはリセットされ新たな試行が開始された（4.8.6参照）。検出課題遂行試行の7～16試行と29～38試行中に，やや複雑な引き算をし，声に出して答えを言う同時遂行課題が加えられた。他の試行では，検出課題に専念できた。5名とも検出課題のみを遂行中は，FIスケジュールで生じる強化後休止とそれに続く反応期からなる休止・走行パターンを示した。引き算を行わなければならない同時反応遂行期には，5名中3名（S2，S3，S4）でFIの反応遂行パターンが崩れたのに対して，2名（S1とS5）は，ほとんど影響を受けなかった。

実験終了後の質問に対して，影響を受けなかったS1とS5は，引き算をやっていないときはカウントし，引き算をやっているときは，計算した数を手がかりにタイミングを計っていたと報告している。一方，休止・走行パターンが崩れたS2は，引き算をやっていないときはカウントし，引き算をやっているときも，カウントしようと試みたと報告している。S3は，引き算をやっていないときはカウントし，引き算中は何も試みなかったと報告している。S4は，

引き算をやっていないときは，シェークスピアの一節を朗読してタイミングを計り，引き算をやっているときは，計算した数を手がかりにタイミングを計っていたと報告している。これらの結果は，個々の生成した自己教示によって反応遂行が影響を受けることを示している。

カタニア他（Catania, A. C. et al., 1982）は，ボタン押し反応を2種の強化スケジュールで強化しながら，同時にその強化スケジュールでどのように反応したら得られるポイントが高くなるのかを推論する実験を行った。自分で考えた推論（自己生成ルール）を「推論シート」に書いて提出し，実験者が設定した答えに近いほど多くのポイントを与えて特定の推論を反応形成する条件（反応形成条件）と，内容にかかわらず10ポイント与える条件（非分化条件），推論シートにどのように書けば最高点がもらえるかを教示する条件（教示条件）の3条件で，推論と実際の強化スケジュールの反応遂行が一致するかどうかを比較した。実験参加者は，メリーランド州立大学ボルティモア校の大学生であり，強化スケジュールは，1回あたりの反応に対する強化確率が0.05のRR 20（random-ratio）スケジュールと強化が入手可能になる1秒あたりの確率を0.1としたRI 10秒（random-interval）スケジュールが1.5分ごとに交互に交替する多元（混成）スケジュールであった。実験参加者は，防音ボックスの中に入り，制御装置とその横に置かれた大量の推論シートに向かってヘッドフォンを付けて座らされた。制御装置には左右に赤色ボタンが1つずつ設置されており，そのボタンの上にはそれぞれ1個の青色ランプがあり，中央上部には得られたポイント数を示すカウンターと小さな黒いボタンと2つの緑色ランプが設置されていた。

実験が開始されると，2つの赤色ボタンの上の左側の青色ランプが点灯し，左側の赤色ボタンへの反応が左側の強化スケジュールを充たしたときにポイントが入手可能になった。ポイントが入手可能になると，2つの緑色ランプが同時に点灯し，黒いボタンを押すとポイントが加算され，2つの緑色ランプは同時に消灯された。左側の設定時間の1.5分を経過すると，右側が点灯され，右側の赤色ボタンへの反応が右側の強化スケジュールを充たしたときにポイントが入手可能になり，2つの緑色ランプが同時に点灯し，黒いボタンを押すとポ

7.3 他者教示と自己教示

イントが加算され，2つの緑色ランプは同時に消灯された。通常は左側が RR スケジュール，右側が RI スケジュールであったが，時々反転された。青色ランプが点灯していない側へのボタン押し反応は無視された。左側→右側の順の強化スケジュールセッションが終了すると，ヘッドフォンから流されていた白色雑音がブザーに切り替わり，青色ランプが消灯して推論時間が開始された。推論時間が終了すると，ブザーが白色雑音に切り替わり，次の強化期がスタートした。推論で得た点数は，ポインターには加算されなかったが，そのセッションが終了した時点で，推論で得たポイントを加えたセッション中に稼いだ総点数が書かれたカードを手渡された。ポイントのお金への交換（1ポイント1セント）は，全てのセッションが終了した時点で行われた。1回の約 50 分のセッションは左右の各強化スケジュールを実施する 8 ～ 12 のスケジュールサイクルと推論時間からなっていた。

18 名の大学生が反応形成条件に割り当てられ，得られたポイントはお金で支払われ，ポイントを稼ぐ方法には，赤いボタンを押すことと，推論を行うことの2つの方法があるという教示が与えられた。さらに，ボタン押しによってポイントを獲得するための方法の教示の後，推論でポイントを得るための方法について教示した。数分ごとに制御装置は約2分間停止し，その推論時間に，推論シートに書かれている6つの穴埋め文章を完成させ，制御装置の隣の壁の直径 8cm の穴から推論シートを実験者に渡すように要請された。6つの文章のうちの最初の3つの文章は，左側のボタンの押し方についての文章であり，残りの3つの文章は右側のボタンの押し方に関する文章であった。各文章は実験者が形成したい推論への近さに応じて0～3ポイント点数が付けられ（1シートあたり最大 18 ポイント），点数が付けられた推論シートは実験参加者に戻され，その点数が付いた推論シートを実験参加者が確認し，再度実験参加者が実験者に手渡した時点で推論時間は終了することを教示した。強化スケジュールで得点を得られやすい反応率（RR では「速く」，RI では「ゆっくり」）を推論した場合に強化される条件と，その逆の推論を行うと得点を与えて強化し，誤った推論を形成する2条件があった。分化強化する反応率（速く反応する／ゆっくり反応するなど）についての記述がない場合は通常は0ポイ

ント，実験者が意図する反応率についてのみ書かれた場合は3ポイント与えた。ただし，長期にわたって反応型（右手で押すや中指で押すなど）についてのみ推論していたが，その反応型の記述がなくなった場合は1ポイント与え，反応率と反応型についての両方の記述がある場合は2ポイント与えた。反応率のみの推論に対して高得点を与えることにより，反応率に関する推論を分化強化した。この分化強化により，10名では分化強化された反応率（速く／ゆっくり）を記述するようになり反応形成が成功したが，残りの8名では失敗している。

非分化強化条件の8名の実験参加者には，推論シートを返すたびに10ポイント与えることを教示した。教示条件の10名に対しては，「推論でポイントを稼ぐためには，左側のボタンは『速く押す』と書き，右側のボタンは『ゆっくり押す』と書く」と書かれたシートと，その逆が書かれたシートのどちらかが渡され，その教示に従って推論を書いた場合は3ポイントが与えられた。推論を反応形成できた実験参加者は，強化スケジュールと一致する推論を分化強化した場合でも，逆の推論を分化強化した場合でも，反応形成された推論に従ってボタン押し反応を行うようになった。一方，実験者が意図した推論を反応形成できなかった実験参加者では一貫した反応傾向は得られなかった。非分化条件の実験参加者では，1例を除いて一貫した傾向はみられず，教示条件の実験参加者では推論は教示に従ったが，ボタン押し反応の反応率は，推論に一致する場合と一致しない場合がみられた。これらの結果は，反応形成により強化され，自己生成された推論のほうが，教えられた推論に比べて従われる傾向が強く，現実の随伴性と一致していなくても追従する場合があることを示している。

7.3.2 自己教示の社会的承認

自身で考え，自身で実行する自己教示は，一般的には他者は介在しないが，他者が自身の自己教示の内容を知っている場合と，そうでない場合とでは，自己教示への追従の度合いが異なることが知られている。

ローゼンファーブとヘイズ（Rosenfarb, I., & Hayes, S. C., 1984）は，5〜6歳の暗闇を怖がる男児と女児それぞれ19名を対象に，自己教示と観察が暗闇に耐えられる時間を増加させるかどうかそれぞれ3種の条件で比較した。教示

7.3 他者教示と自己教示

条件の私的自己教示治療群6名は，目の前のいくつかあるボタンの1つを押して機械を作動させると，そのボタンごとに違った「暗闇でも怖くないように助けてくれるお話」がヘッドフォンをとおして聞こえるので，その話されたことをやってみるように要請された。実験者はどのボタンが押されたかはわからないことを念押しした。実際には，全ての児童は，9分間の録音された同一の音声がヘッドフォンをとおして聞かされた。その中で，「僕（私）は勇敢な男（女）の子だ。暗闇でも大丈夫だ」という自分自身を落ち着かせる「特別な言葉」（自己教示）を計6回，繰り返し自分に言い聞かせ，その後で，「暗闇で何か音が聞こえても，それは人が話しているだけだ」のような文章が2回提示され，それぞれの文章の提示の後で，前述の自分自身を落ち着かせる「特別な言葉」を言うように要請された。そして，もし暗闇で怖くなったら，その「特別な言葉」を言うように教示された。公的自己教示治療群7名は，児童がどのボタンを押したのかを児童から聞き，同じものを別の部屋で実験者が聞いていると児童に伝え，自分が言い聞かせる自己教示の言葉が実験者にも知られていることを伝えた。公的自己教示統制群7名は，落ち着かせる言葉として子ども向け絵本に書かれている一節でペットのイヌが言う「僕は草を掘り起こす，僕は雑草を掘り起こす，僕は庭を掘り起こす，僕は種を掘り起こす」が用いられた。観察条件の私的観察治療群6名は，音声テープの代わりに映像と音声が流れるビデオテープが用いられたことを除いて，教示条件とほぼ同様であった。治療セッションの前と後で児童がいる部屋は暗くされ，もし耐えられなくなったら実験者に対して「戻ってきて」と言うと電気がつけられ，実験者が戻ってくることを伝え，実際に暗闇で耐えられる時間を測定した。その結果，自己教示条件の場合も観察条件の場合も，自分を落ち着かせる「特別な言葉」を実験者が知っている条件である公的自己教示治療群および公的観察治療群の児童は，暗闇に耐える時間が延びたのに対して，他の群の児童の耐える時間は増加していない（図7.3）。他者が自身の自己教示の内容を知っている場合のほうが，自己教示に従うことが示されている。

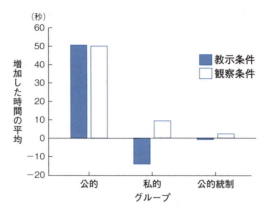

図 7.3 暗闇に耐えた時間の治療前と治療後の差
(Rosenfarb & Hayes, 1984 の表 1 から作成)

7.3.3 言行一致

　ヒトの社会では，他者と物事を円滑に進めるために言行が一致することが求められる（**言行一致**）。実行すると言ったのに実行しなかったり，実行していないことを実行したと言ったりするとトラブルになることがある。通常は，日常生活の中で自身が言ったことを実行し，実行したことを報告すると親から褒められる社会的強化や，言行不一致だと叱られる社会的弱化で，自然にあるいは意図的に，成長する過程で自身が述べたこと（自己教示）とこれから行うこと（非言語的行動）の一致（correspondence between saying and doing）訓練やその逆の行ったこととその陳述の訓練を受けている。これらは日常用語では「約束を守る」訓練であり，行ったことを「正しく報告する」訓練である。これらの経験の積み重ねによって，トラッキングやプライアンスが般化すると同様に，言行一致も訓練された関係のみではなく，新たな行動にも般化するようになる。自己の生成したルールに従って行動すると社会的に強化されるセルフ・プライアンスに加え，自己生成したルールに従って行動すると，そのルールのとおりに強化されるセルフ・トラッキングによっても言行一致が形成される。しかし，一般の人でも全て言行一致するとは限らず，平気で嘘をつく**サイコパス**（psychopath）のような社会的にやっかいな例もある。また，政治家の公約と実際に実施された政策との間の乖離も言行不一致の例である。

7.4 日常生活におけるルール支配行動のネガティブな側面

　ヒトのルール支配行動は，前述したように科学や文化の発展に大いに寄与するというポジティブな面と，他者からの偽りの教示に従って損をしたり，誤った行動を行ったりするネガティブな面がある。その代表的なものは詐欺（fraud）である。詐欺には，壺を買うと「たたり」から逃れられるというような嘘の随伴性を提示するトラッキングに依存した詐欺や，カルト集団の教祖などの権威者による承認などの社会的強化によるプライアンスを利用した詐欺，有名画家の作であるというようなことを伝え，形成的オーギュメンティングによる無価値なものを価値があるかのように信じさせ，購入させる詐欺などがあるが，多くの詐欺は，上記を巧妙に織り交ぜながら行われる。たとえば，詐欺の代表的な事例である高額な壺を売りつける霊感商法の場合は，まず，親身に相談にのって話者である詐欺師の信用度を高め，高名な祈祷師と名乗ることにより無批判に信用させる。話者の信用度が高くなると教示に従う確率が高まる。その後，大きな悩みを抱えていて解決できないでいる人に対して，その悩みの根源は生前の行いや先祖の悪行などが原因であるという検証不能なルールを提示する。検証不能なため，その教示は実際の随伴性に抵触しない。そのため，そのルールに漫然と従う。さらに，このまま放置するとますます悪化するというルールを提示し，不安をあおって何としてでも早く解決しなければならないという動機づけを行う。これは，動機づけ的オーギュメンティングにあたる。次に，助かる方法は，霊験あらたかなこの壺を手元に置くことであるという偽の教示を行う。「霊験あらたかな」という言葉は形成的オーギュメンティングである。そして，そのルールに従うトラッキングにより，その無価値な壺を高額で買わせる。

　宣伝（advertisement）もルール支配行動を利用している。効果が実証されている薬の効能を正確に提示して宣伝する場合は，教示に従ってその薬を服用すると病気が治癒するというトラッキングであり問題ないが，科学的根拠が曖昧な健康食品の宣伝などは気をつける必要がある。その食品を食べると血圧が下がると明確に効能をうたうと薬事法違反になるため，「健康診断の数値が気

になるあなたへ」などというような購買行動を高める動機づけ的オーギュメンティングおよびその商品の価値を高める形成的オーギュメンティングを行っている宣伝をよく目にする。これらはあくまで，科学的根拠が曖昧であることに留意したほうがよい。

　国家や政党が行う宣伝は**プロパガンダ**（propaganda）とよばれるが，これらは権力や権威を背景としているために，盲目的な追従が起きやすい。第二次世界大戦時の日本やナチスのプロパガンダへの盲従がその例である。

　近年，インターネットの文字情報を無批判に受け入れて誤った情報を拡散したり，掲示板に書かれていた誤った（あるいは嘘の）情報に従って実践したために，不利益を被るというようなことが生じている。教示には，音声として提示される場合に加えて，文字で提示される場合がある。数学の参考書の解法を学習して，その解法に従って試験に臨んだら上手く解けて高得点が得られた経験や，小説や随筆などを読んで，そこに書いてあった教訓に従って行動したら物事が円滑にはかどるようになったなどの経験はトラッキングであり，このような経験が続くと，書かれている内容には従うという般化トラッキングが生じるようになる。また，義務教育から高等教育にかけて教科書に書かれている事柄はすべて無批判に受け入れ，そのまま記憶して教科書に書かれていた事柄に従って答案用紙に記述すると高得点がもらえるという教育によって，長期にわたり書かれた情報に従うルール支配行動が形成されている。そのため，真偽が不明瞭な Web からの情報が氾濫している現代社会においては，批判的に文字情報を取捨選択するインターネットリテラシー教育を行う必要性がある。

7.5 教育現場や臨床現場におけるルール支配行動

　教育現場や臨床現場では，上述したルール支配行動を利用した教育やカウンセリング，また，ルール支配行動によって生じた問題（うつなど）の治療が試みられている。

7.5.1 言行一致訓練

言行一致（correspondence between saying and doing）は，社会生活を円滑に営む上で必要なスキルであるため，幼児や児童への訓練が親や教師によってなされている。また，臨床場面においても，クライエントがカウンセリング場面で述べたことと，実際の行動が一致していることが望ましいし，自身で宣言してその宣言内容を実行できるようになれば，セルフ・コントロール（4.12.2参照）も容易になる。

ブロドスキィ（Brodsky, G., 1967）は，施設に収容されている，よく話はするが他者との社会的相互作用をほとんどしない知的障害のある女性に対して，次のような実験を行った。インタビュー時に「Jさんと遊ぶ」や「座ってJさんと話をする」などの社会的言語行動が生起した場合，キャンディやおもちゃなどと交換可能なトークンを与える言語条件づけを行った（4.10参照）。その結果，社会的な言語行動が増加した。しかし，社会的言語行動の増加に伴って，プレイルームなどでの実際の社会的行動が増加することはなかった。イスリエルとブラウン（Israel, A. C., & Brown, M. S., 1977）は，16名の平均4歳と8カ月の幼児に「君の特別なお遊び時間に，君は何で遊ぶ？」と聞き，「僕（私）は，恐竜のおもちゃで遊ぶ」と答えたらお菓子で強化し，恐竜のおもちゃ以外の場合は強化しない分化強化を行った。その結果，「僕（私）は，恐竜のおもちゃで遊ぶ」という言語行動が増加し，恐竜のおもちゃで遊ぶ非言語行動もやや増加したが，完全に一致することはなかった。これらの結果は，言うことが変われば行動も変わるという因果関係はなく，言行の一致（言語行動と非言語行動の連鎖）を強化することが必要であることを示している。

政治家の公約と実施された政策との不一致がよく問題になる。主として選挙期間中の言語行動（演説やマニフェスト）に対して，投票（政治家にとっての強化）が行われ，必ずしも一致したかどうかという基準での投票ではないため，政治家の言行が必ずしも一致するとは限らない。

一般的な言行一致訓練では，これから行うことを宣言する言語行動の後に，言った内容に沿った非言語行動およびそれ以外の非言語行動の選択が可能な状況に児童などの実験参加者を誘導し選択させ，言語行動と非言語行動が一致し

た場合に，言語的賞賛やお菓子などで強化する。また，プレイルームなどで何らかの活動（非言語行動）を行った後，別な場面で何を行ったか言語的に報告してもらい（言語行動），一致していれば強化される。前述のイスリエルとブラウン（Israel & Brown, 1977）の実験においても，言行が一致したときにのみ強化すると，一致した行動が増加している。

7.5.2 心理療法におけるルール支配行動

　般化プライアンスは，他者の言っている内容にかかわらず，特定の人物や，場合によっては誰からも社会的に強化されること（あるいは言語的攻撃から逃れられるという社会的な除去型強化）により，言われたことのほとんどに従うルール支配行動である。般化プライアンスが，社会的な不適応を引き起こす例としては，特定の人物の言説への盲従によって社会問題化しているカルト集団に関係したり，他者の依頼を断れずいつも従ってしまい，個人的に不利益を被っている非主張的な例などがある。非主張的な理由としてあげられるものの一つに，対人不安があり，嫌われることを恐れるために正当な主張ができない。**主張性訓練**（アサーション・トレーニング；assertion training）は，相手にも配慮しながら自身の利益を守れるように主張する言語行動の訓練で，このスキルが身につけば結果的に対人不安も減少するとされている。

　ウィリアムソン（Williamson, E. G.）が理論化したキャリアガイダンスは，クライエントの個性や能力に応じて，適したキャリアを教示する指示的ガイダンスである。指示的ガイダンスはクライエントが行うべき行動を指示（提示）し，その指示に従うと自身に適した職業に就けるという意味でトラッキングに依存したガイダンスである。一方，心理的援助を目的としたロジャーズ（Rogers, C.）の提唱した来談者中心療法は，非指示的カウンセリングとして有名である。非指示的カウンセリングは，「受容・共感」や「傾聴」や「繰り返し」といったカウンセリング技法を使いながら，来談者自身の言語行動の自発的な変容を促し，それに伴う行動変容を期待する。ただ，実際のカウンセリング場面を分析したトゥルアックス（Truax, C. B., 1966）は，非指示的カウンセリングである来談者中心療法であってもクライエントがセラピストにとって

7.5 教育現場や臨床現場におけるルール支配行動

望ましい発言をした場合，より共感的で，より温かく受容的で，より指示的ではなく，逆の場合には，逆の対応をしていたことを見出している。これは，来談者中心療法のカウンセラーもクライエントの特定の言語行動の分化強化を行っていることを示している。また，非指示的カウンセリングでは，「こういう場合はこうしたらよい」などのルールを提示してトラッキングを期待したり，「～してくれますか」というような依頼によりプライアンスを促したりしないが，クライエントの立場に立って，クライエントの言っていることを是認したりする「共感」や，クライエントの特定の言明の「繰り返し」は，7.1.3 で述べた動機づけ的オーギュメンティングとして機能する。

より積極的にクライエントの言語行動を分化強化し，行動変容につなげていくカウンセリングとして**動機づけ面接**（motivational interviewing；MI）がある。動機づけ面接は，来談者中心療法から発達したもので，初期は，糖尿病などの疾病を抱えているものの，食事療法などに気乗りのしない患者の動機づけなどのために開発されたカウンセリング技術で，最近はさまざまな対象に用いられるようになっている。ミラーとロールニック（Miller, W. R., & Rollnick, S., 2013）は，動機づけ面接を「変化に対するその人自身の動機と決意を強化するための協働的な会話スタイルである」と定義している。動機づけ面接は，クライエントの自身の行動変化に関する語りを「チェンジトーク」，変化を望まない，あるいは現状維持に関する語りを「維持トーク」とよび，「チェンジトーク」をカウンセラーが言語的に強化して増やしていき，実際の行動変容につなげていくことを目的としている。「チェンジトーク」の回数の増加が実際の行動変容につながるという報告がある一方，単なる回数ではなく，連続的な生起が行動変容につながるという報告がなされている（Houck, J. M., & Moyers, T. B., 2015）。また，面接の終了とともに，実際の行動変容（定期的な服薬や食事制限など）が減衰することが報告されており（Hettema, J. et al., 2005），カウンセリングのみの介入ではなく，強化随伴性を設定した行動変容プログラムの併用が必要であると思われる。

自己生成された教示のほうが，他者から与えられた教示に比べて従われる傾向が強く，また，自己教示が他者に知られているほうがより効果的である（7.3

参照）。カウンセリング場面では，クライエントの自発的自己教示を引き出し，その自己教示をカウンセラーが十分に共有・理解していることを「受容・共感」や「傾聴」や「繰り返し」によってクライエントに実感させることができたとき，行動変容に効果的であるのかもしれない。

7.5.3 ルール支配行動研究から発展した心理療法

　不合理な思考（自己ルール）に囚われ，社会的不適応を起こし，場合によっては自殺に至ることがある。たとえば，職場での失敗から，「自分は同僚に比べて劣っている」「自分は何をやっても上手くいかない」「上手くいかないのは気持ちがすっきりしないからだ」「このまま仕事を続けていると，また失敗をする」「自分は生きていても仕方がない」と悪循環に陥り，悪化していく。あるいは逆に，昇進によって責任が重くなったために，「やっていく自信がない」という不安からうつになることもある。なぜ，1回の失敗や喜ぶべき昇進が不合理な思考を経てうつにつながっていくのかを説明する理論として**関係フレーム理論**（relational flame theory；RFT）が提唱されており，その理論に基づいた心理療法として**アクセプタンス＆コミットメント・セラピー**（acceptance and commitment therapy；ACT）が開発されている。

　ヒト以外の動物では，刺激間の関係づけは，実際の関係性（物理的類似性や相対的な大小関係など）に基づいて行われる。たとえば，先に提示された刺激と次に提示された刺激が同じ場合は，「同じ」ボタンを押し，異なる刺激の場合は「異なる」ボタンを押す異同弁別（4.8.7参照）や，長いほうを選択することを訓練した後，強化されてきた刺激とその刺激より長い刺激を提示すると，より長いほうを選択する相対的な弁別反応（移調；4.8.5の1参照）が可能である。

　しかし，刺激等価性（4.8.7の2参照）で解説したように，主としてヒトの言語では物理的関係性を離れて，任意の刺激同士を関係づけると，それに派生して他の刺激間の関係が形成される。たとえば，「実物の車は，『クルマ』とよぶ」と「『クルマ』は『車』と書く」ことを訓練する（関係づける）と，派生的に，「実物の車は，『車』と書き」，「『車』という文字は，実際に車を指す」

7.5 教育現場や臨床現場におけるルール支配行動

ことが関係づけられる．関係フレーム理論では，これらの実際の車と「クルマ」と「車」は，**等位**（coordination）な関係とよぶ．刺激間の関係性として，等位な関係以外に，逆の関係である**反対**（opposition），大小や明暗などの相対的関係の**比較**（comparison），時間的順の関係である**時間**（temporal），Aが原因となってBが生じる，あるいは影響を受ける**因果**（causal），さらに，ここやそこのように視点の位置に関する関係が提示されている．

関係フレーミング理論では，言語行動は，刺激や事象を関係づける行動であり，その関係づけには，**相互的内包**（mutual entailment），**複合的内包**（combinatorial entailment），**刺激機能の変換**（transformation of stimulus function）の3種があるとしている．相互的内包は，AはBであるという関係性が形成されると，BはAであるという逆の関係が自動的に派生するシッドマンの刺激等価性の対称性に対応する．複合的内包は，AはB，BはCという関係が形成されると，AはC，CはAという関係性が派生する推移性と等価性に対応する．これに加えて，AとBとCのうちのいずれかの刺激（たとえばC）に対して，別の関係づけを行うと，派生的に，C以外のAとBに対しても同様な関係性が形成される刺激機能の変換が生じる．たとえば，実際の車と「クルマ」と「車」の間に，等位な関係づけが形成された後，車（実際の車）で事故を起こしたために車の運転が怖くなり，実際の車は怖いという関係づけが形成されると，派生的に今まで怖くなかった「クルマ」という音声や「車」という文字が，怖いという情動反応を生起させるようになるという刺激機能の変換が生じる．「Aの箱はBの箱より大きい」と「Bの箱はCの箱より大きい」という比較関係性が言語的に提示されると，自動的に「Bの箱はAの箱より小さい」「CのハコはBの箱より小さい」および「Aの箱はCの箱より大きい」「CのハコはAの箱より小さい」という関係づけが行われる．このとき，いずれかの箱を持ち帰らなければならないという状況では，「大きいほうが価値がある」という教示が与えられると，Aの箱が選択される．一方，小さいほうが価値があるという教示が与えられるとCが選択される．同じ関係（A＞C）であっても，与えられる教示によってその機能（この場合は被選択性）が任意に変化する．このように，ヒトの言語では，同じや，大小などの関係性の枠組

み（フレーム）の中で，刺激同士を位置づけ，その関係性も別の関係性（価値や好悪など）によって任意にその機能が変化する。別の言い方をすると，文脈によって刺激の機能が変換する。

うつの場合，相互的内包や複合的内包によってすでに形成されている刺激間の関係ネットワークの1つが不安を引き起こすように変化すると，関係ネットワークでつながった他の等位関係にある刺激にも不安が派生し，刺激機能の変換が生じる。また，「自分は同僚に比べて劣っている」（比較関係ネットワークへの派生）や，「自分が上手くいかないのは不安のせいである」（因果関係ネットワークへの派生）や，「これまでも上手くいかなかった」や，「これからも上手くいかない」（時間関係ネットワークへの派生）などの思考により，生きていても仕方がないという不合理な実際の随伴性とは乖離した思考（自己ルール）につながっていく。これらの現実とはかけ離れた自己ルールを現実のものであるととらえていて，不合理な自己ルールに非言語行動が制御されている現象を**認知的フュージョン**（cognitive fusion）とよぶ。嫌なことがあっても，それを避けずに積極的にかかわっていけば，上手くいくことがあり楽しいことも実体験できるが，嫌なことがあるとそれが生じることを避ける体験の回避が起き，自己ルールと矛盾する随伴性を経験できないため，自己ルールの修正ができず，ますます自己ルールが現実の随伴性から乖離していく。

アクセプタンス＆コミットメント・セラピー（ACT）は，**アクセプタンス**（acceptance）によって認知的フュージョンから脱却し（脱フュージョン），体験の回避を行わず，積極的に自身の価値観に基づいて積極的に生きていく**コミットメント**（commitment）ができるようにクライエントを援助していく。アクセプタンスでは，不安や苦痛を取り除こうとするとかえって，そのような思考に囚われてしまうため，不安や苦痛はそのままにし，今ここで起きていることに注意を向け，価値観をもたずにただ眺めるという**マインドフルネス**（mindfulness）や，たとえば，「今，自分はこの場が嫌だと思っている」というように自身の思考を第三者的に記述し客観化することなどにより**脱フュージョン**（defusion）を達成する。コミットメントでは，自分にとって何が重要なのかクライエントが自身の価値観に気づき，その価値観に基づいて，現実世

界にかかわっていくような適応的な行動を増加させる。アクセプタンス＆コミットメント・セラピーの重要な特徴の一つは，思考を言語行動（自己教示や内言）としてとらえる点にある。

　これまで，さまざまな心理療法が開発され，実践されてきている。それらの中には症状の軽減や治癒にきわめて効果的なものから，効果が科学的に確かめられていない療法などさまざまである。より効果的な治療を行うためには，エビデンスに基づいた治療方法の開発・実践が必要である。

●練 習 問 題

1. 3種のルール支配行動について，違いがわかるように説明してみよう。
2. 教示を与えることにより実際の随伴性に鈍感になる場合の具体的な事例をあげてみよう。
3. 教示に従う場合と従わない場合の典型的な例をあげてみよう。
4. 日常生活におけるルール支配行動のネガティブな側面の事例をあげてみよう。
5. 言行一致訓練はなぜ必要なのか。その理由を述べてみよう。
6. 1つ嫌なことが生じると，一見関係ないようなことも嫌になるメカニズムについて関係性フレーム理論に基づいて説明してみよう。
7. うつの治療法の一つであるアクセプタンス＆コミットメント・セラピーの治療の流れについて説明してみよう。

●参 考 図 書

トールネケ，N.　山本淳一（監修）武藤　崇・熊野宏昭（訳）（2013）．関係フレーム理論（RFT）を学ぶ──言語行動理論・ACT入門──　星和書店

ヘイズ，S. C.・スミス，S.　武藤　崇他（訳）（2008）．〈あなた〉の人生をはじめるためのワークブック──「こころ」との新しいつきあい方　アクセプタンス＆コミットメント──　ブレーン出版

引 用 文 献

第 1 章

Hirotsu, T., Sonoda, H., Uozumi, T., Shinden, Y., Mimori, K., Maehara, Y., ... Hamakawa, M. (2015). A highly accurate inclusive cancer screening test using Caenorhabditis elegans scent detection. *PLOS one*, **10** (3), doi:10.1371/journal.pone.0118699.

Punzo, F. (2002). Food imprinting and subsequent prey preference in the lynx spider, Oxyopes salticus (Araneae：Oxyopidae). *Behavioural Processes*, **58** (3), 177-181.

Rowley, I., & Chapman, G. (1986). Cross-fostering, imprinting and learning in 2 sympatric species of cockatoo. *Behaviour*, **96**, 1-16.

Tinbergen, N. (1948). Social releasers and the experimental method required for their study. *Wilson Bulletin*, **60**, 6-51.

Tinbergen, N. (1951). *The study of instinct*. Oxford：Clarendon Press.

Warriner, C. C., Lemmon, W. B., & Ray, T. S. (1963). Early experience as a variable in mate selection. *Animal Behaviour*, **11** (2-3), 221-224.

第 2 章

Bolino, F., Di Michele, V., Di Cicco, L., Manna, V., Daneluzzo, E., & Casacchia, M. (1994). Sensorimotor gating and habituation evoked by electro-cutaneous stimulation in schizophrenia. *Biological Psychiatry*, **36** (10), 670-679.

Carew, T. J., Pinsker, H. M., & Kandel, E. R. (1972). Long-term habituation of a defensive withdrawal reflex in Aplysia. *Science*, **175** (4020), 451-454.

Cohen, L. B., Gelber, E. R., & Lazar, M. A. (1971). Infant habituation and generalization to differing degrees of stimulus novelty. *Journal of Experimental Child Psychology*, **11** (3), 379-389.

Davis, M. (1974). Sensitization of the rat startle response by noise. *Journal of Comparative and Physiological Psychology*, **87** (3), 571-581.

Davis, M., & Wagner, A. R. (1969). Habituation of startle response under incremental sequence of stimulus intensities. *Journal of Comparative and Physiological Psychology*, **67** (4), 486-492.

Domjan, M. (1976). Determinants of the enhancement of flavored-water intake by prior exposure. *Journal of Experimental Psychology：Animal Behavior Processes*, **2** (1), 17-27.

Groves, P. M., Lee, D., & Thompson, R. F. (1969). Effects of stimulus frequency and intensity on habituation and sensitization in acute spinal cat. *Physiology and Behavior*, **4** (3), 383-388.

Groves, P. M., & Thompson, R. F. (1970). Habituation：A dual-process theory. *Psychological Review*, **77**, 419-450.

Johnson, S. P., & Náñez, Sr, J. (1995). Young infant's perception of object unity in two-dimensional displays. *Infant Behavior and Development*, **18** (2), 133-143.

Kandel, E. (2000). Cellular mechanisms of learning and the biological basis of individuality. In E. Kandel, J. H. Schwartz, & J. M. Jessell (Eds.), *Principles of neural sciences* (pp.1247-1257). New York：McGraw-Hill.

Leaton, R. N. (1976). Long-term retention of the habituation of lick suppression and startle response produced by a single auditory stimulus. *Journal of Experimental Psychology : Animal Behavior Processes*, **2**, 248-289.

Lipsitt, L. P., & Kaye, H. (1965). Change in neonatal response to optimizing and non-optimizing sucking stimulation. *Psychonomic Science*, **2** (8), 221-222.

Marcus, E. A., Nolen, T. G., Rankin, C. H., & Carew, T. J. (1988). Behavioral dissociation of dishabituation, sensitization, and inhibition in Aplysis. *Science*, **241** (4862), 210-213.

Orger, M. B., Gahtan, E., Muto, A., Page-McCaw, P., Smear, M. C., & Baier, H. (2004). Behavioral screening assays in zebrafish. In H. W. Detrich, Ⅲ, M. Westerfield, & L. I. Zon (Eds.), *Methods in cell biology* (Vol.77, pp.53-68). Academic Press.

Rankin, C. H., Abrams, T., Barry, R. J., Bhatnagar, S., Clayton, D. F., Colombo, J., … Thompson, R. F. (2009). Habituation revisited : An updated and revised description of the behavioral characteristics of habituation. *Neurobiology of Learning and Memory*, **92** (2), 135-138.

Rankin, C. H., & Broster, B. S. (1992). Factors affecting habituation and recovery from habituation in the nematode Caenorhabditis-elegans. *Behavioral Neuroscience*, **106** (2), 239-249.

Zaccardi, M. L., Traina, G., Cataldo, E., & Brunelli, M. (2001). Nonassociative learning in the leech Hirudo medicinalis. *Behavioural Brain Research*, **126** (1-2), 81-92.

Wyttenbach, R. A., May, M. L., & Hoy, R. R. (1996). Categorical perception of sound frequency by crickets. *Science*, **273** (5281), 1542-1544.

第3章

Ader, R., & Cohen, N. (1975). Behaviorally conditioned immunosuppression. *Psychosomatic Medicine*, **37** (4), 333-340.

Arwas, S., Rolnick, A., & Lubow, R. E. (1989). Conditioned taste-aversion in humans using motion-induced sickness as the US. *Behaviour Research and Therapy*, **27** (3), 295-301.

Bass, M. J., & Hull, C. L. (1934). The irradiation of a tactile conditioned reflex in man. *Journal of Comparative Psychology*, **17**, 47-66.

Bernstein, I. L. (1991). Aversion conditioning in response to cancer and cancer-treatment. *Clinical Psychology Review*, **11** (2), 185-191.

Brogden, W. J. (1939). Sensory pre-conditioning. *Journal of Experimental Psychology*, **25**, 323-332.

Dearing, M. F., & Dickinson, A. (1979). Counter-conditioning of shock by a water reinforcer in rabbits. *Animal Learning and Behavior*, **7** (3), 360-366.

Doe, N., Nakajima, S., & Tamai, N. (2004). Cross-modal transfer of conditioned suppression in rats : Effects of US intensity and extinction of the initial conditioning task. *Learning and Motivation*, **35** (3), 242-261.

Frey, P., & Misfeldt, T. (1967). Rabbit eyelid conditioning as a function of the intertrial interval. *Psychonomic Science*, **9** (3), 137-138.

Garcia, J., & Koelling, R. A. (1966). Relation cue to consequence in avoiding learning. *Psychonomic Science*, **4**, 123-124.

Gustavson, C. R., Jowsey, J. R., & Milligan, D. N. (1982). A 3-year evaluation of taste aversion coyote control in Saskatchewan. *Journal of Range Management*, **35** (1), 57-59.

Hartman, T. F., & Grant, D. A. (1960). Effect of intermittent reinforcement on acquisition, extinction and spontaneous recovery of the conditioned eyelid response. *Journal of Experimental Psychology*, **60**, 89-96.

Jami, S. A., Wright, W. G., & Glanzman, D. L. (2007). Differential classical conditioning of the gill-withdrawal reflex in Aplysia recruits both NMDA receptor-dependent enhancement and NMDA receptor-dependent depression of the reflex. *Journal of Neuroscience*, **27** (12), 3064-3068.

Jones, M. C. (1924). A laboratory study of fear : The case of Peter. *Pedagogical Seminary*, **31**, 308-315.

Kim, J., Allen, C. T., & Kardes, F. R. (1996). An investigation of the mediational mechanisms underlying attitudinal conditioning. *Journal of Marketing Research*, **33** (3), 318-328.

Loop, M. S., & Berkley, M. A. (1975). Temporal modulation sensitivity of the cat. I : Behavioral measures. *Vision Research*, **15** (5), 555-561.

Myers, K. M., & Davis, M. (2002). Behavioral and neural analysis of extinction. *Neuron*, **36** (4), 567-584.

O'Donnell, S., Webb, J. K., & Shine, R. (2010). Conditioned taste aversion enhances the survival of an endangered predator imperilled by a toxic invader. *Journal of Applied Ecology*, **47** (3), 558-565.

Rescorla, R. A. (1968). Probability of shock in the presence and absence of CS in fear conditioning. *Journal of Comparative and Physiological Psychology*, **66**, 1-5.

Rescorla, R. A., & Wagner, A. R. (1972). A theory of Pavlovian conditioning : Variations in the effectiveness of reinforcement and nonreinforcement. In A. H. Black, & W. F. Prokasy (Eds.), *Classical conditioning II : Current research and theory*. New York : Appleton-Century-Crofts.

Scavio, M. J., & Gormezano, I. (1974). CS Intensity effects on rabbit nictitating membrane conditioning, extinction and generalization. *Pavlovian Journal of Biological Science*, **9** (1), 25-34.

Schnur, P., & Lubow, R. E. (1976). Latent inhibition : The effects of ITI and CS intensity during preexposure. *Learning and Motivation*, **7** (4), 540-550.

Shapiro, K. L., Jacobs, W. J., & Lolordo, V. M. (1980). Stimulus-reinforcer interactions in Pavlovian conditioning of pigeons : Implications for selective associations. *Animal Learning and Behavior*, **8** (4), 586-594.

Siegel, S., Hearst, E., George, N., & O'Neal, E. (1968). Generalization gradients obtained from individual subjects following classical conditioning. *Journal of Experimental Psychology*, **78**, 171-178.

Smith, J. C., & Roll, D. L. (1967). Trace conditioning with X-rays as an aversive stimulus. *Psychonomic Science*, **9**, 11-12.

Smith, J. W., & Frawley, P. J. (1993). Treatment outcome of 600 chemically dependent patients treated in a multimodal inpatient program including aversion therapy and pentothal interviews. *Journal of Substance Abuse Treatment*, **10** (4), 359-369.

Smith, M. C. (1968). CS-US interval and US intensity in classical conditioning of the rabbit's nictitating membrane response. *Journal of Comparative and Physiological Psychology*, **66**, 679-687.

Solvason, H. B., Ghanta, V. K., & Hiramoto, R. N. (1988). Conditioned augmentation of natural killer cell activity : Independence from nociceptive effects and dependence on interferon-beta. *Journal of Immunology*, **140**, 661-665.

Sullivan, R. M., Taborsky-Barba, S., Mendoza, R., Itano, A., Leon, M., Cotman, C. W., ... Lott, I. (1991). Olfactory classical conditioning in neonates. *Pediatrics*, **87** (4), 511-518.

Todrank, J., Byrnes, D., Wrzesniewski, A., & Rozin, P. (1995). Odors can change preferences for people in photographs : A cross-modal evaluative conditioning study with olfactory USs and visual CSs. *Learning and Motivation*, **26** (2), 116-140.

Voegtlin, W. L. (1940). The treatment of alcoholism by establishing a conditioned reflex. *American Journal of Medical Sciences*, **199**, 802-810.

Watson, J. B., & Rayner, R. (1920). Conditioned emotional reactions. *Journal of Experimental Psychology*, **3** (1), 1-14.

Wilcoxon, H. C., Dragoin, W. B., & Kral, P. A. (1971). Illness-induced aversions in rat and quail : Relative salience of visual and gustatory cues. *Science*, **171**, 826-828.

第4章

Abramowitz, A. J., & O'Leary, S. G. (1990). Effectiveness of delayed punishment in an applied setting. *Behavior Therapy*, **21** (2), 231-239.

Allison, J., & Mack, R. (1982). Polydipsia and autoshaping : Drinking and leverpressing as substitutes for eating. *Animal Learning and Behavior*, **10** (4), 465-475.

Ayllon, T., & Azrin, N. H. (1965). The measurement and reinforcement of behavior of psychotics. *Journal of the Experimental Analysis of Behavior*, **8** (6), 357-383.

Azrin, N. H. (1960). Effects of punishment intensity during variable-interval reinforcement. *Journal of the Experimental Analysis of Behavior*, **3** (2), 123-142.

Azrin, N. H., Holz, W. C., & Hake, D. F. (1963). Fixed-ratio punishment. *Journal of the Experimental Analysis of Behavior*, **6** (2), 141-148.

Azrin, N. H., Hutchinson, R. R., & Hake, D. (1966). Extinction-induced aggression. *Journal of the Experimental Analysis of Behavior*, **9** (3), 191-204.

Baum, W. M. (1974). On two types of deviation from the matching law : Bias and undermatching. *Journal of the Experimental Analysis of Behavior*, **22** (1), 231-242.

Baum, W. M. (1981). Optimization and the matching law as accounts of instrumental behavior. *Journal of the Experimental Analysis of Behavior*, **36** (3), 387-403.

Berryman, R., & Nevin, J. (1962). Interlocking schedules of reinforcement. *Journal of the Experimental Analysis of Behavior*, **5** (2), 213-223.

Blough, D. S. (1956). Dark adaptation in the pigeon. *Journal of Comparative and Physiological Psychology*, **49** (5), 425-430.

Blough, D. S. (1958). A method for obtaining psychophysical thresholds from the pigeon. *Journal of the Experimental Analysis of Behavior*, **1** (1), 31-43.

Blough, D. S. (1969). Attention shifts in a maintained discrimination. *Science*, **166** (3901), 125-126.

Blough, D. S. (1985). Discrimination of letters and random dot patterns by pigeons and humans. *Journal of Experimental Psychology : Animal Behavior Processes*, **11** (2), 261-280.

Blough, D. S. (1986). Odd-item search by pigeons : Method, instrumentation, and uses. *Behavior Research Methods, Instruments, and Computers*, **18** (5), 413-419.

Blough, P. M. (1991). Selective attention and search images in pigeons. *Journal of Experimental Psychology : Animal Behavior Processes*, **17** (3), 292-298.

Breland, K., & Breland, M. (1961). The misbehaviour of organisms. *American Psychologist*, **16**, 681-684.

Brown, P. L., & Jenkins, H. M. (1968). Auto-shaping of the pigeon's key-peck. *Journal of the Experimental Analysis of Behavior*, **11** (1), 1-8.

Butler, R., & Harlow, H. F. (1954). Persistence of visual exploration in monkeys. *Journal of Comparative and Physiological Psychology*, **47**, 258-263.

Camp, D. S., Raymond, G. A., & Church, R. M. (1967). Temporal relationship between response and punishment. *Journal of Experimental Psychology*, **74** (1), 114-123.

Clark, F. C. (1958). The effect of deprivation and frequency of reinforcement on variable-interval responding. *Journal of the Experimental Analysis of Behavior*, **1** (3), 221-228.

Colwill, R. M., & Rescorla, R. A. (1990). Evidence for the hierarchical structure of instrumental learning. *Learning and Behavior*, **18** (1), 71-82.

Craighead, W. E., Kazdin, A. E., & Mahoney, M. J. (1976). *Behavior modification : Principles, issues, and applications*. Boston : Houghton Mifflin.

D'Amato, M. R., & Worsham, R. W. (1972). Delayed matching in the capuchin monkey with brief sample durations. *Learning and Motivation*, **3** (3), 304-312.

Dobrzecka, C., Szwejkowska, G., & Konorski, J. (1966). Qualitative versus directional cues in two forms of differentiation. *Science*, **153** (3731), 87-89.

Dougherty, D. M., & Lewis, P. (1991). Stimulus generalization, discrimination learning, and peak shift in horses. *Journal of the Experimental Analysis of Behavior*, **56** (1), 97-104.

Dougherty, D. M., & Lewis, P. (1993). Generalization of a tactile stimulus in horses. *Journal of the Experimental Analysis of Behavior*, **59** (3), 521-528.

Eckerman, D. A., & Lanson, R. N. (1969). Variability of response location for pigeons responding under continuous reinforcement, intermittent reinforcement, and extinction. *Journal of the Experimental Analysis of Behavior*, **12** (1), 73-80.

Epstein, R. (1983). Resurgence of previously reinforced behavior during extinction. *Behaviour Analysis Letters*, **3** (6), 391-397.

Ferster, C. B., & Skinner, B. F. (1957). *Schedules of reinforcement*. New York : Appleton-Century-Crofts.

Fleshler, M., & Hoffman, H. S. (1962). A progression for generating variable-interval schedules. *Journal of the Experimental Analysis of Behaviour*, **5**, 529-530.

Frankel, F. D. (1975). The role of the response-punishment contingency in the suppression of a positively-reinforced operant. *Learning and Motivation*, **6** (3), 385-403.

Goh, H. L., & Iwata, B. A. (1994). Behavioral persistence and variability during extinction of self-injury maintained by escape. *Journal of Applied Behavior Analysis*, **27** (1), 173-174.

Goldman, M., & Shapiro, S. (1979). Matching-to-sample and odditity-from-sample in goldfish. *Journal of the Experimental Analysis of Behavior*, **31** (2), 259-266.

Grant, D. S. (1976). Effect of sample presentation time on long-delay matching in the pigeon. *Learning and Motivation*, **7** (4), 580-590.

Green, L., Fry, A. F., & Myerson, J. (1994). Discounting of delayed rewards : A life-span comparison. *Psychological Science*, **5** (1), 33-36.

Hall, R. V., & Fox, R. G. (1977). Changing-criterion designs : An alternate applied behavior analysis procedure. In S. W. Bijou, B. C. Etzel, J. M. LeBlanc, & D. M. Baer (Eds.), *New developments in behavioral research : Theory, method, and application : In honor of Sidney W. Bijou* (pp.151-166). Hillsdale, NJ : New York, NY : Lawrence Erlbaum Associates ; distributed by the Halsted Press Division of Wiley.

Herrnstein, R. J. (1961). Relative and absolute strength of response as a function of frequency of reinforcement. *Journal of the Experimental Analysis of Behavior,* **4** (3), 267-272.

Herrnstein, R. J., & Brady, J. V. (1958). Interaction among components of a multiple schedule. *Journal of the Experimental Analysis of Behavior,* **1** (4), 293-300.

Herrnstein, R. J., & Hineline, P. N. (1966). Negative reinforcement as shock-frequency reduction. *Journal of the Experimental Analysis of Behavior,* **9** (4), 421-430.

Herrnstein, R. J., & Loveland, D. H. (1964). Complex visual concept in the pigeon. *Science,* **146** (3643), 549-551.

Hinson, J. M., & Staddon, J. E. (1978). Behavioral competition : A mechanism for schedule interactions. *Science,* **202** (4366), 432-434.

Honig, W. K., Boneau, C. A., Burstein, K. R., & Pennypacker, H. S. (1963). Positive and negative generalization gradients obtained after equivalent training conditions. *Journal of Comparative and Physiological Psychology,* **56**, 111-116.

Honig, W. K., & Slivka, R. M. (1964). Stimulus generalization of the effects of punishment. *Journal of the Experimental Analysis of Behavior,* **7** (1), 21-25.

Holz, W. C., & Azrin, N. H. (1961). Discriminative properties of punishment. *Journal of the Experimental Analysis of Behavior,* **4** (3), 225-232.

Hopkins, B. L., Schutte, R. C., & Garton, K. L. (1971). The effects of access to a playroom on the rate and quality of printing and writing of first and second-grade students. *Journal of Applied Behavior Analysis,* **4** (2), 77-87.

Hursh, S. R., & Natelson, B. H. (1981). Electrical brain stimulation and food reinforcement dissociated by demand elasticity. *Physiology and Behavior,* **26** (3), 509-515.

Jenkins, H. M., & Moore, B. R. (1973). The form of the autoshaped response with food or water reinforcers. *Journal of the Experimental Analysis of Behavior,* **20**, 163-181.

Jenkins, H. M., & Sainsbury, R. S. (1970). Discrimination learning with the distinctive feature on positive or negative trials. In D. I. Mostofsky (Ed.), *Attention : Contemporary theory and analysis.* New York : Appleton-Century-Crofts.

Konarski, E. A., Crowell, C. R., & Duggan, L. M. (1985). The use of response deprivation to increase the academic performance of EMR students. *Applied Research in Mental Retardation,* **6** (1), 15-31.

Laraway, S., Snycerski, S., Michael, J., & Poling, A. (2003). Motivating operations and terms to describe them : Some further refinements. *Journal of Applied Behavior Analysis,* **36** (3), 407-414.

Manabe, K., Dooling, R. J., & Takaku, S. (2013). Differential reinforcement of an approach response in zebrafish (Danio rerio). *Behavioural Processes,* **98**, 106-111.

Manabe, K., Murata, M., Kawashima, T., Asahina, K., & Okutsu, K. (2009). Transposition of line-length discrimination in African penguins (*Spheniscus demersus*). *Japanese Psychological Research,* **51** (3), 115-121.

Manabe, K., Sadr, E. I., & Dooling, R. J. (1998). Control of vocal intensity in budgerigars (*Melopsittacus undulatus*)：Differential reinforcement of vocal intensity and the Lombard effect. *Journal of the Acoustical Society of America*, **103** (2), 1190-1198.

McDowell, J. J., & Wixted, J. T. (1986). Variable-ratio schedules as variable-interval schedules with linear feedback loops. *Journal of the Experimental Analysis of Behavior*, **46** (3), 315-329.

Michael, J. (1993). Establishing operations. *The Behavior Analyst*, **16** (2), 191-206.

Mitchell, S. H., Wilson, V. B., & Karalunas, S. L. (2015). Comparing hyperbolic, delay-amount sensitivity and present-bias models of delay discounting. *Behavioural Processes*, **114**, 52-62.

Morse, W. (1966). Intermittent reinforcement. In W. K. Honig (Ed.), *Operant behavior：Areas of research and application* (pp. 52-108). New York：Appleton-Century-Crofts.

Mueller, M. M., Palkovic, C. M., & Maynard, C. S. (2007). Errorless learning：Review and practical application for teaching children with pervasive developmental disorders. *Psychology in the Schools*, **44** (7), 691-700.

Neill, J. C., & Harrison, J. M. (1987). Auditory discrimination：The Konorski quality-location effect. *Journal of the Experimental Analysis of Behavior*, **48** (1), 81-95.

Nevin, J. A. (1974). Response strength in multiple schedules. *Journal of the Experimental Analysis of Behavior*, **21** (3), 389-408.

Nevin, J. A., & Grace, R. C. (2005). Resistance to extinction in the steady state and in transition. *Journal of Experimental Psychology：Animal Behavior Processes*, **31** (2), 199-212.

Newman, J. P., Wolff, W. T., & Hearst, E. (1980). The feature-positive effect in adult human subjects. *Journal of Experimental Psychology：Human Learning and Memory*, **6** (5), 630-650.

日本行動分析学会編 (2019). 行動分析学事典　丸善出版

Ono, K. (1987). Superstitious behavior in humans. *Journal of the Experimental Analysis of Behavior*, **47** (3), 261-271.

Overmier, J. B., & Leaf, R. C. (1965). Effects of discriminative Pavlovian fear conditioning upon previously or subsequently acquired avoidance responding. *Journal of Comparative and Physiological Psychology*, **60** (2), 213-217.

Premack, D. (1963). Rate differential reinforcement in monkey manipulation, *Journal of the Experimental Analysis of Behaviour*, **6** (1), 81-89.

Rachlin, H., & Green, L. (1972). Commitment, choice and self-control. *Journal of the Experimental Analysis of Behavior*, **17** (1), 15-22.

Reynolds, G. S. (1961). Behavioral contrast. *Journal of the Experimental Analysis of Behavior*, **4** (1), 57-71.

Reynolds, G. S. (1975). *A primer of operant conditioning* (Revised ed.). Glenview：Scott, Foresman and Company.

Richardson, W. K. (1973). A test of the effectiveness of the differential-reinforcement-of-low-rate schedule. *Journal of the Experimental Analysis of Behavior*, **20** (3), 385-391.

Roberts, S. (1981). Isolation of an internal clock. *Journal of Experimental Psychology：Animal Behavior Processes*, **7** (3), 242-268.

Rogers, C. A. (1974). Feedback precision and postfeedback interval duration. *Journal of*

Experimental Psychology, **102** (4), 604-608.
Rokosik, S. L., & Napier, T. C. (2011). Intracranial self-stimulation as a positive reinforcer to study impulsivity in a probability discounting paradigm. *Journal of Neuroscience Methods*, **198** (2), 260-269.
Rosellini, R. A., Decola, J. P., Plonsky, M., Warren, D. A., & Stilman, A. J. (1984). Uncontrollable shock proactively increases sensitivity to response-reinforcer independence in rats. *Journal of Experimental Psychology : Animal Behavior Processes*, **10** (3), 346-359.
Rosenfeld, H. M., & Baer, D. M. (1970). Unbiased and unnoticed verbal conditioning : The double agent robot procedure. *Journal of the Experimental Analysis of Behavior*, **14** (1), 99-105.
Sainsbury, R. (1971). The "feature positive effect" and simultaneous discrimination learning. *Journal of Experimental Child Psychology*, **11** (3), 347-356.
Schusterman, R. J., & Kastak, D. (1993). A California sea lion "(Zalophus californianus)" is capable of forming equivalence relations. *The Psychological Record*, **43** (4), 823-839.
Seligman, M. E., & Maier, S. F. (1967). Failure to escape traumatic shock. *Journal of Experimental Psychology*, **74** (1), 1-9.
Seligman, M. E., Maier, S. F., & Geer, J. H. (1968). Alleviation of learned helplessness in the dog. *Journal of Abnormal Psychology*, **73** (3p1), 256-262.
Shettleworth, S. (1975). Reinforcement and the organization of behavior in golden hamsters : Hunger, environment, and food reinforcement. *Journal of Experimental Psychology : Animal Behavior Processes*, **1** (1), 56-87.
Shore, B. A., Iwata, B. A., DeLeon, I. G., Kahng, S. W., & Smith, R. G. (1997). An analysis of reinforcer substitutability using object manipulation and self-injury as competing responses. *Journal of Applied Behavior Analysis*, **30** (1), 21-41.
Sidman, M. (1953). Two temporal parameters of the maintenance of avoidance behavior by the white rat. *Journal of Comparative and Physiological Psychology*, **46** (4), 253-261.
Sidman, M. (1971). Reading and auditory-visual equivalences. *Journal of Speech and Hearing Research*, **14** (1), 5-13.
Sidman, M. (2009). Equivalence relations and behavior : An introductory tutorial. *The Analysis of Verbal Behavior*, **25** (1), 5-17.
Skinner, B. F. (1948). 'Superstition' in the pigeon. *Journal of Experimental Psychology*, **38** (2), 168-172.
Solomon, R. L., Kamin, L. J., & Wynne, L. C. (1953). Traumatic avoidance learning : The outcomes of several extinction procedures with dogs. *The Journal of Abnormal and Social Psychology*, **48** (2), 291-302.
Solomon, R. L., & Wynne, L. C. (1953). Traumatic avoidance learning : Acquisition in normal dogs. *Psychological Monographs : General and Applied*, **67** (4), 1-19.
Staddon, J. (1979). Operant behavior as adaptation to constraint. *Journal of Experimental Psychology : General*, **108** (1), 48-67.
Staddon, J., & Simmelhag, V. L. (1971). The "supersitition" experiment : A reexamination of its implications for the principles of adaptive behavior. *Psychological Review*, **78** (1), 3-43.
Tanno, T. (2016). Response-bout analysis of interresponse times in variable-ratio and variable-interval schedules. *Behavioural Processes*, **132**, 12-21.

Terrace, H. S. (1963). Discrimination learning with and without "errors". *Journal of the Experimental Analysis of Behavior*, **6** (1), 1-27.
Timberlake, W. (1984). Behavior regulation and learned performance : Some misapprehensions and disagreements. *Journal of the Experimental Analysis of Behavior*, **41** (3), 355-375.
Timberlake, W. (1994). Behavior systems, associationism, and Pavlovian conditioning. *Psychonomic Bulletin and Review*, **1** (4), 405-420.
Timberlake, W., & Allison, J. (1973). *Interchange-ability of instrumental response and reinforcer based on schedule changes*. Paper presented at the meeting of the Midwestern Psychological Association, Chicago, IL, May 1973.
Timberlake, W., & Allison, J. (1974). Response deprivation : An empirical approach to instrumental performance. *Psychological Review*, **81** (2), 146-164.
Timberlake, W., & Grant, D. L. (1975). Autoshaping in rats to the presentation of another rat predicting food. *Science*, **190**, 690-692.
Tomina, Y., & Takahata, M. (2010). A behavioral analysis of force-controlled operant tasks in American lobster. *Physiology and Behavior*, **101** (1), 108-116.
Vaughan, W. (1988). Formation of equivalence sets in pigeons. *Journal of Experimental Psychology : Animal Behavior Processes*, **14** (1), 36-42.
Wagner, A. R., Logan, F. A., Haberlandt, K., & Price, T. (1968). Stimulus selection in animal discrimination learning. *Journal of Experimental Psychology*, **76** (2p1), 171-180.
Watanabe, S., Sakamoto, J., & Wakita, M. (1995). Pigeons' discrimination of paintings by Monet and Picasso. *Journal of the Experimental Analysis of Behavior*, **63** (2), 165-174.
Weiss, S. J., & Panlilio, L. V. (1999). Blocking a selective association in pigeons. *Journal of the Experimental Analysis of Behavior*, **71** (1), 13-24.
Werker, J. F., Polka, L., & Pegg, J. E. (1997). The conditioned head turn procedure as a method for testing infant speech perception. *Infant and Child Development*, **6** (3-4), 171-178.
Werker, J. F., & Tees, R. C. (1984). Cross-language speech perception : Evidence for perceptual reorganization during the first year of life. *Infant Behavior and Development*, **7** (1), 49-63.
Wilkie, D. M., & Masson, M. E. (1976). Attention in the pigeon : A reevaluation. *Journal of the Experimental Analysis of Behavior*, **26** (2), 207-212.
Williams, D. R., & Williams, H. (1969). Auto-maintenance in the pigeon : Sustained pecking despite contingent non-reinforcement. *Journal of the Experimental Analysis of Behavior*, **12** (4), 511-520.
Wolfe, J. B. (1934). The effect of delayed reward upon learning in the white rat. *Journal of Comparative Psychology*, **17** (1), 1-21.

第5章

Hikosaka, O., Rand, M. K., Nakamura, K., Miyachi, S., Kitaguchi, K., Sakai, K., ... Shimo, Y. (2002). Long-term retention of motor skill in macaque monkeys and humans. *Experimental Brain Research*, **147** (4), 494-504.
Janelle, C. M., Barba, D. A., Frehlich, S. G., Tennant, L. K., & Cauraugh, J. H. (1997). Maximizing performance feedback effectiveness through videotape replay and a self-controlled learning environment. *Research Quarterly for Exercise and Sport*, **68** (4), 269-

279.
Kimble, G. A., & Bilodeau, E. A. (1949). Work and rest as variables in cyclical motor learning. *Journal of Experimental Psychology*, **39** (2), 150-157.
Kimble, G. A., & Horenstein, B. R. (1948). Reminiscence in motor learning as a function of length of interpolated rest. *Journal of Experimental Psychology*, **38** (3), 239-244.
Kurtz, S., & Lee, T. D. (2003). Part and whole perceptual-motor practice of a polyrhythm. *Neuroscience Letters*, **338** (3), 205-208.
Lorge, I. (1930). Influence of regularly interpolated time intervals upon subsequent learning. *Teachers College Contributions to Education*.
Rogers, C. A. (1974). Feedback precision and postfeedback interval duration. *Journal of Experimental Psychology*, **102** (4), 604-608.
Swift, E. J. (1905). Memory of a complex skillful act. *The American Journal of Psychology*, **16** (1), 131-133.
Wulf, G., Schmidt, R. A., & Deubel, H. (1993). Reduced feedback frequency enhances generalized motor program learning but not parameterization learning. *Journal of Experimental Psychology : Learning, Memory, and Cognition*, **19** (5), 1134-1150.

第6章

Akins, C. K., & Zentall, T. R. (1998). Imitation in Japanese quail : The role of reinforcement of demonstrator responding. *Psychonomic Bulletin and Review*, **5** (4), 694-697.
Avarguès-Weber, A., & Chittka, L. (2014). Local enhancement or stimulus enhancement? Bumblebee social learning results in a specific pattern of flower preference. *Animal Behaviour*, **97** (Supplement C), 185-191.
Avery, M. L. (1994). Finding good food and avoiding bad food : Does it help to associate with experienced flockmates? *Animal Behaviour*, **48** (6), 1371-1378.
Baer, D. M., Peterson, R. F., & Sherman, J. A. (1967). The development of imitation by reinforcing behavioral similarity to a model. *Journal of the Experimental Analysis of Behavior*, **10**, 405-416.
Baer, D. M., & Sherman, J. A. (1964). Reinforcement control of generalized imitation in young children. *Journal of Experimental Child Psychology*, **1** (1), 37-49.
Bandura, A. (1965). Influence of model's reinforcement contingencies on the acquisition of initiative responses. *Journal of Personality and Social Psychology*, **1**, 589-593.
Bandura, A. (1971). *Social learning theory*. New York : General Learning Press.
Bandura, A., Grusec, J. E., & Menlove, F. L. (1966). Observational learning as a function of symbolization and incentive set. *Child Development*, **37** (3) : 499-506.
Bandura, A., Ross, D., & Ross, S. A. (1961). Transmission of aggression through imitation of aggressive models. *Journal of Abnormal and Social Psychology*, **63**, 575-582.
Bandura, A., Ross, D., & Ross, S. A. (1963). Vicarious reinforcement and imitative learning. *Journal of Abnormal and Social Psychology*, **67** (6), 601-607.
Evers, W. L., & Schwarz, J. C. (1973). Modifying social withdrawal in preschoolers : The effects of filmed modeling and teacher praise. *Journal of Abnormal Child Psychology*, **1** (3), 248-256.
Fawcett, T. W., Skinner, A. M., & Goldsmith, A. R. (2002). A test of imitative learning in

starlings using a two-action method with an enhanced ghost control. *Animal Behaviour*, **64** (4), 547-556.

Heyes, C. M., & Dawson, G. R. (1990). A demonstration of observational learning in rats using a bidirectional control. *Quarterly Journal of Experimental Psychology Section B*, **42** (1), 59-71.

Heyes, C. M., Jaldow, E., & Dawson, G. R. (1993). Observational extinction : Observation of nonreinforced responding reduces resistance to extinction in rats. *Animal Learning and Behavior*, **21** (3), 221-225.

Hotta, T., Takeyama, T., Heg, D., Awata, S., Jordan, L., & Kohda, M. (2015). The use of multiple sources of social information in contest behavior : Testing the social cognitive abilities of a cichlid fish. *Frontiers in Ecology and Evolution*, **3** (85). (doi : 10.3389/fevo.2015.00085)

McQuoid, L. M., & Galef, B. G. (1993). Social stimuli influencing feeding behaviour of Burmese fowl : Video analysis. *Animal Behaviour*, **46** (1), 13-22.

Meichenbaum, D. H., & Goodman, J. (1971). Training impulsive children to talk to themselves : A means of developing self-control. *Journal of Abnormal Psychology*, **77** (2), 115-126.

Mineka, S., Davidson, M., Cook, M., & Keir, R. (1984). Observational conditioning of snake fear in rhesus monkeys. *Journal of Abnormal Psychology*, **93** (4), 355-372.

Sarokoff, R. A., & Sturmey, P. (2004). The effects of behavioral skills training on staff implementation of discrete-trial teaching. *Journal of Applied Behavior Analysis*, **37** (4), 535-538.

第 7 章

Ayllon, T., & Azrin, N. (1964). Reinforcement and instructions with mental patients. *Journal of the Experimental Analysis of Behavior*, **7** (4), 327-331.

Bateson, M., Nettle, D., & Roberts, G. (2006). Cues of being watched enhance cooperation in a real-world setting. *Biology Letters*, **2** (3), 412-414.

Brodsky, G. (1967). The relation between verbal and non-verbal behavior change. *Behaviour Research and Therapy*, **5** (3), 183-191.

Catania, A. C., Matthews, B. A., & Shimoff, E. (1982). Instructed versus shaped human verbal behavior : Interactions with nonverbal responding. *Journal of the Experimental Analysis of Behavior*, **38** (3), 233-248.

Galizio, M. (1979). Contingency-shaped and rule-governed behavior : Instructional control of human loss avoidance. *Journal of the Experimental Analysis of Behavior*, **31** (1), 53-70.

Hayes, S. C., Brownstein, A. J., Haas, J. R., & Greenway, D. E. (1986). Instructions, multiple schedules, and extinction : Distinguishing rule-governed from schedule-controlled behavior. *Journal of the Experimental Analysis of Behavior*, **46** (2), 137-147.

Hayes, S. C., Zettle, R. D., & Rosenfarb, I. (1989). Rule-following. In S. C. Hayes (Ed.), *Rule-governed behavior : Cognition, contingencies, and instructional control* (pp.191-220). New York : Plenum Press.

Hettema, J., Steele, J., & Miller, W. R. (2005). Motivational interviewing *Annual Review of Clinical Psychology* (Vol. 1, pp.91-111). Palo Alto : Annual Reviews.

Houck, J. M., & Moyers, T. B. (2015). Within-session communication patterns predict alcohol

treatment outcomes. *Drug and Alcohol Dependence*, **157**, 205-209.
Israel, A. C., & Brown, M. S. (1977). Correspondence training, prior verbal training, and control of nonverbal behavior via control of verbal behavior. *Journal of Applied Behavior Analysis*, **10** (2), 333-338.
Laties, V. G., & Weiss, B. (1963). Effect of a concurrent task on fixed-interval responding in humans. *Journal of the Experimental Analysis of Behavior*, **6** (3), 431-436.
Miller, W. R., & Rollnick, S. (2013). *Motivational interviewing : Helping people change*. New York : Guilford Press.
Risley, T. R., & Hart, B. (1968). Developing correspondence between the non-verbal and verbal behavior of preschool children. *Journal of Applied Behavior Analysis*, **1** (4), 267-281.
Rosenfarb, I., & Hayes, S. C. (1984). Social standard setting : The achilles heel of informational accounts of therapeutic change. *Behavior Therapy*, **15** (5), 515-528.
Truax, C. B. (1966). Reinforcement and nonreinforcement in Rogerian psychotherapy. *Journal of Abnormal Psychology*, **71** (1), 1-9.
Wulfert, E., Greenway, D. E., Farkas, P., Hayes, S. C., & Dougher, M. J. (1994). Correlation between self-reported rigidity and rule-governed insensitivity to operant contingencies. *Journal of Applied Behavior Analysis*, **27** (4), 659-671.

人名索引

ア 行

アーダー（Ader, R.）　56
アイロン（Ayllon, T.）　211
アズリン（Azrin, N. H.）　77, 145, 146, 149
アバーガス-ウェバー（Avarguès-Weber, A.）　193
アブラモヴィッツ（Abramowitz, A. J.）　148
アリソン（Allison, J.）　165
アルワス（Arwas, S.）　55

イスリエル（Israel, A. C.）　225, 226

ウィッテンバッハ（Wyttenbach, R. A.）　30
ウィリアムズ（Williams, D. R.）　166
ウィリアムソン（Williamson, E. G.）　226
ウィルコクソン（Wilcoxon, H. C.）　53
ヴォーガン（Vaughan, W.）　132
ウォルピ（Wolpe, J.）　60
ウォルフ（Wolfe, J. B.）　80
ウルフ（Wulf, G.）　187
ウルファート（Wulfert, E.）　214

エィキンス（Akins, C. K.）　197
エィブリー（Avery, M. L.）　192
エイロン（Ayllon, T.）　169
エッカーマン（Eckerman, D. A.）　75, 98
エバース（Evers, W. L.）　202
エプスタイン（Epstein, R.）　78

オーバーマイヤー（Overmier, J. B.）　156
小野浩一　83

カ 行

カタニア（Catania, A.）　218
カナルスキィ（Konarski, E. A.）　93
ガリジオ（Galizio, M.）　213
ガルシア（Garcia J.）　52, 53
カンデル（Kandel, E.）　26

キム（Kim, J.）　58
キャンプ（Camp, D. S.）　148
キンブル（Kimble, G. A.）　181, 183

グスタフソン（Gustavson, C. R.）　65
クラーク（Clark, F. C.）　142
グラント（Grant, D. S.）　138
グリーン（Green, L.）　162
クルツ（Kurtz, S.）　180
クレイグヘッド（Craighead, W. E.）　152
グローブス（Groves, P. M.）　20, 21

ゴー（Goh, H. L.）　76
コーエン（Cohen, L. B.）　16
コルウィル（Colwill, R. M.）　71

サ 行

サリヴァン（Sullivan, R. M.）　63
サロコフ（Sarokoff, R. A.）　204

シェットレワース（Shettleworth, S.）　94
ジェネル（Janelle, C. M.）　188
ジェンキンス（Jenkins, H. M.）　122, 166
シッドマン（Sidman, M.）　139, 155
シャスターマン（Schusterman, R. J.）　140
シャピロ（Shapiro, K. L.）　55
ジャミ（Jami, S. A.）　44

シュナー（Schnur, P.） 49
ショアー（Shore, B. A.） 82
ジョーンズ（Jones, M.） 60
ジョンソン（Johnson, S. P.） 29

スウィフト（Swift, E. J.） 184
スカーブィオ（Scavio, M. J.） 38
スキナー（Skinner, B. F.） 33, 82
スタッドン（Staddon, J.） 83, 92

セインズバリィ（Sainsbury, R.） 134
セリグマン（Seligman, M. E.） 156

ソーンダイク（Thorndike, E. L.） 87
ソルバーソン（Solvason, H. B.） 57
ソロモン（Solomon, R. L.） 154, 157

タ　行

ダーリング（Dearing, M. F.） 50
丹野貴行　106

デイビス（Davis, M.） 21, 23
ティンバーゲン（Tinbergen, N.） 5
ティンバーレイク（Timberlake, W.） 90, 167
テラス（Terrace, H. S.） 115

トゥルアックス（Truax, C. B.） 226
土江伸誉　38
ドーエルティ（Dougherty, D. M.） 118, 119
トドランク（Todrank, J.） 58
ドブゼカ（Dobrzecka, C.） 126
冨菜雄介　110
ドムヤン（Domjan, M.） 24

ナ　行

ニューマン（Newman, J. P.） 123

ネヴィン（Nevin, J. A.） 108, 109

ハ　行

ハーシュ（Hursh, S. R.） 164
バーティソン（Bateson, M.） 215
バス（Bass, M. J.） 42
バトラー（Butler, R.） 88
パブロフ（Pavlov, I.） 33
ハル（Hull, C. L.） 87
バンデューラ（Bandura, A.） 199, 201
ハンフレイズ（Humphreys, L. G.） 45

彦坂興秀　184
広津崇亮　2
ヒンソン（Hinson, J. M.） 115

ファースター（Ferster, C. B.） 101
ブラウ（Blough, D. S.） 129, 130, 175
ブラウ（Blough, P. M.） 130
ブラウン（Brown, P. L.） 166
フランケル（Frankel, F. D.） 147
フレイ（Frey, P.） 40
プレマック（Premack, D.） 90
ブレランド（Breland, K.） 95
ブローデン（Brogden, W. J.） 48
ブロドスキィ（Brodsky, G.） 225

ベアー（Baer, D. M.） 200
ヘイズ（Hayes, S. C.） 208, 211
ヘイズ（Heyes, C. M.） 196, 198
ヘルンスタイン（Herrnstein, R. J.） 131, 156, 159

ホーニック（Honig, W. K.） 117, 150
ホール（Hall, R. V.） 171
堀田崇　198
ホプキンス（Hopkins, B. L.） 170
ボリノ（Bolino, F.） 27

人名索引

ホルツ（Holz, W. C.）　151
ポンゾ（Punzo, F.）　8

マ　行

マクダーウェル（McDowell, J. J.）　106
マックオイド（McQuoid, L. M.）　194
眞邉一近　110, 132
マルカス（Marcus, E. A.）　17

ミネカ（Mineka, S.）　194
ミューラー（Mueller, M. M.）　116
ミラー（Miller, W. R.）　227

メッシェンバウム（Meichenbaum, D. H.）
　　203

ラ　行

ラックリン（Rachlin, H.）　162
ランキン（Rankin, C. H.）　20

リートン（Leaton, R. N.）　24

ループ（Loop, M. S.）　64

レイティス（Laties, V. G.）　217
レイノルズ（Reynolds, G. S.）　113, 121
レスコーラ（Rescorla, R. A.）　37, 46

ロージ（Lorge, I.）　181
ローゼンファーブ（Rosenfarb, I.）　220
ローゼンフェルト（Rosenfeld, H. M.）
　　143
ロコシク（Rokosik, S. L.）　88
ロジャース（Rogers, C. A.）　186
ロジャーズ（Rogers, C.）　226
ロバーツ（Roberts, S.）　135

ワ　行

ワーカー（Werker, J. F.）　173, 174
ワイス（Weiss, S. J.）　128
ワグナー（Wagner, A. R.）　124
渡辺　茂　131
ワトソン（Watson, J. B.）　59
ワリナー（Warriner, C. C.）　8

事項索引

ア 行

アクセプタンス　230
アクセプタンス＆コミットメント・セラピー　228
アサーション・トレーニング　226

一次強化子　87
移調　134
異同弁別課題　137
異物見本合わせ課題　137
異様相間見本合わせ課題　138
因果　229
イントラバーバル　144
隠蔽　46

ウェーバーの法則　135

鋭敏化　9, 14
エインズリー・ラックリン理論　160
エコーイック　144
延滞条件づけ　35

大きな報酬　161
オーギュメンティング　12, 208
オペラント　84
オペラント条件づけ　10

カ 行

外制止　46
外的フィードバック　186
解発子　6
回避学習　153
書き写し　144
書き取り　144

学習性無力（感）　157
学習性無力症　158
確立操作　141
加算理論　113
過小対応　159
過大対応　160
課題分析　100
活動性強化子　170
カテゴリー化　131
ガルシア効果　52
関係フレーム理論　228
間欠強化スケジュール　102
観察学習　10, 195
観察条件づけ　10, 194
感受期　7
関数分析　86, 168
感性強化子　87
感性予備条件づけ　48

基準変更デザイン　172
拮抗条件づけ　50
機能的等価刺激クラス　132
逆行条件づけ　36
逆行連鎖化　100
休止・走行パターン　103
強化　35, 72
強化間時間　106
強化後休止　103
強化子　70, 73, 86
強化子の提示と提示の時間間隔　83
強化スケジュール　100
強化の生物学的制約　94
強化理論　105
共通特色　122

恐怖症　59
局所強調　10, 192
巨視的理論　107
切り替え遅延　164
切り替わる時間　136

継時弁別　112
形成オーギュメンティング　210
系統的脱感作法　60
結果の知識　186
嫌悪性制御　145
言行一致　222, 225
言語条件づけ　143
原始反射　5

効果の法則　87
高次条件づけ　48
更新　42
後続事象　70
行動　70
行動経済学　163
行動契約　172
行動システム理論　167
行動制限理論　92
行動対比　113
行動的至高点　92
興奮性刺激性制御　118
効用最大化理論　164
刻印づけ　2, 7
固定時隔スケジュール　102
固定比率スケジュール　102
古典的条件づけ　33
コノルスキィの特性−位置効果　128
コミットメント　230
痕跡条件づけ　35

サ　行

サイコパス　222

最小距離モデル　92
詐欺　223
三項随伴性　70

視覚的探索課題　129
時間　229
時間条件づけ　36
時間分割法　136
時間弁別　112, 134
刺激機能の変換　229
刺激強調　10, 192
刺激性制御　111
刺激置換仮説　167
刺激等価性　140
刺激特定性　16
刺激分化　119
持続エクスポージャ　62
シッドマン型回避条件づけ　155
自動反応維持　166
自動反応形成　166
自発的回復　18, 41, 78
社会的学習　10, 191
社会的スキル訓練　206
弱化　72
弱化子　73, 86
遮断化　142
シャトルボックス　154
自由オペラント回避条件づけ　155
終端行動　83
集中練習　181
習得的行動　9
主張性訓練　226
需要弾力性　164
馴化　9, 14
馴化の増強　18
順行連鎖化　100
消去　40, 74
消去抵抗　40, 108

消去テスト 117
消去バースト 76
消去誘発性攻撃行動 76
消去誘発性行動変動 75
上下法 175
条件強化子 87
条件刺激 35
条件性弁別 112, 136
条件反応 35
条件抑制 64
衝動性 160
除去型強化 73
除去型弱化 73
新奇食物嫌悪 24
信号つき回避条件づけ 154
信号なし回避条件づけ 154
心的外傷後ストレス障害 61

推移性 140
推移的推論 198
随伴性ダイアグラム 85
スカラー期待理論 136
スキナーボックス 96
スペンス理論 119

制限時間 134
生得的行動 2
正の行動対比 113
正の転移 186
正の特色価効果 123
正の弁別刺激 123
セットポイント 92
セルフ・コントロール 160
先行拘束 162
先行事象 70
潜在抑制 49
全習法 180
選択的注意 121

宣伝 223

相互依存型強化スケジュール 90
相互的内包 229
走性 2
双方向操作手続き 196
即時強化 79
阻止 46

タ 行

対応法則 113, 159
対称性 140
代替行動分化強化 81
代理強化 195
代理的条件づけ 194
タクト 144
多元（混成）スケジュール 108, 112
他行動分化強化 81
多層ベースラインデザイン 168
脱馴化 16
脱制止 46
脱フュージョン 230
ダブルエージェント法 144
短期馴化 23

小さな報酬 161
遅延強化 80
遅延割引 160
知覚の種類 138
逐次接近法 99
注意 122
注意欠陥多動障害 86
中間行動 83
中性刺激 34
長期馴化 24
長潜時分化強化スケジュール 134
頂点移動 119

定型化運動　7
提示型強化　73
提示型弱化　73
テクスチュアル　144

等位　229
動因　87
動因低減説　87
等価性　140
動機づけオーギュメンティング　209
動機づけ操作　141
動機づけ面接　227
同時条件づけ　35
同時弁別　112
動性　3
逃避学習　153
動物精神物理学　64, 175
トークンエコノミー　169
特異的特色　122
トラッキング　12, 208

ナ　行

内的フィードバック　186
内破療法　61

二次強化子　87
二重過程説　25
認知的フュージョン　230

ハ　行

バイアス　160
曝露反応妨害法　62
曝露療法　61
派生的関係　140
パフォーマンスの知識　186
般化　15, 42, 117
般化勾配　42, 117
般化テスト　117
般化トラッキング　208
般化プライアンス　209
般化模倣　11, 200
反射　2, 4
般性強化子　90
反対　229
反応間時間　105
反応–強化子–相関理論　105
反応競合理論　113
反応形成　98
反応遮断化理論　92
反応の強度　110
反応の持続時間　110
反応頻発　76
反応復活　78
反応連鎖化　99
反プライアンス　209
ハンフレイズ効果　45

ピーク法　134
比較　229
光臨界融合周波数　64
微視的理論　107
評価条件づけ　58
非両立行動分化強化　81
非連合学習　9
敏感期　7

フェーディング法　117
フェードアウト　117
フェードイン　116
復位　42
複合的内包　229
復帰　74
負の行動対比　113
負の転移　186
負の弁別刺激　123
部分強化　36

部分強化効果　45, 108
プライアンス　12, 208, 209
プライミング　130
ブラックアウト　108
フラッディング療法　61
プレパルス抑制　27
プレマックの原理　90
プロパガンダ　224
分化強化　119
分化条件づけ　44
分割的注意　130
分散練習　181
分習法　180

並立スケジュール　132, 159
変化抵抗　108
変動時隔スケジュール　102
変動比率スケジュール　102
弁別　112
弁別刺激　70

ポリリズム　180
本能行動　2, 5
本能的逸脱　96

マ 行

マインドフルネス　230
マンド　144

味覚嫌悪条件づけ　51
見本合わせ課題　136

無誤弁別学習　116
無差別点　161
無条件刺激　34
無条件反応　34

迷信行動　82

免疫化　158

モデリング　199
模倣　195
模倣学習　10

ヤ 行

抑制性刺激性制御　118

ラ 行

乱動時隔スケジュール　103
乱動比率スケジュール　103

領域移動　119
両側性転移　186

累積記録器　101
ルール支配行動　12, 202

レスコーラ・ワグナーモデル　46
レスポンデント条件づけ　10
連合学習　10
連合選択性　53
連続強化　36
連続強化スケジュール　102
連動スケジュール　104

英 数 字

1要因説　156
2過程理論　155
2次条件づけ　46
2種反応法　197
3次条件づけ　48

ABA デザイン　168
ABC 分析　70
BAB デザイン　169
DRH スケジュール　107

DRL スケジュール　107
FI（固定時隔）スケジュール　102
FI スキャロップ　104
FR（固定比率）スケジュール　102
Go/Go 課題　126
Go/No Go 課題　126
RI（乱動時隔）スケジュール　103
RR（乱動比率）スケジュール　103
R-S 間隔　155
S-S 間隔　155
VI（変動時隔）スケジュール　102
VR（変動比率）スケジュール　102

著者紹介

眞邉　一近
（まなべ　かずちか）

1980 年　日本大学文理学部心理学科卒業
1985 年　明星大学人文学研究科心理学専攻博士課程単位取得退学
現　在　日本大学生物資源科学部特任教授
　　　　博士（心理学）

主要著書・論文

"The perceptual foundations of vocal learning in budgerigars."（In C. F. Moss, & S. Shettleworth（Eds.）, *Neuroethological studies of cognitive and perceptual processes*. Westview Press, 1996）

"Control of vocal intensity in budgerigars（*Melopsittacus undulatus*）: Differential reinforcement of vocal intensity and the Lombard effect."（*The Journal of the Acoustical Society of America*, **103**, 1998）

"Control of response variability : Call and pecking location in budgerigars（*Melopsittacus undulatus*）."（In N. Innis（Ed.）, *Reflections on adaptive behavior : Essays in honor of J. E. R. Staddon*. MIT Press, 2008）

『基礎心理学実験法ハンドブック』（分担執筆）（朝倉書店，2018）

『行動分析学事典』（分担執筆）（丸善出版，2019）

テキストライブラリ 心理学のポテンシャル＝5
ポテンシャル学習心理学

2019 年 4 月 10 日Ⓒ	初 版 発 行
2023 年 3 月 10 日	初版第 3 刷発行

著 者　眞邉一近　　　発行者　森平敏孝
　　　　　　　　　　印刷者　中澤　眞
　　　　　　　　　　製本者　小西惠介

発行所　　株式会社　サイエンス社
〒151-0051　東京都渋谷区千駄ヶ谷 1 丁目 3 番 25 号
営業 TEL　(03)5474-8500(代)　振替 00170-7-2387
編集 TEL　(03)5474-8700(代)
FAX　　　(03)5474-8900

組版　ケイ・アイ・エス
印刷　㈱シナノ　　　製本　ブックアート
《検印省略》

本書の内容を無断で複写複製することは，著作者および出版者の権利を侵害することがありますので，その場合にはあらかじめ小社あて許諾をお求め下さい。

サイエンス社のホームページのご案内
http://www.saiensu.co.jp
ご意見・ご要望は
jinbun@saiensu.co.jp　まで．

ISBN978-4-7819-1441-1
PRINTED IN JAPAN

コンパクト新心理学ライブラリ 2

学習の心理 第2版
行動のメカニズムを探る

実森正子・中島定彦 著
四六判・304 頁・本体 2,300 円（税抜き）

本書は,「最新の学習心理学のもっとも簡明な教科書」の改訂版です．実際の講義で提起された疑問や意見を参考に，随所に変更や補足を施し，適宜近年の研究を追加しました．特に，進展の著しい動物におけるエピソード記憶やメタ記憶の行動的研究に焦点をあて，新たな章を設けました．入門から応用にまで活用できる，決定版ともいえる一冊です．

【主要目次】
「学習」について学ぶ／馴化と鋭敏化／古典的条件づけ1：基本的特徴／古典的条件づけ2：信号機能／古典的条件づけ3：学習の内容と発現システム／オペラント条件づけ1：基礎／オペラント条件づけ2：強化・消去と罰・強化スケジュール／オペラント条件づけ3：刺激性制御――弁別と般化／概念学習・観察学習・問題解決／記憶と学習／エピソード記憶とメタ記憶

サイエンス社

テキストライブラリ 心理学のポテンシャル 別巻1

メディアから読み解く
臨床心理学
―漫画・アニメを愛し、健康なこころを育む―

横田正夫 著

A5判・176頁・本体 2,200円（税抜き）

本書は，臨床心理学の領域で長年研究や臨床に携わってきた著者が，漫画やアニメーション作品を分析することによって，臨床心理学的なものの考え方のすすめ方を体現できることを目指した意欲作です．はじめて学ぶ方がとっつきやすいよう，『ちびまる子ちゃん』『サザエさん』『鉄腕アトム』といった作品を取り上げ，解説を加えながら読み解いていきます．漫画やアニメの楽しさにふれながら，臨床心理学を本格的に学ぶきっかけとなる一冊です．

【主要目次】

第1章　「私はだあれ？」――アイデンティティへの問いかけ
第2章　「私は『ちび』？」――小さい頃の私って
第3章　「過去にこだわる私って」――成長してみて
第4章　「今の私は閉じこもり？」――人に会うのが嫌
第5章　「生きるって辛い！」――でも何とかなる
第6章　「魔法をかけられる」――精神病状態からの脱出
第7章　「自分を壊してしまいたい」――自傷
第8章　「家族っていいね」――支え
第9章　「友だちっていいね」――皆でやれば怖くない
第10章　「年をとるってどういうこと」――中年
第11章　「現実が歪んで見える」――現実の生きにくさ
第12章　「私って？」――いつまでも問い直し
第13章　「現実の生きにくさ」――記憶の扱い

サイエンス社

テキストライブラリ 心理学のポテンシャル 8

ポテンシャル 臨床心理学

横田 編著／津川・篠竹・山口・菊島・北村 著
A5判・288頁・本体2,400円（税抜き）

現代社会では，こころをめぐる難しい問題が多くあり，それらにどのように対応するのかについての基礎的な知識が必要とされています．また，公認心理師法の成立に伴って，公認心理師が国家資格となり，臨床の現場で独立した活動ができるような人材が求められています．そのような中，臨床心理学に期待される役割はますます大きくなると言えるでしょう．本書では，臨床心理学の基本を生物・心理・社会の総合的なモデルととらえ，その基礎的な知識を臨床・教育現場における経験豊富な著者陣が，初学者にも分かりやすいよう丁寧に解説します．

【主要目次】

第1章　臨床心理学とは
第2章　心理アセスメントとは
第3章　心理検査
第4章　心理カウンセリング・心理療法
第5章　来談者中心療法，子どもを対象とした心理療法，認知行動療法
第6章　日本が発祥の心理療法
第7章　家族療法，集団心理療法，臨床心理的地域援助
第8章　臨床心理学をとりまく概念
第9章　子どもをとりまく問題
第10章　思春期・青年期をとりまく問題
第11章　成人期をとりまく問題
第12章　高齢期をとりまく課題
第13章　臨床心理学の学習と倫理・法律，今度にむけて

サイエンス社

テキストライブラリ 心理学のポテンシャル 2
ポテンシャル 知覚心理学

中村　浩・戸澤純子 著

A5 判・224 頁・本体 2,300 円（税抜き）

私たちが考えたり感じたりする心の働きは，感覚と知覚を通して行われます．絶えず変化する自分を取り巻く外界の状況を知ることも，感覚と知覚を通して行われます．このように，感覚や知覚は人間のできることの中でとりわけ簡単なことのように思えますが，心の活動の出発点でもあるのです．本書では，長年研究を行い，その成果を教育現場にも活かしてきた著者陣が感覚と知覚の仕組みをわかりやすく解説します．

【主要目次】
第1章　感覚と知覚の特徴
第2章　感覚と知覚の神経心理学
第3章　明るさと色の知覚
第4章　形の知覚
第5章　3次元空間の知覚
第6章　運動知覚
第7章　事象知覚

サイエンス社

テキストライブラリ 心理学のポテンシャル 1
心理学を学ぶまえに読む本
羽生和紀 著

A5判・232頁・本体 1,750 円（税抜き）

本書は，これから大学で心理学を専攻し，心理学を学ぼうとしている高校生や大学生のために書かれた本です．心理学の知識そのものというよりも，心理学を学んでいくうえで必要な知識や技術，能力について説明しています．本を読んだり，インターネットを使ったりといった，知識を手に入れる方法，ものごとを順序立てて正しく考える方法，考えたことを文章という形で表現する方法，それを演習やゼミといった場面で人に伝える方法，など，学問を学ぶための準備について丁寧に解説しています．心理学のみならず，他の学問を専攻しようとする方，社会人になってから知的な活動に必要な技術を学び直したい方にもおすすめの一冊です．

【主要目次】
第1章　なぜこの本を読んでほしいのか
第2章　手に入れること
第3章　理解すること
第4章　考えること
第5章　表現すること
第6章　伝えること

サイエンス社